Wolfgang Stürzl

Business Reengineering in der Praxis

Durch umfassende Veränderung im Unternehmen einen Spitzenplatz im Wettbewerb erreichen

Wolfgang Stürzl

Business Reengineering in der Praxis

Durch umfassende Veränderung im Unternehmen einen Spitzenplatz im Wettbewerb erreichen

Junfermann Verlag • Paderborn
1996

Covergestaltung: Inga Koch

Satz: La Corde Noire – Peter Marwitz, Kiel

Die Deutsche Bibliothek – CIP-Einheitsaufnahme
Stürzl, Wolfgang:
Business Reengineering in der Praxis: Durch umfassende Veränderung im Unternehmen einen Spitzenplatz im Wettbewerb erreichen / Wolfgang Stürzl. – Paderborn: Junfermann, 1996.
ISBN 3-87387-160-2

NE: GT

ISBN 3-87387-160-2

Inhalt

Den Mitarbeitern der
Papierfabrik Ortmann
gewidmet

Wie alles anfing.
Oder durch die Krise Kräfte mobilisieren.

Verfolgt man die jüngsten Veröffentlichungen in den Medien, so hat das „Business Reengineering“ als Thema hierzulande die Diskussionen um das „Lean Management“ abgelöst. Erfolgsstories und ein Buch (Hammer/Champy 1994), aus den USA importiert, beherrschen die Führungsetagen europäischer Unternehmen.

Dies ist angesichts der gegenwärtigen strukturellen Krise in weiten Teilen der Wirtschaft kaum verwunderlich, wird doch mit „Business Reengineering“ nicht der Weg der kleinen Schritte, sondern der radikale Umbau des Unternehmens und eine deutliche Verbesserung der Erfolgsfaktoren in „Größenordnungen“ versprochen.

Niedrigere Kosten, stärkere Kundenorientierung, kürzere Durchlaufzeiten bei steigender Qualität in Größenordnungen von 50-80% werden in Aussicht gestellt und sorgen für die Hochkonjunktur dieses Ansatzes, der in den USA als „the hottest management concept since the quality movement“ *(Business Week)* gefeiert wird.

Während die US-Wirtschaft bereits voll auf Reengineering-Kurs liegt, haben die großen Beratungsfirmen nunmehr auch den deutschsprachigen Markt im Visier. Mit der Vorgabe, Kundenzufriedenheit, Effizienz und Tempo drastisch zu steigern, führt die Reengineering-Diskussion einen Feldzug gegen die noch weithin präsenten „Japan“-Ansätze des Total-Quality-Management, Kaizen, des Lean Management sowie der Lean Production, die den geistigen Vätern des Business Reengineering, Michael Hammer und James Champy, nicht radikal genug vorgehen. Was sie versprechen, ist nicht die dort anvisierte kontinuierliche Verbesserung in kleinen Schritten, sondern sind revolutionäre Quantensprünge bei der Verbesserung betrieblicher Ergebnisse.

Die gegenwärtige Krisenhaftigkeit, nicht zuletzt auch besonders der europäischen Wirtschaft, sehen sie als Konsequenz einer Sackgasse, aus der es mit alten Problemlösungsrezepten keinen Ausweg mehr gibt.

Die Erfolgshindernisse westlicher Unternehmen sind ihrer Einschätzung zufolge nicht bei der Konkurrenz, im Markt oder in den politischen Rahmenbedingungen zu suchen, sondern liegen in der Regel im Unternehmen selbst bedingt. Überkommene Strukturen werden den Anforderungen der Gegenwart und erst recht der Zukunft – so ihre These – nicht mehr gerecht (Schmitz 1994, 53).

Unternehmen versperren sich dem notwendigen Wandel, indem sie an erfolgreichen Strukturen und Verhaltensweisen der Vergangenheit festhalten, nach wie vor ein wenig ausgeprägtes Verständnis für Kundeninteressen zeigen, an einem inzwischen geschichtlich überlebten Standard heute kontraproduktiver Arbeitsteilung festhalten und in zu viele verschiedene Unternehmensbereiche untergliedert sind (Forschung und Entwicklung, Beschaffung, Fertigung, Verkauf, Distribution, Marketing). Zudem gibt es zu viele Bruchstellen in den betrieblichen Abläufen und Leistungsprozessen, bedingt durch Bereichs- und Abteilungsgrenzen, mit der Folge, daß wenig effizient und zu langsam gehandelt wird.

Die Suche nach der Überwindung solcher ja bereits aus den Diskussionen um „Lean Production“ (Stürzl 1992) und „Lean Management“ (Pfeiffer/Weiss 1992, Groth/Kammel 1994) bekannten Mißstände hat eine neue Management-Schule hervorgebracht. Diesmal nicht aus Japan, sondern aus den USA: „Business Reengineering“.

Was ist dran an diesem Ansatz? Ist sein Konzept nur eine weitere kurzlebige Management-Methode oder, wie Hammer und Champy selbst wenig bescheiden meinen, eine richtungsweisende Umkehr, ausgelegt für das 21. Jahrhundert, in seiner Bedeutung vergleichbar mit dem Buch „Der Wohlstand der Nationen“ von Adam Smith aus dem Jahre 1776? Dessen Entdeckung, daß die Produktivität industrieller Arbeit durch ihre Zerlegung in einfachste Aufgaben und Schritte enorm gesteigert werden könne, hatte schließlich zusammen mit der Erfindung des Fließbands durch Henry Ford und der modernen Betriebsorganisation durch Alfred

Sloan die Grundsteine für den Aufbau und die Organisation erfolgreicher Unternehmen bis in die Gegenwart gelegt.

Doch reicht dieses Fundament heute nicht mehr. Zentrales Thema für viele Unternehmen ist daher eine völlige Neupositionierung des Betriebes auf seinen Märkten, sowohl hinsichtlich seiner internen Strukturen (Arbeitsorganisation, Führung, Kommunikation etc.) als auch seiner Außenbeziehungen (zu Kunden wie zu Lieferanten). Business Reengineering erhebt den Anspruch, bei dieser Neupositionierung eine strategisch ausschlaggebende Rolle spielen zu können. Mit ihm kommen viele Konzepte der Vergangenheit auf den Prüfstand, verstärkt durch einen Wettbewerb mit zunehmender Veränderungstendenz. Gleichzeitig werden neue Methoden der Betriebsführung, der Betriebs- und Arbeitsorganisation, des Kostenmanagements und der Forschung und Entwicklung immer bedeutsamer. Im Gegenzug verlieren Personalabbau, Senkung der Sachkosten, Wertanalyse und andere Ansätze, die die betrieblichen Strukturen weitgehend unverändert lassen, an Bedeutung.

Das vorliegende Buch stellt sich nun die Aufgaben:

1. Das „Business Reengineering" im Kontext der in den letzten Jahren wie Pilze aus dem Boden geschossenen Ansätze moderner Unternehmensführung zu würdigen, Ähnlichkeiten, Verbindungen, Parallelen und neue Aspekte herauszustellen.
2. An einem Praxisbeispiel Vorgehensweise, Stolpersteine, Probleme und Ergebnisse einer am „Business Reengineering" ausgerichteten Strategie des Wandels transparent zu machen.

Die Studie wendet sich an Geschäftsführer und Mitglieder des Topmanagements, die solche Restrukturierungs- und Reorganisationsprojekte initiieren, an Projektleiter und Führungskräfte, die diese Projekte umsetzen, an Unternehmensberater, die solche Prozesse begleiten und schließlich – zum besseren Verständnis aktueller Entwicklungen – auch an alle Mitarbeiter von Unternehmen, in denen ein solches Reengineering stattfindet bzw. geplant ist.

1
Business Reengineering – die Fortsetzung des Lean Management?

Angesichts stetig steigender Anforderungen an das Management ist die Suche nach dem Weg zum excellenten Unternehmen der Zukunft in den vergangenen Jahren zu einem der Hauptschauplätze betriebswirtschaftlicher wie sozialwissenschaftlicher Reflexion geworden. Vorläufig letzter Schritt in dem Bemühen um konkurrenzfähige Unternehmensstrukturen ist der Ansatz des „Business Reengineering", das sich als das radikalste und konsequenteste Konzept der Verbesserung betrieblicher Produktivitätsdaten versteht, und seine Anstrengungen um eine intelligentere Gestaltung betrieblicher Abläufe und Fertigung mit dem Anspruch einer kundenorientierten Produktion verbindet.

Die Konjunktur dieses Konzeptes ist leicht erklärt, haben die Rationalisierungsstrategien der Vergangenheit doch in Sackgassen geführt, aus denen es kaum ein Entrinnen zu geben scheint.

So hat die traditionelle Methode der Kostenreduzierung auf die Verringerung des Anteils der Personalkosten inzwischen bewirkt, daß bei einem Lohnanteil von mittlerweile vielfach weniger als 10 Prozent an den Gesamtkosten industrieller Fertigung auf diesem Wege kaum noch etwas einzusparen ist. Dies zeigt sich gerade dort, wo der Traum einer menschenleeren Fabrik mit zusätzlichen Risiken annähernd verwirklicht ist: hohes Auslastungsrisiko, eine hohe Komplexität der Systeme und ein starkes Ansteigen des Kapitalbedarfs lassen eine solche Perspektive wenig lukrativ erscheinen.

„Restrukturierung" und „Reorganisation" hingegen versprechen mehr und suchen Anschluß an die Erfolgskonzepte der letzten Jahre, die mit dem Begriff einer schlanken Produktion bzw. dem „Lean Management" in

Verbindung gebracht werden können. Zugleich jedoch versprechen sie mehr: Wachstum in bislang nicht für möglich gehaltenen Größenordnungen, eine Renaissance betrieblicher Prosperität, die Wunderwaffe gegen die fernöstliche Konkurrenz aus Japan sowie aus den Billiglohnländern Osteuropas.

Die stärkste Notwendigkeit einer Veränderung ergibt sich in Branchen, die hart im Wettbewerb stehen, die stark unter Kostendruck kommen und so mit der Aufgabe konfrontiert werden, ihre Prozesse zu hinterfragen und zu verbessern. Dort ist die Bereitschaft zum radikalen Wandel erfahrungsgemäß am größten ausgeprägt. Je besser es einer Firma oder einer Branche geht, um so später wird sie darauf kommen, sich mit dieser Thematik auseinanderzusetzen, oftmals dann nur aus einer „me too"-Haltung, die auf die Konkurrenz schaut und Überlegungen anstellt, ob Umgestaltungsprozesse vielleicht auch etwas für das eigene Unternehmen bringen könnten.

Ausnahmen gibt es allerdings dort, wo das Management visionär und proaktiv auf die Zukunft gerichtet ist und sich mit den bestehenden Verhältnissen nicht zufrieden gibt.

Insgesamt kann man jedoch von der Erfahrung ausgehen, daß der Veränderungsdruck dort am stärksten ausgeprägt ist, wo wenig Geld verdient wird. Hier fragt sich das Management notwendigerweise: „Was können wir tun, um mehr Geld in die Kasse zu bekommen?", und mittlerweile hat sich hier ein Bewußtsein dafür entwickelt, daß die Probleme am besten durch eine gezielte Restrukturierung der Geschäftsprozesse angegangen werden können.

Einseitige Verbesserungen einzelner Abteilungen, Arbeitsschritte etc. sind immer weniger gefragt. Heute werden Verbesserungen vielmehr ganzheitlich angestrebt.

Eine ganzheitliche Betrachtung von Unternehmensprozessen beinhaltet die Dimensionen der Prozeß-, der Mitarbeiter- und der Kundenorientierung. Während Optimierungsansätze in der Vergangenheit zumeist auf eine dieser drei Dimensionen abzielten und hier isoliert Verbesserungen anstrebten, werden heute Konzepte gesucht, die den Anforderungen einer modernen, schlanken Ablauforganisation, einer konsequenten Mitarbeiterorientierung (gefragt sind eigenständig handelnde, selbstverantwortliche Mitarbeiter, die in der Lage sind, die von ihnen getragenen Prozesse stetig zu optimieren) sowie einer ausgesprochenen Kundenorientierung (sowohl intern zwischen den einzelnen Bereichen, Teams, Fraktalen etc. sowie nach außen gegenüber Kunden und Lieferanten) entsprechen. So soll sichergestellt werden, daß in Zukunft qualitativ hochwertige Produkte kostengünstig hergestellt werden können. Neben den Faktoren Kosten und Qualität ist dabei auch der Faktor Zeit von Belang. Es geht nicht nur darum, preisgünstig zu produzieren und sicher am Markt zu sein, sondern auch schnell auf die Bedürfnisse des Kunden reagieren zu können (schnell am Markt zu sein).

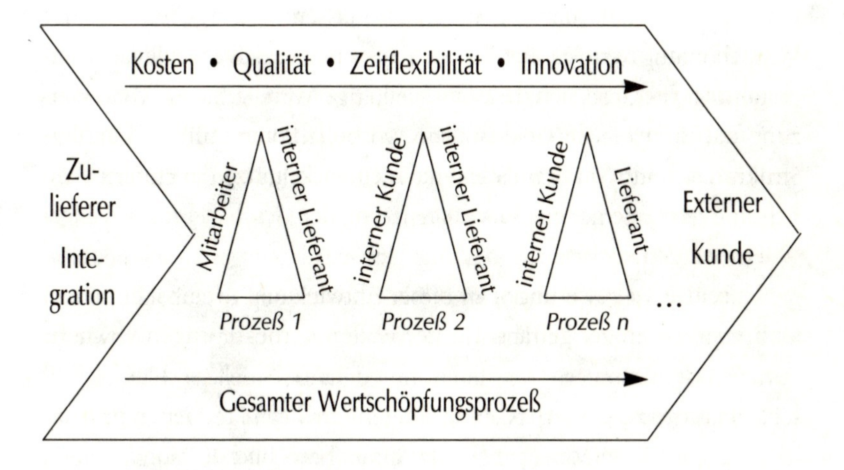

Abb.: Ganzheitliche Innovationen im Zentrum des Reengineering

Business Reengineering versteht sich als eine umfassende Neuordnung und Verschlankung der zentralen Geschäftsprozesse eines Unternehmens, mit dem Ziel, zum einen den Kundennutzen zu steigern, zum anderen aber auch die eigene Organisation so weiterzuentwickeln, daß langfristige Wettbewerbsvorteile entstehen.

Hierzu, und das will dieses Buch zeigen, ist es jedoch notwendig, die bisherige Unternehmenspraxis in Frage zu stellen, kritisch zu durchleuchten und entlang der betrieblichen Wertschöpfungskette neu zu ordnen. Dabei gilt es vor allem, dem Unternehmen im zunehmenden Konkurrenzkampf ein klares Profil zu verschaffen und es entsprechend im Markt zu positionieren. Dies gelingt am ehesten dann, wenn der Weg einer deutlich erkennbaren Kundenorientierung gegangen wird, dessen Resultat bedarfsgerechte, kostengünstige Leistungen und Produkte sind.

Daß ein konsequent betriebenes Business Reengineering die gewünschten Früchte tragen kann, zeigt die Praxis in vielen Betrieben, wo durch die Straffung der Abläufe in den letzten Jahren bereits teilweise spektakuläre Verbesserungen in betrieblichen Kenndaten wie Durchlaufzeiten, Lagerbestände, Lieferzeiten oder Termintreue erzielt wurden. Unternehmen, die frühzeitig auf eine umfassende Reorganisation ihrer Wertschöpfungskette gesetzt haben, zeigen heute, daß die radikale Neugestaltung des Geschäftsprozesses vielfältige Vorteile bietet. Voraussetzung dabei ist die Bereitschaft zum vorbehaltlosen Aufbrechen alter Strukturen, und vor allem eine strikt am Kundennutzen orientierte Ausrichtung der Unternehmensaktivitäten.

Für jedes Unternehmen, das eine aktive Zukunftsgestaltung betreibt, heißt das Gebot der Stunde, an dieser Entwicklung teilzuhaben. Denn nicht nur in Japan, sondern mittlerweile auch in den USA sowie in Europa zielt die Strategie der Marktführer darauf, schneller, schlanker und schlagkräftiger zu werden. Nachdem bereits die Lean Production und das umfassendere Lean Management als Ansatz betrieblicher Reorganisation mit dem Ziel des konsequenten Abbaus aller Formen von Verschwendung vor allem die Produktion im Blick hatten, stellt das Business Reengineering nunmehr alle Abteilungen und Bereiche des Unternehmens auf den Prüfstand und fordert eine konsequente Ausrichtung am Wertschöpfungsprozeß auch für die Administration und Verwaltung. Zwar hatte auch bereits das Lean Management als prozeßorientierter Verbesserungsansatz alle Bereiche des Unternehmens theoretisch im Visier, doch wurden administrative Bereiche in der Praxis stark vernachlässigt, so daß grundlegende Änderungen eher selten waren, da hier in der Regel allenfalls das Prinzip der Verbesserung in kleinen Schritten verfolgt wurde. Das Business Reengineering hingegen verspricht umfassende Veränderungen der Prozesse, Verbesserungen in Quantensprüngen und Veränderungen in „Größenordnungen", wo vorbehaltlos sämtliche Unternehmensbereiche und -leistungen zur Disposition gestellt werden. Damit erweitert sich das Feld betrieblicher Reorganisationsprojekte heute auch auf die Büros und das Management selbst, so daß nunmehr das gesamte Unternehmen in den Blick einer umfassenden Neugestaltung gerät.

1.1 Aktuelle Entwicklungen: Von der „Lean Production" zum „Business Reengineering"

Veränderung ist angesagt. Seit 1990 zunächst in den USA und ein Jahr später auch in Deutschland die MIT-Studie „Die zweite Revolution in der Autoindustrie" (Womack/Jones/Roos 1991) in die Schlagzeilen der Diskussion gerückt ist, ist vieles von dem, was dort diagnostiziert und prognostiziert worden war, Wirklichkeit geworden.

Am Beispiel der Automobilindustrie hatte die Studie des Massachusetts Institute of Technology anhand eines weltweiten Vergleichs die Überlegenheit japanischer Automobilbauer gegenüber ihren westlichen Konkurrenten sowohl in den USA als auch insbesondere in Europa offengelegt. Im Vergleich zur traditionellen westlichen Massenproduktion war die „Lean Production" – die schlanke Produktion, wie sie die Autoren nannten – erheblich effektiver und kostengünstiger.

Schon bald zeigten die Ergebnisse Wirkung: „Joint ventures" zwischen US-amerikanischen und japanischen Produzenten, zwischen europäischen und japanischen Produzenten wurden vereinbart, wenn auch mit unterschiedlichen Zielsetzungen. Suchten die japanischen Automobilbauer einen tieferen Zugang zu neuen Märkten, so ging es ihren Kooperationspartnern vor allem darum, aus der Zusammenarbeit zu lernen.

Zunächst in der Automobilindustrie, später auch im Maschinenbau sowie im Bankwesen begannen deutsche Unternehmen, mit veränderten Konzepten der Arbeitsorganisation zu experimentieren, was zur Wiederentdeckung der Gruppenarbeit als einer Strategie der Erzielung von Spitzenleistungen führte (Stürzl 1992).

Der „Lean Production" folgte bald das umfassendere „Lean Management", das sich mit unterschiedlichen Ansätzen der Aufgabe stellte, aus traditionell organisierten westlichen Unternehmen schlanke Produzenten im Sinne des japanischen Erfolgskonzeptes zu machen (vgl. etwa Pfeiffer/Weiss 1992; Bösenberg/Metzen 1992; Groth/Kammel 1994).

Gleichzeitig suchten amerikanische Unternehmen nach neuen Wegen zum Erfolg, radikaler und konsequenter als irgendwo sonst in der westlichen Industriewelt.

Ausgehend von der bereits mit der „Lean Production" zutage getretenen Einsicht, daß ein Zeitalter angebrochen war, in dem alte Grundsätze des Management, der Unternehmensführung sowie der Betriebsorganisation ad acta zu legen sind, wurden alternative Prinzipien der Unternehmensgestaltung gesucht und gefunden.

„Damit die Neugestaltung des Unternehmens unter Berücksichtigung der ureigenen Unternehmenszwecke gelingt, müssen Manager ihre Einstellungen zur Firmenorganisation und Unternehmensführung über Bord werfen. Sie müssen sich von den heute geltenden organisatorischen und operativen Grundsätzen und Abläufen verabschieden und einen ganz neuen Weg einschlagen" fordern Hammer/Champy (1994), deren Studie zum „Business Reengineering" den vorerst letzten Schritt in Richtung auf eine Revolution westlicher Management-Vorstellungen markiert.

Dabei sehen Hammer/Champy ihren Denkansatz keineswegs in der Tradition eines fernöstlichen Managementverständnisses, sondern als eigenständigen Ansatz typisch amerikanischer Prägung, der allerdings in vielen Details von anderen Basismodulen (Total Quality Management, Simultaneous engineering, Kaizen, kontinuierlicher Verbesserungsprozeß, Teamarbeit, Total Productive Maintenance etc.) und deren methodischen Werkzeugen inspiriert ist.

„Business Reengineering ist nicht noch eine weitere dieser neuartigen Ideen, die aus Japan importiert wurden. Es ist keine Blitzkur, die Manager ihren Unternehmen verordnen können. Es ist kein neuer Trick, der verspricht, die Produkt- oder Dienstleistungsqualität im Unternehmen zu steigern und die Kosten um einen bestimmten Prozentsatz zu senken. Business Reengineering ist kein Programm, das den Arbeitseifer anspornt oder den Außendienst motiviert. Business Reengineering wird nicht dazu führen, daß ein altes Computersystem schneller arbeitet. Beim Business Reengineering geht es nicht darum, die bestehenden Abläufe zu optimieren. Business Reengineering ist ein völliger Neubeginn – eine Radikalkur" (Hammer/Champy 1994, 12/13).

Und diese Radikalkur verlangt das fundamentale Überdenken und Umformen von geschäftlichen Prozessen mit dem Ziel, Leistungsdaten wie Kosten, Qualität, Service und Geschwindigkeiten dramatisch zu verbessern, wobei sich die Väter des Business Reengineering nicht mit 10 oder 20 Prozent billiger, besser oder schneller begnügen möchten. Was ihnen vorschwebt, sind Quantensprünge in den Verbesserungen, eine vollständige Überprüfung und Reorganisation betrieblicher Abläufe, die auf alles verzichten, was nicht notwendig ist, und die jede Form der Verschwendung meiden.

Was diesen Aspekt betrifft, kommen Hammer/Champy japanischen Management-Ansätzen der „Lean-Ära" durchaus nahe. Doch ist das Business Reengineering vom Anspruch her weit mehr als nur eine auf die industrielle Produktion gerichtete Fertigungsstrategie wie Lean Production, Gruppenarbeit, Kaizen, Kanban, Total-Quality-Control oder andere fernöstliche Konzepte. Es fordert die umfassende Neuausrichtung betrieblicher Abläufe und eine durchgreifende Erneuerung der Arbeitsorganisation.

Während gerade die Lean-Ansätze der jüngeren Vergangenheit stark dem Gedanken einer permanent lernenden Organisation verbunden waren und auf eine stetige Verbesserung in kleinen Schritten – in allen Bereichen und auf allen Ebenen – setzte, und zwar ganz im Sinne des „Kaizen" (Imai 1992) bzw. eines kontinuierlichen Verbesserungsprozesses (Stürzl 1992), beschwören Hammer/Champy diskontinuierliche Brüche, revolutionäre Veränderungen und Verbesserungen „in Größenordnungen". Damit proklamieren sie ein Leitbild von Management und Unternehmensgestaltung, das den Anspruch erhebt, Lösungen nicht nur für die 90er Jahre, sondern zugleich für das 21. Jahrhundert zu schaffen.

Solcherlei Versprechen lesen sich gut, doch bleibt die Frage, ob „Business Reengineering" nicht am Ende nur eine US-amerikanische Variante oder Mutante des hierzulande ebenso heftig diskutierten „Lean Management" darstellt, das Ganze also eher als alter Wein in neuen Schläuchen zu sehen ist. Wie immer man diese Frage einschätzen mag (sind am Ende die beiden Bezeichnungen nur der US-amerikanische und deutsche Begriff für ein und das gleiche Phänomen, nämlich die reale Verwirklichung schlanker Unternehmensstrukturen?), ein Unterschied scheint mir gegeben, der in der deutschen Diskussion bereits mehrfach angeklungen ist, und vom dem man durchaus lernen kann.

Business Reengineering – oder auch *Business Process Reengineering, Re-Engineering, Geschäftsprozeßoptimierung, Geschäftsprozeßmodellierung, Business Transformation, Corporate Restructuring* sowie *Transforming the Enterprise*, was lediglich synonyme Begriffe für eine im Kern ähnliche Vorgehensweise sind – verlangt eine umfassende Neuausrichtung des unternehmerischen Denkens, das sich auf den Prozeßcharakter der Produktions- und Verwaltungsabläufe sowie auf das kommunikative/kooperative Miteinander im Betrieb konzentriert. Dabei geht es darum, die Struktur des Unternehmens unter dem Aspekt der Prozeßoptimierung von Grund auf umzugestalten. Dies erfordert nicht zuletzt auch eine Neugliederung in fraktale, d.h. sich selbst regelnde, selbstorganisierte und eigenverantwortliche Einheiten.

Um den spezifischen Charakter des Ansatzes auszuloten, wird er in der aktuellen Debatte häufig dem Total-Quality-Management (TQM) sowie dem Lean Management gegenübergestellt. Dabei zeigt sich, daß die Konzepte eine ganze Reihe von Gemeinsamkeiten haben:

Gemeinsamkeiten im Total-Quality-Management, Lean Management und Business Reengineering

1. Das Unternehmen soll als Ganzes, nicht nur in Teilbereichen weiterentwickelt werden
2. Die Umsetzung benötigt in jedem Fall folgende Elemente:
   - Kundenorientierung nach innen und außen
   - ein neues, umfassendes Qualitätsverständnis
   - Prozeßorientierung
   - Einsatz neuartiger Informationstechnik
   - Mitarbeiterorientierung

(Nach Bullinger 1992)

1.2 Der Hintergrund: Total-Quality-Management und Kaizen

Das „Total-Quality-Management“ hat sich in den vergangenen Jahren den Platz eines vieldiskutierten Management-Ansatzes erarbeitet (Crosby 1986a; Crosby 1986b; Zink 1989; Schildknecht 1992; Kaminski/Brauer 1993; Töpfer/Mehdorn 1993; Runge 1994).

Erste Ansätze einer gezielten Qualitätsverbesserung gehen jedoch zurück auf Feigenbaum und Crosby, die bereits in den 60er Jahren einen kundenorientierten Qualitätsbegriff prägten. War das Verständnis von Qualität bis dato produktbezogen und auf die exakte Meßbarkeit von Produkteigenschaften ausgerichtet, so ging insbesondere Crosby in seinen Vorstellungen einen entscheidenden Schritt weiter, indem er den Gebrauchswert eines Produktes bzw. einer Dienstleistung für den Kunden in das Zentrum der Betrachtung rückte.

Um eine aus Kundensicht optimale Qualität sicherstellen zu können, forderte Crosby, Qualität zunächst neu zu definieren als die Übereinstimmung der Produkteigenschaften mit den Anforderungen des Kunden und einen Standard „Null Fehler" zu verwirklichen.

Da ein solch hoher Qualitätsstandard nicht von außen in den Prozeß der Leistungserbringung „hineinkontrolliert" werden kann, forderte Crosby, Qualität „hineinzuproduzieren" und Fehlern durch ein gezieltes Programm vorzubeugen.

Dazu führte er einen umfassenden Kundenbegriff ein, der weit über das übliche Verständnis hinausging, das Kunden für gewöhnlich mit dem Endkunden oder Verbraucher identifiziert, der für eine Ware oder eine Dienstleistung Geld an den Hersteller bzw. Lieferanten zahlt. Crosby hingegen wandte den Begriff auch auf Beziehungen innerhalb eines Unternehmens an. Auch hier haben Mitarbeiter oft einen „Kunden", d.h. Abnehmer, die ein Zwischenprodukt bis zur Auslieferung weiterbearbeiten. Konsequent erweiterte er ebenso den Begriff des Lieferanten und bezeichnete nicht nur unternehmensfremde Zulieferer als Lieferanten, sondern auch alle Zuarbeiter unternehmensinterner Kunden. So konnte von Crosby eine Kette vom externen Zulieferer über interne Kunden-Lieferanten-Beziehungen bis hin zum externen Kunden (Verbraucher) gespannt werden. Um nun das „Null-Fehler"-Ziel zu verwirklichen, empfahl Crosby als Lösung, an interne Kunden-Lieferanten-Schnittstellen nur Produkte mit der geforderten Qualität weiterzugeben, so daß mangelhafte Endprodukte erst gar nicht entstehen konnten. Traten Fehler auf, sollte sofort nach der Fehlerquelle gesucht und die Ursache beseitigt werden. Damit war der Blick auf den Ablaufprozeß und eine gezielte Prozeßoptimierung, wie sie vom „Total-Quality-Management" (TQM) angestrebt wird, erstmals freigelegt.

Parallel hatte in Japan bereits gegen Ende der 50er Jahre eine intensive Suche nach Methoden und Techniken der Qualitätsverbesserung eingesetzt, wobei die Einflüsse amerikanischer Experten (vor allem Deming und Juran) eine wichtige Rolle spielten. Die Gedanken japanischer Manager über die Bedeutung der Qualität gingen angesichts der damaligen Lage ihrer Industrie (geringe Wettbewerbsfähigkeit mit den USA, mangelhafte Qualität der Produkte) so weit, daß sie die Qualität vom Stellenwert her als zentrale strategische Zielrichtung eines Unternehmens ansahen und ihr eine höhere Bedeutung beimaßen als dem Betriebsergebnis. Ein systematisches Aufholen des Rückstandes und eine spätere Qualitätsführerschaft wurden so zum wichtigsten Bestandteil der Unternehmensgestaltung, und das dazu führende Programm als Total-Quality-Control (TQC) bezeichnet.

Um möglichst viele Mitarbeiter in das Programm aktiv einzubeziehen wurden seit den frühen 60er Jahren neben einer vorbeugenden, statistischen Qualitätskontrolle zunehmend „Qualitätszirkel" eingesetzt, in denen den Zirkelmitgliedern Gelegenheit geboten wurde, Verbesserungen der betrieblichen Abläufe, System- und Anlagenkonfigurationen sowie Vorschläge für die Lösung bestehender Probleme im unternehmenskulturellen Bereich (Kommunikation, Kooperation, Betriebsklima) zu erarbeiten.

Solche Zirkel treffen sich regelmäßig während der Arbeitszeit oder (bezahlt) außerhalb der Arbeitszeit, um kontinuierlich an selbstgewählten, jedoch arbeitsbezogenen Themen unter der Leitung eines geschulten Moderators Probleme und Ansatzpunkte für Verbesserungen in ihren Arbeitsbereichen zu identifizieren, zu analysieren, Lösungsvorschläge zu erarbeiten und die Modalitäten der praktischen Umsetzungen zusammen mit Maßnahmen der Wirkungskontrolle festzulegen, um ggfs. nochmals notwendige Korrekturen anbringen zu können.

Unter Rückgriff auf Überlegungen von Crosby prägte Ishikawa im Kontext der Bemühungen um eine „Null-Fehler-Kultur" den für das japanische Denken handlungsleitenden Slogan „The next process is your customer" und ebnete damit der Weiterentwicklung des japanischen Qualitätsmanagement in Form des TQC zum „Kaizen" (Sebestyén 1994) den Weg.

Dadurch gewann das TQC eine dem TQM ähnliche, strikt prozeßorientierte Sichtweise, die das Streben nach kontinuierlicher Verbesserung betrieblicher Abläufe auf sämtliche Aktivitäten und Unternehmensbereiche ausdehnte.

Anders als das Total-Quality-Control konzentriert sich der Kaizen-Ansatz jedoch nicht allein auf die Beseitigung von Fehlern und Qualitätsmängeln, sondern vorrangig auf die Verbesserung von Abläufen, in denen fehlerhafte Produkte und Leistungen entstehen. Ziel dabei ist es nicht nur, die Häufigkeit von Fehlern deutlich zu verringern, sondern die Abläufe in kleinen Schritten so umzugestalten, daß die Fehlerhaftigkeit sukzessive durch eine Reihe aufeinander folgender Maßnahmen auf ein Niveau von (fast) Null zurückgeführt wird.

Der Qualitätsgedanke bildete zugleich die Basis für eine weiterführende Entwicklung des Kostenmanagements, indem die Prinzipien des Qualitätsmanagements (stetige Verbesserung, Verringerung von Aufwand und Ausschuß, „Null-Fehler-Ziel", Einsatz von Qualitätszirkeln) als allgemeine Grundsätze auf das gesamte Unternehmen ausgeweitet wurden zum kontinuierlichen Verbesserungsprozeß des „Kaizen" (Imai 1992) mit seiner allgemeinsten Zielsetzung, jegliche Form von Verschwendung zu vermeiden und sämtliche Unternehmensaktivitäten einem stetigen Verbesserungsprozeß in kleinen Schritten auszusetzen, indem überall sogenannte KVP-Gruppen eingerichtet wurden, in denen Mitarbeiter aus unterschiedlichen Abteilungen vom Arbeiter über den Meister bis hin zu Vertretern des mittleren Management gemeinsam daran arbeiten, ihr Arbeitsumfeld Schritt für Schritt systematisch zu optimieren. Die Mitglieder dieser KVP-Teams sind für einen befristeten Zeitraum von ihrer üblichen Tätigkeit entbunden, um entweder den gesamten Verbesserungsprozeß zu organisieren und zu koordinieren (KVP-Management) und in informellen Gruppen wie Null-Fehler-Bewegungen, Lernstatt-Gruppen, oder in den aus dem Total-Quality-Management bekannten Vorschlags- und Qualitätszirkeln auf freiwilliger Basis am Verbesserungsprozeß mitzuwirken.

Mit Hilfe dieser Vorgehensweise suchen japanische Manager, die Fehler und Qualitätsmängel – anders als ihre westlichen Kollegen – nicht als innerbetriebliches Kritik- oder Konfliktpotential, sondern als Lern- und Entwicklungschance betrachten, ständig nach neuen Ansätzen zur Verbesserung von Systemen und Abläufen, wobei sich der Kaizen (zu deutsch schlicht und einfach „Verbesserung“, in seiner deutschen Version als „kontinuierlicher Verbesserungsprozeß“ bezeichnet) auf sämtliche Unternehmensbereiche, auf die innerbetriebliche Kommunikation und Kooperation, Marketingmethoden usw. beziehen kann.

So gesehen bestehen gewisse Übereinstimmungen zwischen dem Qualitätsmanagement (und späteren „Total-Quality-Management“) und dem kontinuierlichen Verbesserungsprozeß, nur daß im Kaizen das Denken des Qualitätsmanagements nicht auf den Qualitäts- und Kostenaspekt beschränkt bleibt, sondern in größerem Kontext auf alle Fragen des Unternehmens ausgeweitet wird, und zwar auch auf solche, die eher unternehmenskultureller Art sind wie Aspekte der Zusammenarbeit oder Schnittstellenprobleme. Tangiert werden ebenso technische Abläufe, die Arbeitsorganisation, die Logistik (Ablaufplanung) sowie der Arbeitsfluß.

Kleine, aber kontinuierliche Verbesserungen in all diesen Dimensionen, gewissermaßen „an allen Ecken und Enden“ des Unternehmens, führten schließlich zum schlanken Unternehmen japanischer Prägung, das in den Studien zur „Lean Production“ erstmals in ganzheitlichem Kontext erläutert wurde.

Die verschiedenen Ansätze, die heute unter der Bezeichnung des Total-Quality-Management auftreten, verfolgen alle mehr oder weniger die Zielsetzung unternehmensweiter Verbesserungen, sind also grundsätzlich sowohl für die Produktion als auch für Verwaltungen und Dienstleistungsbereiche ausgelegt. Sie berühren vom Ansatz her sowohl die technische Seite von Unternehmensabläufen und -prozessen, etwa den Einsatz von EDV, als auch unternehmenskulturelle Fragen der Führung und Mitarbeiterbeteiligung etwa in Qualitätszirkeln, KVP-Gruppen oder bei der Einführung von Gruppenarbeit.

Aufbauend auf den Prinzipien der Kundenorientierung und Prozeßbeherrschung zielt das TQM auf eine Verbesserung der Kundenzufriedenheit und darüber schließlich auf den Ausbau der Marktposition. Dabei folgt das Konzept der grundsätzlichen Auffassung von Crosby, daß die Definition von „Qualität" (Erfassung, Messung und Bewertung) seinen Ausgangspunkt bei den Bedürfnissen des Kunden nehmen muß und weniger ein wissenschaftliches oder technisches Problem darstellt. Von zentraler Bedeutung ist es für den Ansatz, ein einheitliches Qualitätsbewußtsein innerhalb einer Organisation zu schaffen, das in allen Teilbereichen gleich verstanden wird.

Hier stellt sich eine anspruchsvolle Aufgabe für die Organisation von TQM-Programmen und die daran beteiligten internen wie externen Kräfte (Manager und Schulungskräfte einerseits, Trainer und Berater andererseits). Gemeinsam stellt sich ihnen das Problem, die Wünsche des Kunden in das betriebliche Handeln umzusetzen, und dabei deutlich zu machen, daß ein technisch guter Qualitätsstandard bei gleichzeitiger Beachtung der Kostensituation allein noch keine Garantie für den Markterfolg darstellt, sondern daß für den Kunden auch weitere Wettbewerbsparameter Bedeutung haben (z.B. Service, Image, Produktpalette).

Doch geht es nicht allein um Zugewinne im Markt, sondern zugleich um eine zukunftsorientierte Strategie der Unternehmensführung: ständige Verbesserungen sollen die Marktfähigkeit des eigenen Unternehmens in der internationalen Konkurrenz sicherstellen, eine Optimierung der Leistung und eine Reduktion der Kosten bewirken.

Was kann das Total-Quality-Management bewirken?

- Verringerung von Ausschuß (Fehlerhäufigkeit, Kosten)
- Verminderung von Nacharbeit (Nacharbeitsprozentsatz)
- Reduzierung von Reklamationen (Anzahl, Fehlerstellen)
- Steigerung der Kundenzufriedenheit (weniger Ausfälle, Sicherheit)
- Bindung von Stammkunden (Stammkundenanteil)
- Besseres Betriebsklima (Arbeitszufriedenheit)

Im Total-Quality-Management gilt das Prinzip, lieber viele Dinge sukzessive in kleinen, nachvollziehbaren Schritten zu verbessern als alles auf einmal perfektionieren zu wollen. Dabei benötigen die Mitarbeiter konkrete und leicht überschaubare Zielvorgaben, an denen der Erfolg des Programms gemessen werden kann.

Bei der Einführung eines umfassenden Qualitätsmanagements treten in westeuropäischen wie amerikanischen Unternehmen jedoch vielfach Schwierigkeiten auf, die zum Teil mit der relativen Neuigkeit des TQM-Gedankens zu tun haben mögen.

Für die erfolgreiche Implementierung des TQM-Prozesses, die notwendige Überzeugungsarbeit im Vorfeld, die Einführung des Prozesses, zunächst in Pilotbereichen, dann im gesamten Unternehmen, vergeht bis zu den ersten greifbaren Ergebnissen ein längerer Zeitraum von teilweise bis zu zwei Jahren. Eine entsprechend langfristige Unterstützung des Programms durch das Top-Management ist eine der notwendigen Erfolgsvoraussetzungen. Gleichzeitig ist deutlich zu kommunizieren, daß Veränderungen der Organisation nicht als Lösung von Prozeßschwächen und Qualitätsproblemen oder gar individuellen Mängeln zu sehen sind, sondern als gewolltes „Lernen" der Organisation mit dem Ziel einer leistungs- und wettbewerbsfähigen Unternehmenskultur, die Vorteile für alle Beteiligten bringt.

Als kurzfristiges Instrument des Krisenmanagements ist das TQM aus diesen Gründen wenig geeignet, da es sich im Betriebsalltag einleben und bewähren muß. Zwar zielt der Ansatz auf die Mobilisierung von Leistungsreserven auf allen Ebenen, doch kommen diese nicht von heute auf morgen oder aber in großen Schritten zum Tragen.

Grundsätzlich läßt sich jedoch auch sagen, daß der Erfolg um so höher ausfällt, je größer der Spielraum für mögliche Veränderungen gesteckt ist. Die geringsten Erwartungen sind dort zu sehen, wo seitens der Unternehmensleitung nur die Bereitschaft zu kleineren Verbesserungen innerhalb bestehender organisatorischer Einheiten besteht („Verbesserung der Prozeßabläufe unter grundsätzlicher Beibehaltung der Prozeßkette"). Weit höhere Erwartungen sind realistisch, sofern ein konsequentes Überdenken der Abläufe einschließlich grundsätzlicher organisatorischer Veränderungen beabsichtigt ist („Verbesserung der Prozeßabläufe bei Umgestaltung der Prozeßkette") und sich das Total-Quality-Management konzeptionell in Richtung auf das Business Reengineering weiterentwickelt.

Da viele Qualitätsprobleme an Schnittstellen entstehen, empfiehlt es sich, das Qualitätsmanagement entlang der Wertschöpfungskette zu strukturieren. Dabei sind jedoch innovative Prozesse und Routineabläufe unterschiedlich zu behandeln. Klar definierte und immer wiederkehrende Prozesse sollten grundsätzlich unter der Zielsetzung eines möglichst fehlerfreien Durchlaufs optimiert werden. Anders jedoch ist der Qualitäts-Gedanke bei innovativen Prozessen einzusetzen, wo es um die Neuordnung und Umgestaltung von Abläufen oder die Einführung einer neuen Technologie oder neuartigen Form der Arbeitsorganisation geht. Hier sollten Fehler und suboptimale Vorgänge in der Phase des Experimentierens und Ausprobierens durchaus zugelassen werden, um sie kritisch auszuwerten und so ihr Lernpotential zu nutzen.

Warum Total-Quality-Management?

- Wettbewerbseinbrüche vermeiden
- Erhöhten Kundenanforderungen gerecht werden
- Rationalisierung
- Verschärfte Produzentenhaftung

Ziele des Total-Quality-Management (TQM)

- Jeder übernimmt die Verantwortung für die Qualität in seinem Arbeitsbereich
- Arbeit in einer Qualitätskette von internen Kunden-Lieferanten-Beziehungen
- „Null-Fehler-Denken" entfalten
- Ausbau der Stärken einer Organisation
- Permanente Verbesserung in kleinen Schritten

Merkmale des TQM

1. Orientierung an den Kundenbedürfnissen
2. Fehler sind erlaubt, um daraus zu lernen
3. Alle Ebenen sind beteiligt
4. Alle Mitarbeiter in den Prozeß einbinden
5. Prozeßorientierung statt Ergebnisorientierung
6. Produktqualität als strategischer Erfolgsfaktor

Das TQM stellte zum ersten Mal eine enge Koppelung zwischen den Wünschen und Bedürfnissen (Qualitätserwartungen) der Kunden und der Qualität des Produktes sowie der Verbesserung seines Herstellungsprozesses her. Doch scheint die Blütezeit des TQM vorbei zu sein. So führen Kritiker des Ansatzes Beispiele von Firmen ins Feld, die sich trotz höchster Qualität durch eine mangelhafte wirtschaftliche Kraft auszeichnen. Auch regt sich innerhalb der Unternehmen Kritik, da das TQM nicht für diskontinuierliche Schritte, also für sprunghafte Prozeßinnovationen geeignet ist. Immer mehr Manager suchen nach Alternativen, die über den Prozeß der Kundenorientierung und der kontinuierlichen Verbesserung hinausgehen, und übertragen den Qualitäts-Gedanken in andere Management-Konzepte wie das Lean Management.

1.3 Lean Management – der umfassendere Ansatz

Ähnlich wie TQM und Kaizen betont auch das Lean Management die Bedeutung einer konsequenten Kunden- und Mitarbeiterorientierung, geht jedoch einen wichtigen Schritt weiter, indem es den Qualitäts-Gedanken mit einer Strategie der Verschlankung betrieblicher Strukturen und Abläufe verbindet. Dabei sind TQM sowie Kaizen einerseits und Lean Management andererseits jedoch nicht als konkurrierende Ansätze auf einer Stufe zu sehen; vielmehr bilden TQM und Kaizen ein Element, das im Lean Management integriert ist.

Allgemeinstes Ziel des Lean Management ist es, betriebliche Vorgänge entlang der Wertschöpfungskette effektiver zu gestalten. Um diese Vorgabe zu verwirklichen, werden im Rahmen einer schlanken Unternehmensgestaltung auf geschäftspolitischer Ebene unterschiedliche Strategien in Betracht gezogen, so die Bildung überschaubarer und dezentraler Geschäftseinheiten, die Abflachung der betrieblichen Hierarchie, die Beschränkung der Unternehmensaktivitäten auf das Kerngeschäft und die betrieblichen Kernkompetenzen, das Outsourcing unrentabler oder wenig lohnender Unternehmensleistungen und -einheiten, sowie eine vertrauensvolle Neugestaltung der Beziehungen zu den Lieferanten (etwa nach Maßgabe des TQM), Simultaneous Engineering in der Forschung & Entwicklung, die Einführung von Teamarbeit, Total-Quality-Management sowie eines integrierten Informationsmanagements mit einer offenen Kommunikationskultur.

All diese Optionen verfolgen die Absicht, die Wertschöpfungskette Schritt für Schritt von sämtlichen Formen der Verschwendung zu befreien, um so schlagkräftige und konkurrenzfähige Einheiten aufzubauen.

So kann das Lean Management im Einzelfall durchaus Maßnahmen der betrieblichen Reorganisation mit sich bringen, etwa wenn vormals getrennt operierende Bereiche zusammengeschlossen und unter eine Verantwortlichkeit gestellt werden, um so das mittlere Management auszudünnen. Eine weitere Maßnahme besteht in diesem Kontext in der Regel darin, Verantwortung nach unten bis an die unmittelbare Wertschöpfung selbst zu delegieren, um die verschlankte Führungshierarchie zu entlasten, so z.B. durch die Einführung selbstorganisierter Gruppenarbeit.

„Lean Management" bezeichnet eine ursprünglich in Japan entwickelte Form der Unternehmensführung, als deren „Erfinder" der Unternehmer Eiji Toyoda und sein Produktionsleiter Taiichi Ohno von der Toyota Motor Company genannt werden. Da die schlanke Produktion nicht nur dem japanischen Automobilhersteller zu weltweitem Erfolg verhalf, sondern auch für viele andere japanische Produzenten außerhalb der Automobilbranche (Elektronikindustrie, Maschinenbau, optische Industrie) zum erfolgreichen Modell der Unternehmensorganisation und des Managements wurde, hat der „Toyotismus" die Aufmerksamkeit westlicher Top-Manager auf sich gezogen (vgl. Womack/Jones/Roos 1991; Bösenberg/Metzen 1992; Pfeiffer/Weiss 1992). Die begriffliche Bezeichnung „Lean Management" stammt jedoch nicht aus Japan, vielmehr bildet sie das auf die Führung des gesamten Unternehmens bezogene Analogon zur „Lean Production", der Bezeichnung, mit der John Krafcik, Mitarbeiter der MIT-Studie zur „Zweiten Revolution in der Autoindustrie", die Produktionsweise japanischer Automobilproduzenten zu umschreiben suchte. War der Begriff der „Lean Production" ursprünglich auf den Bereich der Fertigung und Montage bezogen und mit Konzepten verknüpft wie die Just-in-Time-Anlieferung der Fertigungsteile, Gruppenarbeit, das Total-Quality-Management sowie die kontinuierliche Verbesserung und Optimierung des Produktionsablaufs, so lenkt der Begriff des „Lean Management" den Blick auf die gesamte Aktionsstrategie schlanker Unternehmen, mit dem weiteren Ziel, die so gewonnenen Erkenntnisse auch auf Organisationen der Dienstleistung und Verwaltung zu übertragen (etwa Versicherungsunternehmen, Banken usw.).

Lean Management und Lean Production verstehen sich unter Rückgriff auf ein breites Spektrum etablierter Gestaltungs- und Führungsinstrumente als pragmatische Ansätze einer systematischen Verbesserung der Unternehmensorganisation.

Eine allgemein anerkannte Definition, was unter den Begriffen zu verstehen ist, gibt es nicht. Jedoch kann man Pfeiffer/Weiss zustimmen, wenn sie das schlanke Management als „ein Bündel von Prinzipien und Maßnahmen zur effektiven und effizienten Planung, Gestaltung und Kontrolle der gesamten Wertschöpfungskette industrieller Güter" (Pfeiffer/Weiss 1992, 43) skizzieren. Hinzuzufügen ist, daß in jüngster Zeit eine deutliche Tendenz zu erkennen ist, den Ansatz zu einem branchenunabhängigen System des Managements weiterzuentwickeln und Anwendungsfelder auch außerhalb der industriellen Produktion, etwa im Verwaltungs- und Dienstleistungsbereich, zu erschließen (Bösenberg/Hauser 1994; Metzen 1994a, 1994b). Schließlich sei erwähnt, daß sich im Rahmen der Diskussionen ein Verständnis weitestgehend durchgesetzt hat, das Lean Production als ein Element des Lean Management ausweist, mit besonders starken Bezügen zur industriellen Fertigung und Montage.

Der Begriff „Lean Management" steht für einen Ansatz, der die gesamte Wertschöpfungskette eines Unternehmens in den Blick nimmt und dabei den Prozeß der Wertschöpfung im Visier hat, und auf ein vertieftes Verständnis des betrieblichen Wertschöpfungsnetzwerks zielt, wobei der Ansatz – ohne die technische Seite zu vernachlässigen – den Menschen in den Mittelpunkt seiner Betrachtung stellt.

Lean Management ...

- ist ein komplexes System, das das gesamte Unternehmen umfaßt;
- repräsentiert ein Bündel von Prinzipien und Maßnahmen zur effektiven und effizienten Planung, Gestaltung und Kontrolle der Unternehmung;
- stellt den Menschen in den Mittelpunkt des unternehmerischen Geschehens;
- enthält geistige Leitlinien, Strategien, Methoden und pragmatische „Handwerkszeuge";
- steht für die Vermeidung von Verschwendung, Verringerung nicht wertschöpfender Tätigkeiten, Nutzung aller Ressourcen, Einbeziehung von Lieferanten und Kunden;
- ist qualitäts- und kundenorientiert;
- ist den konventionellen Organisations- und Produktionskonzepten überlegen;
- führt zu
  - höherer Produktivität,
  - besserer Qualität,
  - motivierten Mitarbeitern,
  - größerer Kundennähe,
  - besseren Erträgen,
  - mehr Flexibilität,
  - schnellerer zeitlicher Anpassung.

(Nach: Pfeiffer/Weiss 1992)

Auch wenn die einzelnen Elemente des „Lean Management" bereits seit längerem bekannt sind und auch im Rahmen des traditionellen westlichen Managements Anwendung gefunden haben (so z.B. Qualitätszirkel und Just-in-Time-Fertigung), ist der Ansatz selbst durchaus Ausdruck einer innovativen Unternehmensstrategie. Nach allen Erfahrungen mit seiner Anwendung läßt sich – bezogen auf die betriebliche Realität in Europa und insbesondere im deutschsprachigen Raum – feststellen:

1. Neu sind die ganzheitliche, systemische Betrachtung der Organisation, die eingebauten Feedback-Schleifen vom Kunden zum Entwickler, die parallele Entwicklung und Forschung („simultaneous engineering") und die auf der Ebene der Projektorganisation praktizierte Teamorientierung (Groth/Kammel 1994).
2. Aspekte der Zeitökonomie gewinnen mehr und mehr Bedeutung („fast to the market – safe to the market").
3. „Revolutionär" ist für die Arbeitsorganisation die konsequente Teamorientierung auf allen und über alle Hierarchieebenen, beginnend bei den family groups (Fertigungsgruppen) einschließlich der Projektgruppen und der sogenannten „cross funktional groups" (vgl. Roth/Kohl 1988; Breisig 1990; Stürzl 1992; Groth/Kammel 1994).
4. Für viele Unternehmen ist der Gedanke der kontinuierlichen Verbesserung in kleinen Schritten, der eher auf die Permanenz des Prozesses als auf revolutionäre Innovationen setzt (Kaizen, KVP, CIP, vgl. insbesondere Imai 1992), ebenfalls noch neu und ungewohnt.

Schlanke Unternehmen streben nach einer Optimierung ihres Wertschöpfungsnetzwerks, angefangen von den Zulieferern bis hin zum Kunden, d.h. sie ziehen alle Schritte, die zur Herstellung von Produkten oder Dienstleistungen notwendig sind, in ihre Betrachtung mit ein. Konsequenterweise reicht ihre Analyse dabei über die Aktivitäten des eigenen Unternehmens hinaus. Das dadurch sehr weit gespannte Wertschöpfungsnetzwerk wird in diesem Zusammenhang als eine Verkettung von Kunden-Lieferanten-Beziehungen gesehen. Nach diesem Prinzip werden in schlanken Unternehmen sämtliche internen Schritte der Wertschöpfung unter dem Aspekt einer konsequenten Kundenorientierung in den Blick genommen. Das bedeutet: Im Lean-Unternehmen betrachtet jeder den Träger der jeweils nächsten Aktivität, für den seine Arbeit Input wird, als seinen Kunden, den er in allen relevanten Parametern zufriedenzustellen hat: die richtigen Gegenstände, Leistungen und Informationen zum richtigen Zeitpunkt in der gewünschten fehlerlosen Qualität. Dies gilt nicht nur in der Teilefertigung und Montage, sondern auch für alle Zulieferer-Abnehmer-Beziehungen in den übrigen Funktionsbereichen und nicht zuletzt für die Bereiche mit Dienstleistungscharakter (z.B. DV), bei denen erfahrungsgemäß die Kundenorientierung unterentwickelt ist (vgl. Pfeiffer/Weiss 1992, 49).

Nach Groth/Kammel (1994, 25) läßt sich Lean Management daher ganz allgemein charakterisieren „als ein pragmatisches, ganzheitliches, integratives Konzept der Unternehmensführung mit strikter Ausrichtung auf Kundenzufriedenheit, Marktnähe und Zeiterfordernisse, auf die Durchgängigkeit der auf Kernfunktionen konzentrierten Wertschöpfungskette, auf die kontinuierliche gleichzeitige Verbesserung von Produktivität, Qualität und Prozessen sowie auf die bestmögliche Nutzung des Humankapitals des Unternehmens".

Ganzheitliche Optimierung der Wertschöpfungskette bedeutet, nicht an einzelnen Punkten isolierte Verbesserungsmaßnahmen einzuleiten, sondern eine Strategie integrierter Maßnahmen zur Steigerung der Produktivität zu entwickeln, wobei grundsätzlich eine enge Vernetzung und Prozeßsynchronisation des Unternehmens und seiner Teilsysteme mit gleichzeitiger Überwindung vermeidbarer Schnittstellenprobleme angestrebt wird (Groth/Kammel 1994, 27).

So sind denn auch das ständige Verbesserungswesen (Kaizen), die Just-in-Time-Anlieferung und der Abbau der Lagerhaltung, das Total-Quality-Management, Gruppenarbeit und Projektteams, Simultaneous Engineering etc. nicht als isolierte Ansätze einer Verbesserung betrieblicher Ergebnisse zu sehen, sondern als miteinander vernetzte Module einer neuen Organisations- und Unternehmenskultur, die der Vision einer strikten Kundenorientierung, und d.h. nach innen gerichtet auch einer bewußten Mitarbeiterorientierung, folgt.

In der gleichen Weise, wie vertrauensbildende Verhaltensweisen die Zusammenarbeit mit den Lieferanten und Kunden bestimmen (so werden die Lieferanten in ihrem Bestreben um bessere Qualität und günstige Preise bei gleichzeitig guter Ertragslage z.T. mit mittel- oder langfristigen Verträgen unterstützt, was zugleich die Möglichkeit eröffnet, die Lieferanten in die Forschung und Entwicklung einzubeziehen; ebenso wird den Kunden über ein gut ausgebildetes Informationswesen die Produkt- und Preispolitik des Unternehmens vermittelt), so wird auch versucht, bei den eigenen Führungskräften und Mitarbeitern eine kooperative Grundhaltung im Umgang miteinander (interne Kundenorientierung) zu entwickeln.

Entsprechend gestaltet sich die interne Kommunikation und Kooperation innerhalb eines schlanken Unternehmens. Sie hat nicht nur den Kunden am Ende der Wertschöpfungskette zufriedenzustellen. Durch einen über Feedback-Schleifen verknüpften Informationsfluß zwischen allen Unternehmensbereichen und Hierarchie-Ebenen sollen Partikularinteressen und einseitiges Ressortdenken, das in vielen westlichen Unternehmen verbreitet ist, abgebaut werden. An dessen Stelle muß das betriebliche Gesamtinteresse treten. Daher sind sämtliche Entscheidungen über Innovationen und Investitionen in den einzelnen Abteilungen, Werks- und Unternehmensbereichen stets daraufhin zu befragen, welche Auswirkungen sie auf alle Teile des Betriebes haben. Um darüber Aussagen machen zu können, muß der laufende Prozeß in allen Abteilungen und Bereichen einer permanenten Evaluation unterzogen werden; auf dieser Grundlage müssen die Verbesserungen angestrebt werden.

Die Maxime schlanker Unternehmen, „fast to the market – safe to the market", ist verknüpft mit Optimierungskriterien auf der Sachebene (Qualität, Zeit, Geschwindigkeit, Flexibilität, Produktivität) sowie auf der Wertebene (Kosten, Erlös, Rentabilität), wobei für Lean-Unternehmen die Kriterien der Sachebene Vorrang vor denen der monetären Ebene haben (Pfeiffer/Weiss 1992, 51). Dies ist nicht allein dadurch bedingt, daß die Kriterien der Sachebene im Prozeß der Wertschöpfung leichter meßbar sind und damit einer geringeren Interpretationsleistung bedürfen. Darüber hinaus legt das „Lean-Management“ stärkeres Gewicht auf eine stetige, in kleinen Schritten sich vollziehende Verbesserung meßbarer Größen als auf kurzfristige, spektakuläre Erfolge, die die Bilanz schönen, aber nicht von Dauer sind.

Unter dem Aspekt der Zeitökonomie zielt das „Lean Management“ darauf ab, bei verbesserter Produktqualität gleichzeitig die Durchlaufzeiten zu verringern, die Umrüstzeiten an Maschinen durch einen beschleunigten Werkzeugwechsel zu minimieren. Durch Integration aller beteiligten Bereiche und mit Hilfe einer Parallelisierung von Produkt- und Teileentwicklung auf der einen Seite und der Werkzeugentwicklung auf der anderen Seite, versucht man, bei der Planung und Entwicklung neuer Produkte mit weniger Personal und weniger Entwicklungszeit auszukommen usw. Dieser interne Zugriff auf die Zeitökonomie wird konsequent auf den Kontakt mit dem Kunden ausgedehnt. Kürzere Wege im Vertrieb, etwa durch ein einstufiges Händlernetz, garantieren nicht nur erheblich kürzere Lieferzeiten, sondern zugleich einen schnelleren und reibungsloseren Kommunikationsfluß zwischen Hersteller und Kunden. Dabei werden nicht nur das Marketing und der Außendienst in die Kundenbetreuung einbezogen, sondern auch die Geschäftsführung, ferner die Ingenieure und Konstruktionstechniker, die Werksleitung und die Fertigungs-Bereichsleiter. Auf diese Weise soll ein möglichst enger Kontakt zum Kunden hergestellt werden, der die Wünsche des Marktes umfassend berücksichtigt und den Kunden in den Mittelpunkt von Forschung, Planung und Produktion rückt.

Um einen möglichst engen Kontakt zwischen dem Management und den Mitarbeitern zu halten, arbeiten schlanke Unternehmen mit flacheren Unternehmenshierarchien, wobei operativ-taktische Aufgaben soweit wie möglich an die Basis delegiert werden, damit das Management entlastet wird und sich in stärkerem Maße um die Zukunftsgestaltung kümmern kann.

Das wichtigste Erfolgspotential schlanker Unternehmen sind ihre Mitarbeiter. Anders als das traditionelle westliche Management sieht das „Lean Management“ hier nicht eine zu minimierende (Kosten-)Größe, sondern ein Potential, das es optimal zu fördern und zu nutzen gilt. Aus einem Mißtrauen in die Allmacht der Technik und zugleich dem Vertrauen in die Leistungsfähigkeit der Mitarbeiter erwächst die Überzeugung, daß sich Investitionen in neue Technologien nur dort rentieren, wo technologische Innovationen auf Akzeptanz in der Belegschaft stoßen (Staudt/Rehbein 1988). Um das in weiten Teilen brachliegende kreative Potential der Mitarbeiter umfassend zu nutzen, setzen schlanke Unternehmen dabei im Regelfall auf selbstorganisierte Gruppenarbeit und Teamarbeit. Dieser Entscheidung liegen folgende Grundannahmen einer modernen Arbeitsorganisation und Personalführung zugrunde:

- Mitarbeiter wissen, können und wollen mehr als gemeinhin unterstellt wird.
- Die Gruppe (das Team) weiß, kann und schafft mehr als der einzelne.
- Mehr Information, Kommunikation und Kooperation schafft mehr Innovation.
- Mehr Verantwortung bewirkt größeres Engagement und bewirkt Identifikation.
- Mehr Identifikation bewirkt mehr Qualität und Produktivität.

Anders als in tayloristisch verfaßten Arbeitsorganisationen, die der Vision einer immer stärkeren Zergliederung der industriellen Arbeit mit dem Ziel einer robotergesteuerten, menschenleeren (CIM-)Fabrik folgen, setzt das schlanke Unternehmen in der Fertigung und Montage auf das gegenteilige Konzept der qualifizierten Gruppenarbeit, das eine Ausweitung des Handlungs- und Entscheidungsspielraums der Werker sowie die Übernahme zusätzlicher Aufgaben und Verantwortung, so z.B. bei der Arbeitseinteilung, Urlaubsplanung, Störungsbeseitigung, Reparatur, Wartung, Kontrolle usw. beinhaltet. Mit der Einführung qualifizierter

Gruppenarbeit wird die überzogene Arbeitsteilung in der industriellen Fertigung wieder rückgängig gemacht. An die Stelle repetitiver und damit monotoner Arbeitstätigkeiten treten job-enrichment und job-rotation: Zum einen werden Aufgaben wie Arbeitsplanung, Qualitätskontrolle, Instandhaltung etc. soweit wie möglich in den Bereich der unmittelbaren Wertschöpfung zurückübertragen, zum anderen erstellen die Gruppen Arbeits- und Qualifizierungspläne, die langfristig eine permanente Rotation ermöglichen, so daß sämtliche Gruppenmitglieder im vollständigen Wechsel alle Tätigkeiten der Gruppe verrichten. Eine wesentliche Zielsetzung im Zusammenhang mit Gruppenarbeit ist es, das Potential der Belegschaft voll zu nutzen. Während sich die tayloristische Arbeitsorganisation eine enorme Verschwendung an Intelligenz, Kreativität und Problemlösungspotential leistet, setzen schlanke Unternehmen auf das Wissen und die Fähigkeiten ihrer Mitarbeiter. Regelmäßige Gruppengespräche bilden dabei den Ausgangspunkt eines dauernden Bemühens um Verbesserung und um die Verhinderung von Verschwendung (Kaizen). Eine konsequente Fehler-Rückverfolgung etwa im Sinne der 5-Why-Methode (5 x fragen, warum der Fehler gemacht wurde bzw. warum die entsprechende Qualitätsnorm nicht eingehalten werden konnte), das gemeinsame Nachdenken über die Optimierung des Gruppenarbeitsbereichs und der darin anfallenden Tätigkeitsabläufe sowie die Verbesserung der Kommunikationsbeziehungen zu vor- und nachgelagerten Bereichen, und schließlich die Aufarbeitung gruppeninterner Konflikte stehen neben der planenden Organisation der Gruppenarbeit im Zentrum der Gruppengespräche. Diese werden zu einer permanenten Reflexions- und Lernquelle, die den Gruppen und deren Mitgliedern ein ständiges Feedback über ihre Leistungs- und Lernfähigkeit gibt. Sie zeigen den Gruppenmitgliedern zugleich, daß in zielgerichteten kleinen Schritten ein Weg eingeschlagen werden kann, der zu einer stetigen Verbesserung der Arbeitsumgebung und Arbeitsergebnisse führt, wodurch die Akzeptanz der Gruppenarbeit und die Motivation zur Mitarbeit am Verbesserungswesen erfahrungsgemäß verstärkt werden.

Dies schlägt sich nicht zuletzt in der positiven Entwicklung der Zahl sowie der Qualität der eingereichten Verbesserungsvorschläge nieder.

Einen anderen Typ von Teams bilden zeitlich befristete Projektgruppen, den schlanke Unternehmen etwa in der Produktentwicklung oder Strategieplanung einsetzen. Anders als in der Fertigung, wo dauerhafte Arbeitsgruppen eingerichtet werden, werden hier sich selbst organisierende Teams mit Spezialisten aus den unterschiedlichsten Funktionsbereichen gebildet, so daß eine breite Know-how-Basis entsteht („cross functional teams"). Für die Dauer eines fest umrissenen Auftrags arbeiten diese bereichsübergreifenden Teams in einer engen räumlichen Beziehung zusammen, um so die erforderliche Kommunikationsdichte und eine enge Abstimmung herzustellen.

1.4 Negativerfahrungen im Zusammenhang mit Gruppenarbeit

In jüngster Zeit sind einige Stimmen laut geworden, die mit der Gruppenarbeit vor dem Hintergrund bitterer Erfahrungen kritisch ins Gericht gehen. Zwar stellen sie das Konzept der Gruppenarbeit (Stürzl 1992) an sich nicht in Frage, doch sehen sie teilweise erhebliche Defizite bei der Implementierung und Umsetzung des Ansatzes.

Die Liste zum „Sand im Getriebe der Gruppenarbeit" beginnt damit, daß vielfach bereits der Gruppensprecher vom Vorgesetzten ernannt und das Team bei der Entscheidung übergangen wird. Eine freie Zeiteinteilung, eine der wichtigsten Bestandteile des neuen Organisations-Konzeptes, wird nicht selten von rigiden Zielvorgaben (die zudem oft aufoktroyiert statt vereinbart sind!) erdrückt, wodurch schließlich der Spielraum für Wachstum und Entfaltung (in) der Arbeitsgruppe stark begrenzt wird.

Derartige Halbherzigkeiten bei der Implementierung, zu hoher Zeit- und Erfolgsdruck auf die Arbeitsgruppen, unzureichende Qualifizierung und Schulung der Gruppen in der Vorbereitungsphase bringen in den seltensten Fällen die gewünschten Ergebnisse mit sich und hinterlassen zuweilen mehr innerbetrieblichen Flurschaden als Nutzen. Lernende Organisationen mit integriertem kontinuierlichen Verbesserungsprozeß jedenfalls lassen sich, wie die Praxis zeigt, so nicht aufbauen.

Umfragen unter den 100 umsatzstärksten deutschen Unternehmen und den 1000 größten US-Unternehmen zeigen darüber hinaus, daß erst 7 Prozent aller deutschen Beschäftigten und 10 Prozent ihrer amerikanischen Kollegen in Gruppenarbeit tätig sind. Und nur etwa 2 Prozent der deutschen Beschäftigten arbeiten unter Bedingungen, die man als Verwirklichung teilautonomer Gruppenarbeit bezeichnen könnte, so daß Gruppenarbeit bislang nur in wenigen Fällen eine aktive Teilnahme und Einflußnahme am Arbeitsplatz ermöglicht (König/Rieker in: *manager magazin* 12/1994).

Liest man diese Kritik als ein Abbild der gegenwärtigen Realität, so muß man sagen, daß zwar viele über Gruppenarbeit reden, diskutieren, schreiben usw., aber nur wenige das Konzept umzusetzen suchen, und daß dort, wo Gruppenarbeit implementiert wird, das Konzept nicht konsequent gehandhabt wird.

Selbst wenn man sich die Entwicklungen der letzten Jahre in gelungenen Umstellungen ansieht, so brachte die Gruppenarbeit zwar viele positive, aber auch teilweise ernüchternde Ergebnisse, insbesondere dort, wo die Erwartungen zu hoch gesteckt waren. So wurde in einigen Fällen Gruppenarbeit eingeführt in der Hoffnung, daß die Gruppen selbst die Arbeitsprozesse in ihrem Aufgabenbereich verbessern. Diese Hoffnung hat sich jedoch zumeist als Trugschluß herausgestellt, weil die Gruppenarbeit in der Regel nicht dazu geführt hat, daß seitens der Teams nachhaltige Verbesserungen der Arbeitsprozesse eingeleitet wurden. Wie es scheint, sind sie mit dieser Aufgabe einfach überfordert.

Dies spricht letztlich auch dafür, daß Veränderungen auf diesem Niveau top-down von der Unternehmensspitze zur Unternehmensbasis hin eingeleitet und vorbereitet, d.h. restrukturiert werden müssen, bevor die Reorganisation mit der Einführung von Gruppenarbeit beginnen kann. Erweist sich dann die neue Form der Arbeitsorganisation als ein sinnvoller und akzeptabler Ansatz, kann der kontinuierliche Verbesserungsprozeß im Rahmen der Gruppenarbeit aufgenommen werden, d.h. es können dann weitere Verbesserungen in kleinen Schritten bottom-up durch die Arbeitsgruppen angeregt werden.

Nach dem heutigen Diskussions- und Wissensstand um eine Organisationsentwicklung in Richtung Lean Management kann man davon ausgehen, daß die Umsetzung von Gruppenarbeits-Projekten häufig deswegen nicht funktioniert, weil man vor ihrer Einführung auf eine konsequente Restrukturierung der zu bewältigenden Prozesse verzichtet hat.

Dies führt zu dem Resultat, daß sich die neugebildeten Arbeitsgruppen innerhalb einer weiterbestehenden Arbeits-Landschaft abmühen und überfordert sind, wo es um die grundlegende Veränderung von Abläufen geht.

Die kontinuierliche Verbesserung der Abläufe, Anlagen und Systemkonfigurationen folgt, wo sie erfolgreich funktioniert, dem Prinzip der Vermeidung jeglicher Verschwendung. Schlanke Unternehmen zeichnen sich durch eine auf Permanenz und Kontinuität abgestellte Strategie der Minimierung all jener Faktoren aus, die nicht wertschöpfend sind. Dies schließt einerseits das „Null-Fehler-Ziel“ des Total-Quality-Management ein: alle Leistungen sollen möglichst ohne nennenswerte Reibungsverluste, also unter Vermeidung von Fehlerproduktion (Ausschuß) und Minderqualität erbracht werden. Andererseits geht diese Strategie jedoch weiter und bemüht sich, alle Aktivitäten, die nicht unmittelbar wertschöpfend sind, d.h. die keinen vom Kunden bezahlten Wertzuwachs am Produkt erbringen, so weit wie möglich zu verringern und in wertschöpfende Tätigkeiten zu integrieren. Zu diesen nicht unmittelbar wertschöpfenden Tätigkeiten gehören die Endkontrolle und Nacharbeit, aber auch kostenaufwendige Lagerhaltung, zu hohe Lagerbestände, zu lange Wege und Zeiten für den Materialtransport, Mehrfacherfassung von Daten, unnötiger Aufwand bei der Entwicklung neuer Produkte, unnötige Kopien, Ablagen etc.

Lean Management versteht sich als ein Ansatz der Betriebsführung, der auf die Herstellung schlanker Strukturen zielt. Nach dem Motto „kein Gramm zuviel“, das aus Diätplänen der Ernährungsberatung bekannt ist, geht es dabei um das Abspecken eines überflüssigen Wasserkopfes an betrieblicher Verwaltung und Bürokratie, um das Ausdünnen viel zu komplexer (und zu teurer) Hierarchien sowie um die Einführung effektiver Produktionsstrukturen, aus der jegliche Form von Verschwendung (etwa unnötige Lagerkosten, Ausschuß oder Nacharbeit) möglichst vollständig eleminiert ist.

In diesem Sinne zielt Lean Management auf betriebliche „Fitness“. Fitness-Programme, die in diesem Zusammenhang immer wieder Anwendung finden, sind die Einführung neuer Fertigungs- und Arbeitsstrukturen (Gruppenarbeit, Teamorientierung), das Total-Quality-Management (TQM), der kontinuierliche Verbesserungsprozeß (KVP, auch „Kaizen“) und andere Optimierungsprogramme.

Daß dem Lean Management heute die Bedeutung zugedacht wird, die der Ansatz seit geraumer Zeit erfährt, liegt nicht allein an seiner Überzeugungskraft, sondern vor allem an der strategischen Wichtigkeit und der operativen Dringlichkeit einer Schlankheitskur in der westlichen Industriewelt. So ist denn auch das Bemühen um eine solche Schlankheitskur oftmals nicht Ausdruck einer neuen betriebswirtschaftlichen „Gesundheitsphilosophie“, sondern schlicht Ausdruck einer veränderten weltwirtschaftlichen Lage, in der die Konkurrenz aus Fernost zunehmend den Ton angibt.

Exkurs: Gruppenarbeit und Total Productive Maintenance (TPM) zwischen Lean Production und Business Reengineering

Der im folgenden beschriebene Fall einer praktischen Realisierung von TPM beschreibt als (begrenztes) Studienobjekt Vorgehensweisen, wie sie im Kontext der Einführung von Gruppenarbeit denkbar sind, ohne dabei den weiterführenden Anspruch zu erheben, als ein repräsentatives Beispiel für Lean Management oder Business Reengineering zu gelten.

In diesem Praxisfall wurde ein betrieblicher Funktionsbereich ausgewählt, nämlich die Instandhaltung, um dort einige Modelle der Neuorganisation auszuprobieren. Diese haben zwar die Schnittstellen zwischen der Instandhaltung und der Fertigung/Montage verändert, ansonsten aber sind Hierarchie und Ablauf so belassen worden, wie sie vorher waren. Die Veränderungen in der Gesamtorganisation sind dabei, im Vergleich zu den radikalen Vorstellungen des Business Reengineering, eher marginal.

Die Reorganisation beschränkt sich im dokumentierten Praxisbeispiel auf Verbesserungen innerhalb eines Funktionsbereichs; solche Ansätze sind im Zusammenhang der Einführung von Lean Production (als Bestandteil eines umfassenderen Lean Management) denkbar; Business Reengineering hat jedoch darüber hinausgehend eine übergreifende Veränderung des betrieblichen Gesamtgefüges im Auge.

Allerdings können auch solche Projekte einen Einstieg in das Reengineering vorbereiten, wenn sie auf der Ebene des Top-Managements ein Bewußtsein dafür schaffen, daß Quantensprünge bei der Verbesserung erfolgskritischer Leistungsparameter dann zu erzielen sind, wenn man die Ebene der Optimierung isolierter Funktionen verläßt und die Veränderung der Arbeitsorganisation gleichzeitig in einer Neugestaltung der Hierarchie und der Ablauforganisation einbindet.

Doch wie kommt das Top-Management zu der Zielsetzung, die Restrukturierung und Reorganisation des gesamten Unternehmens anzustreben, wenn ursprünglich lediglich die Einführung von Gruppenarbeit als Pilotprojekt in einem betrieblichen Funktionsbereich diskutiert wird?

Hier ist in erster Linie der externe Berater bzw. die externe Consulting angesprochen, vor der trügerischen Hoffnung zu warnen, die Gruppen seien innerhalb der neugeschaffenen Arbeitsorganisation von sich aus in der Lage, die von ihnen zu erledigenden Aufgaben grundlegend zu verbessern. Solche Vorstellungen sind zu korrigieren und durch realistische

Erwartungen zu ersetzen, da mit Quantensprüngen in den Verbesserungen nur dort zu rechnen ist, wo ein top-down angelegtes Reengineering der schrittweisen Verbesserung einzelner Funktionen innerhalb von Gruppenarbeit vorangeschaltet wird.

Erfahrungsgemäß ist es eine Fehleinschätzung und Überforderung der Gruppe, wenn man meint, sie könne die Prozesse in toto neu gestalten, wobei ihr eigener Handlungsbereich aber gleichzeitig nur einen Teilabschnitt der Geschäftsprozesse ausmacht. So haben sich Projekte, die von der Vorstellung ausgegangen sind, im Arbeitsfluß hintereinandergekettete Gruppen könnten auch gruppenübergreifende Verbesserungen im Sinne einer Optimierung der Prozeßkette anstoßen und einleiten, als zu anspruchsvoll erwiesen.

Sinnvoll scheint es hingegen vielmehr zu sein, Schnittstellen im Arbeitsfluß eher ganz aufzulösen als darauf zu setzen, daß Schnittstellenprobleme durch die Einführung von Gruppenarbeit weitgehend in den Griff zu bekommen seien. Zwar löst die Gruppenarbeit einen Teil der alten Schnittstellenprobleme, schafft im Gegenzug aber auch neue Reibungspunkte zwischen den Gruppen und der traditionellen Unternehmensorganisation. Daher sind alle Bemühungen in Richtung Total Productive Maintenance, ohne die Strukturen der Gesamtorganisation grundlegend zu verändern, tendenziell zum Scheitern verurteilt, da sie allenfalls kleine Fortschritte innerhalb des Funktionsbereiches selbst ermöglichen, jedoch keine durchgreifende Verbesserung in Größenordnungen des Reengineering.

Soweit der Gruppenarbeits-Ansatz das betriebliche Instandhaltungswesen berührt, hat er das Konzept der „Total Productive Maintenance“ in das Bewußtsein zurückgebracht, ein Konzept, das zwar auf die frühen 70er Jahre zurückgeht, aber im Zusammenhang der Lean-Diskussionen neue Aktualität erlangt hat.

Nun läßt sich Gruppenarbeit, je nach betrieblichen Gegebenheiten (Branche, Technologie, Leistungen), in unterschiedlicher Weise organisieren. Doch ob in Form von teilautonomen Arbeitsgruppen, Fertigungsinseln oder Service-Teams, die Effekte von Gruppenarbeit, die sich über kurz oder lang einstellen, sind ähnlich. Dies gilt sowohl für die positiven Ergebnisse, die von dieser Form der Arbeitsorganisation freigesetzt werden, als auch für mögliche Komplikationen, die im Verlauf der Umstellung auf Gruppenarbeit auftreten können. So lassen sich mit der Übertragung aller fertigungs- und dienstleistungsnahen Planungs-, Steuerungs- und Kontrollfunktionen in die Verantwortlichkeit selbständiger Arbeitsgruppen oder Teams viele Nachteile der Fremdsteuerung von Arbeitsprozessen vermeiden. Dies betrifft insbesondere die Ebene von Konflikten zwischen Vorgesetzten und Mitarbeitern, berührt aber auch Aspekte der Motivation. Eigenverantwortliches Handeln in Gruppen, dies belegen zahlreiche Umfragen aus Betrieben, bringt eine höhere Arbeitszufriedenheit mit sich.

Zugleich ermöglicht die Rückverlagerung von Kontroll- wie Dispositionsfunktionen in die Arbeitsgruppen eine Kostenreduktion, wo auf ein aufwendiges Steuerungs- und Kontrollsystem verzichtet wird, und Führungskräfte können sich stärker auf ihre eigentliche Aufgabe konzentrieren.

Für eine Integration von Instandhaltungsaufgaben und Gruppenarbeit gibt es unterschiedliche praktische Lösungen, doch haben sie eines gemeinsam: sie funktionieren um so besser, je weniger (unnötige, weil auf Kompetenzgerangel basierende) Reibungspunkte an den sogenannten „Schnittstellen" zwischen Fertigung/Montage einerseits und Instandhaltung andererseits existieren. Kennzeichen der schlanken, produktionsintegrierten Instandhaltung sind neben einer dem Produktionsbereich unterstellten Werkstatt mit Objektkompetenz (die Werkstatt ist für bestimmte Anlagen/Objekte zuständig) sowie der räumlichen Nähe zum Produktionsprozeß (standortnahe Werkstätten) vor allem die Übernahme von Instandhaltungsaufgaben durch die Fertigungs-Gruppen. Vormals zentrale, eigenständige Werkstätten werden aufgelöst und dezentral organisiert, wobei die anfallenden Instandhaltungsaufgaben soweit wie möglich in die Fertigung/Produktion integriert werden. Wo ein solches

Verfahren nicht realisierbar ist, besteht die Möglichkeit der Fremdvergabe von Instandhaltungsaufgaben („Outsourcing").

D.h., daß in Zukunft Wartungs-, Inspektions- und einfache Reparaturtätigkeiten auch durch die Mitarbeiter in der Produktion und Fertigung direkt übernommen werden, so daß auf der Kehrseite der Bedarf an gesonderter „Instandhaltung" verringert wird. Dieser Prozeß der Verlagerung der Instandhaltung aus spezialisierten Werkstätten in die Wertschöpfung vor Ort setzt in der Regel folgenden Prozeßablauf voraus:

1. Gegebenenfalls Abschluß einer Betriebsvereinbarung, Überprüfung/ Modifikation der Lohneinstufung
2. Ermittlung eines Katalogs an Instandhaltungsaufgaben (Was ist im einzelnen zu tun?)
3. Zuordnung der Aufgaben nach Schwierigkeitsgraden (Welche Aufgaben können durch die Gruppen übernommen werden? Welche sollten durch die verbleibenden Instandhalter erledigt werden, welche können nach außen vergeben werden?)
4. Durchführung notwendiger Qualifizierungsmaßnahmen zur Delegierung einzelner Aufgaben (Wer muß was lernen, damit welche Aufgabe an die Gruppe delegiert werden kann?)
5. Terminplan für die Umsetzung, begleitende Prozeßevaluation des Fahrplans (Wo treten Schwierigkeiten auf und wie können wir sie bewältigen?)

Man könnte meinen, mit einer solchen strategischen Entscheidung, die auf die Auflösung der bestehenden Strukturen von Wartung, Inspektion und Reparatur zielt, würden die betrieblichen Instandhalter selbst überflüssig. Dies ist jedoch nur begrenzt der Fall. Vielmehr kommt dem Instandhaltungspersonal eine Schlüsselrolle bei der Umsetzung des neuen Konzeptes zu. Denn: Die Einbindung eines Großteils der Instandhaltungsaufgaben in den Produktionsprozeß gelingt nur dort, wo „Angelernte" und Facharbeiter zu Teams verschmelzen, in die auch die Instandhalter integriert sind.

Gerade innerbetriebliche „Service-Bereiche" wie die Instandhaltung stellen bei der Einführung von Gruppenarbeit in der Montage und Fertigung Konfliktzonen dar, da die Service-Leistenden ein völlig neues Selbstverständnis entwickeln müssen. Wo dies nicht gelingt, kann es zu massiven Schwierigkeiten infolge einer Verweigerungshaltung der Instandhalter kommen. Andererseits: Gelingt die Einbindung hochqualifizierter Service-Bereiche, so kann dies den Gruppen helfen, den Anforderungen des KVP sowie des Qualitätsmanagements in optimaler Weise gerecht zu werden.

Im Zusammenhang mit der Einführung von Gruppenarbeit ist in solchen Fällen stets zu empfehlen, eine konkrete und detaillierte Betriebsvereinbarung zwischen Unternehmensleitung und Betriebsrat zu schließen. Denn wo sich bei der Einführung für die Instandhaltung offene Fragen stellen, ergeben sich bisweilen endlose und hinderliche Diskussionen darüber, wie die neue Form der Arbeitsorganisation und Ablaufplanung konkret auszugestalten ist.

Daher sollte immer an eine ausreichende Information der betroffenen Mitarbeiter gedacht werden. Trotz aller Vorteile von Gruppenarbeit stellt sich die Akzeptanz dieser neuen und ungewohnten Form der Arbeitsorganisation nicht von selbst ein.

Wichtig ist zugleich, daß die notwendigen sozialen Qualifizierungsmaßnahmen bei Beginn der Umstellung abgeschlossen sind, so daß die Instandhalter mit ihren neuen Aufgaben nicht überfordert werden. Um derartigen Schwierigkeiten bereits im Vorfeld aus dem Wege zu gehen, ist eine frühzeitige Einbindung der Betroffenen in die gesamte Reorganisation ihres Arbeitsfeldes sowie in die konkrete Maßnahmenplanung sicherzustellen. Denn wie die Erfahrungen der Praxis zeigen, lassen sich überall dort Schwierigkeiten erwarten, wo die anstehenden Veränderungen allein auf Weisung der Unternehmensspitze erfolgen und nicht von allen betroffenen Abteilungen mitgetragen werden.

Bestehen bei der Einführung von Gruppenarbeit Unsicherheiten, auf welche Weise Service-Bereiche wie die Instandhaltung einbezogen werden können, lassen sich in einer Pilotphase unterschiedliche Modelle erproben, um Erkenntnisse darüber zu gewinnen, welche Varianten der Einbindung des betreffenden Service-Bereichs innerbetrieblich erfolgreich zu realisieren sind. Vor dem Hintergrund solcher Erfahrungen schließlich können begründete Entscheidungen getroffen werden, die die Abstimmung von Produktion und Instandhaltung im Sinne einer Total Productive Maintenance regeln.

Bevor die flächendeckende Einführung erfolgt, muß geklärt sein, welche Aufgabenteilung zukünftig zwischen Instandhaltung und Fertigungsgruppen anzustreben ist, inwieweit und wo Möglichkeiten zu suchen sind, kleinere Wartungs- und Reparaturarbeiten auf die Gruppen selbst zu übertragen, um so etwa die Maschinenstillstandszeiten zu verringern. Wie die Praxis von Gruppenarbeit zeigt, lassen sich durchaus einzelne Funktionen von der Instandhaltung auf die Fertigung übertragen. Eine Möglichkeit etwa ist es, einzelne Gruppenmitglieder anzulernen, kleinere Arbeiten selbst zu erledigen, indem die Instandhalter ihnen zeigen, wie diese Aufgaben ausgeführt werden.

Geklärt sein sollte auch, wie sich die Instandhalter zukünftig mit den Gruppen darüber verständigen, wann größere Arbeiten, die einen längeren Maschinenstillstand erfordern, einzuplanen und durchzuführen sind, um den Gruppen Gelegenheit zu verschaffen, diese Zeit sinnvoll nutzen bzw. verplanen zu können. So lassen sich im Fall einer ein- oder zweistündigen Wartung der Anlage Gruppengespräche einplanen, ebenso wie bei ganztägigen Reparaturen Urlaub, Zeitausgleich etc. vereinbart werden kann. Auf diese Weise können Service-Bereiche zum Aufbau schlanker Strukturen beitragen, indem sie ein Verständnis entwickeln, daß die Gruppen als betriebsinterne „Kunden" zu sehen sind, denen man eine bestmögliche Leistung zum günstigsten Zeitpunkt anbieten will.

In dem Maße, in dem die Gruppen an Entscheidungsbefugnis und Eigenverantwortlichkeit gewinnen, verlieren auf der Gegenseite im Betrieb andere Bereiche an Bedeutung (Statusverlust). Diese in das Gesamtkonzept zu integrieren, fällt oft nicht leicht. Dazu bedarf es in der

Regel betrieblicher Überleitungsregelungen, was die berufliche Zukunft ihrer Mitarbeiter angeht. Betrachten wir als Beispiel für solche Bereiche wiederum die Instandhaltung. Die hier tätigen Schlosser, Maschinenbauer und Betriebselektriker müssen sensibel behandelt werden, um die fast notwendigerweise entstehenden Probleme bei ihrer Integration in das neue Organisationskonzept möglichst gering zu halten. So äußern sie vielfach die Befürchtung, sich durch eine Weitergabe ihres Wissens und Könnens selbst überflüssig zu machen und sich selbst „wegzurationalisieren". Aufgrunddessen stellen sie sich quer, wo es darum geht, die Gruppen für die Inspektion und Wartung ihres Areals, für Maschinenumbauten, Werkzeugwechsel oder kleinere Reparaturen an ihren Anlagen vorzubereiten.

Ansinnen des Lean Management ist es, die gesamte Wertschöpfungskette schlanker zu gestalten, etwa durch die Integration vormals getrennt operierender Bereiche, wobei gleichzeitig möglichst wenig Führungsebenen verbleiben sollen. Auch die Instandhaltungs-Organisation kann im Rahmen von Schlankheitskuren in unterschiedlicher Form verändert werden, was deren Aufgabenkomplexe und Aufgabenabläufe sowie den Einsatz von Ressourcen (Personal, Werkstatt etc.) betrifft. Bei der Begründung solcher Vorhaben stehen nicht selten folgende Aspekte im Zentrum der Überlegungen:

- zu hohe Instandhaltungskosten,
- fehlender Beurteilungsmaßstab für das Kosten-Leistungs-Verhältnis,
- fehlender Wettbewerb mit Fremdanbietern,
- Interessen von Produktion und Instandhaltung sind oft nicht deckungsgleich,
- aufwendige Organisation (Genehmigungsverfahren etc.),
- erheblicher Controlling-Aufwand.

So verfolgt das Total Productive Maintenance die Absicht, die Fixkosten der Instandhaltung zu reduzieren, die Instandhaltungsleistungen transparent zu machen und den Kostenanfall dieser Leistungen klar bewertbar zu machen. Grundgedanke dabei ist es, das Verhältnis von Produktion (Fertigung, Montage) und Instandhaltung nach dem Modell von Kunden-Lieferanten-Beziehungen zu strukturieren, indem die Instandhaltung für die unmittelbare Wertschöpfung taxierbare Leistungen zu Marktpreisen erbringt.

Zugleich sollen die Instandhalter als unterstützende Fachkräfte in weiterführende strategische Optionen der Lean Production einbezogen werden und den Gruppen in der Produktion helfen, in kleinen Schritten alle Formen von Verschwendung offenzulegen und abzubauen (Kaizen) und einen Prozeß der stetigen Verbesserung (KVP) einzuleiten, wobei gleichzeitig ein hohes Qualitätsniveau (Total Quality Management) angestrebt wird. Dieser Aspekt wird in der Diskussion gelegentlich so weit hervorgehoben, daß die Reorganisation der Instandhaltung selbst zum Ausgangspunkt einer Neugestaltung und Verschlankung der Wertschöpfungskette hochstilisiert wird. Die praktischen Erfahrungen hingegen sprechen jedoch eher dafür, daß es sinnvoll ist, die Kompetenz und das Können der Instandhalter im Kontext einer Einführung von gruppenorientierten Formen der Arbeitsorganisation zum Tragen zu bringen.

Wie sich diese Zielsetzungen in einer Verzahnung von Gruppenarbeit und Total Productive Maintenance verwirklichen lassen, wird im folgenden an drei Modellvarianten skizziert, die in der Praxis durchaus miteinander kombiniert werden können.

Das erste Modell einer umfassend produktiven Instandhaltung im Kontext von Gruppenarbeit setzt darauf, die Instandhalter geographisch in den Bereich derjenigen Gruppen zu verlegen, die von ihnen betreut werden, wobei die Instandhaltung organisatorisch ihre Selbständigkeit behält. Durch die nunmehr kürzeren Wege zwischen der Instandhaltung und den Gruppen in der Fertigung und der Montage werden klar definierte Ansprechpartner, eine beschleunigte Kommunikation, reduzierte Wegezeiten sowie eine bessere Raumausnutzung möglich. Ansonsten bleibt jedoch alles beim alten. Obgleich die Werkstätten nunmehr dezentral und produktionsnah ausgerichtet sind, ändert sich insbesondere an der Schnittstellenproblematik kaum etwas. Trotz aller Fortschritte bleibt damit auch die Gefahr von Besitzstandsdenken in den jeweiligen Bereichen, wie auch die Gefahr von Kompetenzstreitigkeiten und einem Eigenleben der Instandhaltungsabteilungen bestehen.

Daher geht das zweite Modell einen Schritt weiter und versucht, das Instandhaltungspersonal in die Gruppen zu integrieren (Montagegruppen mit Instandhaltern, Einbindung von Instandhaltern in Fertigungsinseln). In diesem Modell werden die Instandhalter nicht nur räumlich in die Produktion integriert, sondern auch der Fertigungsleitung unterstellt. Dies bringt zwar zusätzliche Statusprobleme bei der Integration der Instandhalter mit sich, hat jedoch auch weitere Vorteile. Durch die konsequente Integration kommt dieses Modell mit der Führungsebene der Produktion aus, wodurch sich die Instandhaltungskosten verringern. Auch wird eine flexible Instandhaltung durch die Gruppe selbst möglich, wodurch viele Reglementierungen überflüssig werden. Schließlich gewinnen die Gruppen qualifizierte Mitarbeiter, die zahlreiche Verbesserungen in den Gruppen anstoßen können im Sinne des KVP sowie des Total Quality Managements.

Der konsequenteste Ansatz im Sinne des Lean Management kommt in einem Modell zum Tragen, das darauf setzt, die Instandhaltungsbereiche aufzulösen und Instandhaltern neue Funktionen zuzuweisen. Dabei steht der Versuch im Vordergrund, die Produktionsmitarbeiter für Inspektions- und Wartungsfunktionen sowie für kleinere Reparaturen zu qualifizieren, so daß diese in Zukunft einen Großteil der Instandhaltungsaufgaben selbst übernehmen können.

Die verbleibenden Funktionen (große Reparaturen, größere Störungen, Schwachstellenanalyse) werden kleinen, dezentralen und der Produktion räumlich nahen Instandhaltungsgruppen („Instandhaltende Arbeitsgruppen“) übertragen, oder, soweit dies kostengünstiger und aus strategischen Überlegungen heraus vertretbar ist, an Fremdanbieter nach außen vergeben (Outsourcing). Das Instandhaltungspersonal wird abgebaut und auf eine möglichst minimale Größe reduziert, so daß eine kontinuierliche Wartung/Betreuung des Maschinen- und Anlagenparks gewährleistet bleibt. Im Rahmen dieses Ansatzes werden die positiven Möglichkeiten der Gruppenarbeit auch auf die Instandhaltung selbst übertragen und können mit allen weiteren Elementen einer gruppenorientierten Arbeitsorganisation (wie sie etwa im zweiten Modell angestrebt werden) kombiniert werden.

1.5 Lean Management und Business Reengineering

Aus historischer Perspektive sind Lean Management und Business Reengineering weitgehend unterschiedliche Ansätze, die sich beide darum bemühen, mit westlichen Unternehmen im nachhinein Lernschritte zu gehen und Strukturen anzuwenden, die in Japan längst zum Alltag gehören. Auch Business Reengineering ist nichts anderes als ein solcher Ansatz, wenngleich er in seiner (typisch amerikanischen) Radikalität und Innovationsbereitschaft einen Schritt weiter geht als die fernöstliche Konkurrenz.

Während das Lean Management darauf setzt, den evolutionären Entwicklungsprozeß japanischer Unternehmen gewissermaßen im Zeitraffer nachzuholen und die etwa beim Automobilhersteller Toyota bewährten Methoden der Unternehmensführung und -verbesserung zu implementieren, versucht das Business Reengineering, massive Verbesserungen durch einen konsequenten Bruch mit Gewohnheiten und Traditionen zu erzielen. Nicht Evolution, sondern Revolution heißt das Stichwort des Reengineering, das einen möglichst voraussetzungslosen Neubeginn des Unternehmens anstrebt.

Ähnlich wie die Entwicklungslinie vom Qualitätsmanagement zum „Kaizen" vom Besonderen ins Allgemeine verläuft, so geht auch die Entwicklung von der Lean Production zum Lean Management/Business Reengineering vom Speziellen ins Generelle.

Kernelemente des Lean Management, wie es derzeit diskutiert und praktiziert wird, sind u.a. (vgl. Groth/Kammel 1994, 34):

- partnerschaftliche Beziehungen im Innen- und Außenverhältnis einer Unternehmung, die das Unternehmen als eine Familie für Mitarbeiter, Lieferanten und Kunden sehen (Zuliefererintegration);
- das Konzept der kontinuierlichen Verbesserung, das auf eine schrittweise, aber permanente Verbesserung aller Arbeitsbereiche durch alle Mitarbeiter auf allen Ebenen gerichtet ist und als globales Ziel das Vermeiden jeglicher Verschwendung verfolgt (Kaizen);
- das Total-Quality-Management mit dem Grundprinzip einer proaktiven Fehlervermeidung und umfassenden Qualitätssicherung (Kundennähe/Kundenorientierung);
- die Glättung der Arbeitsverteilung im Zeitablauf durch die Verstetigung der Auslastung sowie den Abbau indirekter Bereiche;
- eine Verkürzung der Produktentwicklungszeit durch das frühe und gleichzeitige Einbeziehen aller Beteiligten einschließlich der Zulieferer und Kunden („Simultaneous Engineering");
- flache Hierarchien und Teamarbeit;
- sowie ein kundenorientiertes Marketing.

Dabei kommt ein breit gefächertes Instrumentarium an strategischen Maßnahmen zum Einsatz. Keine dieser Maßnahmen ist an sich neu, doch entfaltet gerade ihre konsequente ganzheitliche Integration den synergetischen „Geist" des schlanken Managements.

Kernelemente	**Instrumente**
Partnerschaftliche Beziehungen	• Unternehmenskultur • Corporate Identity • Kooperative Führung • Mitarbeitergespräche • Mitarbeiterbeteiligung • Zielvereinbarungen • Betriebliche Sozialleistungen

Kaizen	• Betriebliches Vorschlagswesen • Problemlösungsgruppen • Visuelles Management • Zielvorgaben
Total-Quality-Management	• Analyse von Fehlerursachen • Kleingruppenarbeit • Band-Abschalt-Möglichkeit • Quality-Audits • Null-Fehler-Kampagnen • Benchmarking
Glättung des Arbeitsablaufs	• Just in Time (JIT) • Kanban-Prinzip • Total Productive Maintenance (TPM – umfassende produktive Instandhaltung) • Rapid Setup (schnelles Umrüsten)
Simultaneous Engineering	• Projektgruppen • offene Information
Flache Hierarchien und Teamarbeit	• Bildung überschaubarer Einheiten • Ausdünnung steiler Hierarchien • Einsatz von Teams auf allen Ebenen • Delegation von Verantwortung • Abbau von Funktions- und Abteilungsgrenzen • Offene, horizontale Kommunikation

Proaktives Marketing	• Verkäuferschulung • Job Rotation (z.B. Trainees zuerst als Verkäufer) • Kunden-Info-System

Abb.: Kernelemente und Instrumente des Lean Management

Wie die praktischen Erfahrungen zeigen, entfalten diese „Leanbausteine“ nur als Paketlösung ihre effizienzsteigernde Wirkung. Einzelnen Maßnahmen, isoliert oder im „Stapelverfahren“ nach und nach eingesetzt, ist nur ein kurzfristiger Erfolg beschieden. Da das schlanke Management eine tiefgreifende Veränderung der innerbetrieblichen Gegebenheiten zum Ziel hat, gelten für seinen Einführungsprozeß die Gesetze der Organisationsentwicklung, d.h. des geplanten Wandels.

Das Lean Management verfolgt die Vision der „50%-Company“, die mit der Hälfte des Personals in der Fabrik, mit der Hälfte der Produktionsfläche, der Hälfte an Investitionen in Werkzeuge und Maschinen, mit der Hälfte der Zeit für die Entwicklung neuer Produkte, der Hälfte des notwendigen Lagerbestands, der Hälfte der benötigten Werksfläche, weit geringeren Qualitätsmängeln, Transportwegen und Schnittstellenproblemen zu tun hat.

Bei der Implementierung schlanker Strukturen ist zunächst zu klären, wie viele und welche Lean-Bausteine in einem Unternehmen in welcher Reihenfolge kombiniert eingeführt werden sollen.

Die einzelnen Elemente dieses Gesamtkonzepts werden üblicherweise vor dem flächendeckenden Einsatz in Pilotbereichen erprobt und so modifiziert, daß sie an die Voraussetzungen im jeweiligen Unternehmen angepaßt sind.

Erst im Anschluß an eine solche innerbetriebliche „Lernphase“ mit dem schlanken Management werden in der Regel unternehmensweite Veränderungen eingeleitet, wobei für deren Übertragung folgende

Leitformel empfohlen wird: von den schlanken zu den traditionellen Bereichen und Standorten, von den kleineren zu den größeren Stammwerken, von der Fabrik in die Büros.

Daß Lean Management und Business Reengineering nicht zwei voneinander unüberbrückbar getrennte Welten darstellen müssen, zeigt die Arbeit von Groth/Kammel (1994), die das Lean Management unter Rückgriff auf den Segmentierungs-Gedanken ein Stück in Richtung Radikallösung weiterentwickelt haben. Ausgangspunkt der Überlegungen ist es, den Ansatzpunkt von betrieblichen Umstellungen an ganzheitlichen Prozessen wie der Auftragsabwicklung (vom Angebot bis zur Rechnungsstellung), Produktentwicklung, Logistik und Einkauf, Fertigung und Auslieferung etc. zu wählen, um hier jeweils kleine Einheiten (eigenverantwortliche, selbstorganisierte Segmente) zu schaffen, die stets „mehrere Stufen in der logischen Kette eines Produktes bis hin zur Integration sämtlicher unternehmensinterner Wertschöpfungsstufen umfassen" (Groth/Kammel 1994, 106), wobei darauf zu achten ist, daß ineffektive Insellösungen sowie eine Dezentralisierung um der Dezentralisierung willen vermieden werden.

Diese „Etablierung von Quasi-Unternehmen im Unternehmen als eigenverantwortliche Einheiten" (Groth/Kammel 1994, 66) läßt sich nun grundsätzlich in Form teilautonomer Profit-Center, aber auch in Form teilautonomer Team- und Gruppenarbeit denken, wobei die Einführung solcher Gruppenstrukturen mit der Abflachung der Hierarchie sowie einer eindeutigen Zuordnung von Kompetenzen und Verantwortlichkeiten einhergehen muß, so daß eine konsequente Rückverlagerung der Verantwortung und indirekter Funktionen/Bereiche an die direkt an der Wertschöpfungskette arbeitenden flexiblen Einheiten unter Einbezug aller oben aufgeführter Instrumente möglich wird.

Dennoch sind Lean Production und Lean Management in ihren Vorstellungen der Optimierung von Unternehmensstrukturen in Richtung „schlanker" Abläufe geprägt von japanischen Traditionen, die das Erreichen eines fest umrissenen Zieles in kleinen Schritten nach dem

Prinzip der kontinuierlichen Verbesserung anstreben. Man könnte das Lean Management daher auch als eine evolutionäre Umgestaltung von Unternehmensprozessen bezeichnen, die sich als eine probate Strategie der Zukunftssicherung für Firmen anbietet, die sicher im Markt stehen. Das Business Reengineering, wie es von Hammer und Champy propagiert wird, setzt hingegen auf einen radikalen Neuanfang insbesondere solcher Unternehmen, die aufgrund der Konkurrenzsituation befürchten müssen, kurz- oder mittelfristig in große Schwierigkeiten zu geraten (oder dort bereits angelangt sind), oder aber die langfristig eine Spitzenposition erreichen bzw. ausbauen wollen. Sein Anspruch ist damit in gewisser Hinsicht revolutionär, denn das Business Reengineering erhebt expressis verbis den Anspruch, die bestehenden Unternehmensstrukturen im Wortsinne „umzuwälzen", wobei Form und Stärke der Neugestaltung allerdings je nach betrieblichen Gegebenheiten und Zielsetzungen variieren können.

Während Lean Management den Versuch markiert, die japanischen Erfolgsinstrumente als allgemeinen Managementansatz zu reformulieren und auf die kulturellen Gegebenheiten Westeuropas zu übertragen, folgt das Business Reengineering einer deutlich spürbaren amerikanischen Philosophie, die mit kurzfristig und dramatischen Innovationsschritten nach dem Prinzip „Abbruch und Neuaufbau" große Wachstumssprünge anstrebt.

Dies kommt nicht zuletzt auch darin zum Ausdruck, daß hier neben dem Qualitätsmanagement und einer strikten Prozeßorientierung der Einsatz innovativer Technik insbesondere aus dem Bereich der Informationstechnik als ein Hauptelement des Ansatzes selbst genannt wird. Darin hebt sich das Business Reengineering entscheidend vom TQM wie auch vom Lean Management ab.

Die Informationstechnologie dient im Reengineering weniger der Automatisierung und Beschleunigung hintereinander geschalteter Abläufe im Sinne klassischer Rationalisierungsmaßnahmen, sondern der Entwicklung völlig neuer betrieblicher Organisationsformen, wie sie sich im Bürobereich mit dem gleichzeitigen Bearbeiten eines Vorgangs oder Projektes durch verschiedene Unternehmensbereiche ergeben. Hierdurch läßt sich eine feste sequentielle Arbeitsfolge in der Bearbeitung einzelner Vorgänge bzw. Aufträge auflösen und insbesondere dadurch der Durchlauf erheblich schneller gestalten, etwa durch das work-flow-management bzw. eine integrierte computerunterstützte Sachbearbeitung.

Obgleich sich das TQM bereits über lange Zeit in einem ansonsten recht kurzlebigen Markt von Managementansätzen behaupten konnte, scheint seine Zeit als eigenständiger Optimierungsansatz abgelaufen. Seit den Lean-Ansätzen, und mehr noch seit der steilen Karriere des Reengineering-Konzeptes, wird immer wieder der Vorwurf laut, das Qualitätsmanagement sei für sprunghafte Verbesserungen und Prozeßinnovationen untauglich. Immer mehr Unternehmen suchen nicht zuletzt aus diesem Grund nach alternativen Ansätzen, die über das bloße Qualitätsmanagement mit seinen Komponenten der Kundenorientierung und der kontinuierlichen Verbesserung in kleinen Schritten hinausgehen.

Angesichts der aktuellen Schwierigkeiten und Probleme vieler Unternehmen, Konzerne und Verwaltungen treffen Lean Management und insbesondere Business Reengineering mit den von ihnen in Aussicht gestellten Verbesserungen durchaus den Puls der Zeit, in der nach deutlichen und nachhaltigen Einsparmöglichkeiten Ausschau gehalten wird.

Dennoch wird der Grundgedanke des TQM nicht aus der Praxis verschwinden, zum einen, weil er in den neuen Managementansätzen aufgeht, zum anderen, weil sowohl schlanke Unternehmen als auch das Reengineering eine Unternehmenskultur voraussetzen, in der Vertrauen in die Führung, die Bereitschaft zur Veränderung, die Transparenz der Prozesse und eine konsequente Qualitäts- und Kundenorientierung jedes einzelnen feste Ausgangsgrößen darstellen. Ohne die Implementierung einer kontinuierlichen Verbesserung im neuen Prozeß birgt das Business Reengineering zudem die Gefahr eines Stillstandes auf dem neuen Niveau. Deshalb kann eine zukunftsorientierte Entscheidung nicht lauten: Business Reengineering statt Total-Quality-Management, sondern

Business Reengineering plus TQM oder das umfassendere und nicht allein auf den Aspekt der Qualität beschränkte Verbesserungswesen nach dem Konzept des Kaizen.

Beide, Reengineering und Kaizen, lassen sich als zwei einander ergänzende Ansätze zur Verbesserung von Unternehmensprozessen betrachten, wobei Kaizen auf die Optimierung bestehender Prozesse gerichtet ist und Reengineering eher die Neukonstruktion der Unternehmensstrukturen im Auge hat. Während das Reengineering fundamentale, radikale Veränderungen im Sinne von Innovationssprüngen beinhaltet, lassen sich die Maßnahmen des Kaizen (dazu gehört u.a. die Verbesserung der Qualität ganz im Sinne des TQM, aber auch die Verringerung einzusetzender Ressourcen, Verbesserung der betrieblichen Kommunikation etc.) als kontinuierliche Verbesserung bestehender Unternehmensprozesse in kleinen Schritten charakterisieren. Um einem Stillstand auf neuem Niveau nach einem Reengineering vorzubeugen und die Ergebnisse der Neugestaltung dauerhaft zu sichern, eignen sich Maßnahmen der kontinuierlichen Verbesserung etwa in Form der Einrichtung von KVP-Gruppen. Ist deren Verbesserungspotential dann ausgeschöpft oder bieten sich neue technologische Möglichkeiten, muß ein erneutes Reengineering in Betracht gezogen werden.

Kaizen, TQM und Lean Management betonen eher die instrumentell-methodische Seite betrieblicher Bemühungen, bestehende Gegebenheiten, Abläufe und Ergebnisse über den Weg des permanenten Lernens und Wandels zu verbessern. Beim Business Reengineering hingegen geht es um einen radikalen Bruch mit allen Traditionen und Gewohnheiten, um eine Revolution, die sich in ihrer Praxis der Restrukturierung und Reorganisation eines Unternehmens durchaus der gleichen Instrumente, Methoden und Techniken („Tools“) bedient, wie sie von den zuvor genannten evolutionären Optimierungsansätzen her bekannt sind.

So sieht Hammer im Reengineering auch weniger eine Methodik zur Verbesserung als vielmehr einen Ansatz, der sich in seiner Strategie der Verbesserung von den Japan-orientierten Managementansätzen der jün-

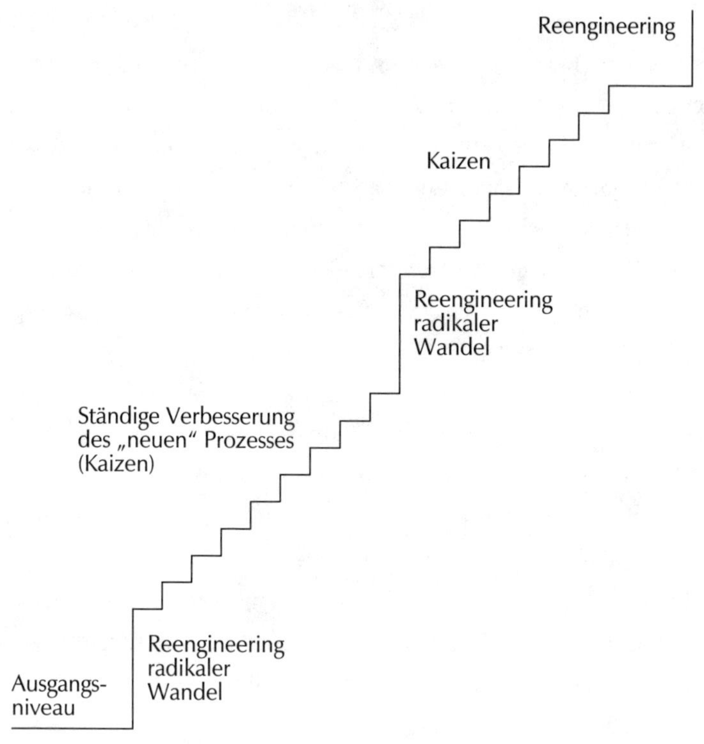

Abb. : Reengineering und Kaizen im Wechsel

geren Vergangenheit fundamental unterscheidet. Gleichzeitig räumt er jedoch ein, daß die Strategie des Reengineering nur dort einen Sinn macht, wo die grundsätzliche Bereitschaft besteht, radikal mit alten Regeln zu brechen und einen Neuanfang zu wagen, um sich nachhaltig aus der Umklammerung veralteter Produktlinien und Fertigungsmethoden zu lösen.

An die Stelle der bestehenden betrieblichen Aufbau- und Ablauforganisation treten mit dem Reengineering funktionsübergreifende Geschäftsprozesse, die eine übertriebene Arbeitsteilung, ausdifferenzierte Führungs-, Kontroll- und Verwaltungsapparate mit einer Vielzahl von Hierarchiestufen sowie den hohen Grad der Fragmentierung des Unternehmens in Bereiche und Abteilungen weitgehendst rückgängig machen.

Vor dem Hintergrund solcher Zielsetzungen bekommen die oben angesprochenen „Tools“ wie selbstorganisiert arbeitende Gruppen, kundenorientiertes TQM, modifiziertes Führungsverhalten (Team-Coaching statt Management-by-Objectives) eine neue Bedeutung und ein anderes Gewicht. Sie sind nicht mehr nur Werkzeuge eines modernen Managements, sondern zugleich die strategischen Hebel, über die der Reorganisationsprozeß selbst läuft. Dies zeigt sich am Beispiel der Gruppenarbeit, ein arbeitsorganisatorischer Ansatz, auf den auch Lean Management und Teile des TQM zurückgreifen. Während hier die Gruppen weitgehend für sich bleiben und die Vernetzung mit anderen vor- oder nachgelagerten Gruppen und Einheiten unter dem Thema „Schnittstellenprobleme“ behandeln, werden sie im Reengineering bereits von Beginn an in einen neuen Organisationsverbund gestellt, der geschäftsprozeßübergreifende Strukturen schafft und die alten Bereiche und Abteilungen, in deren Rahmen Gruppenarbeit vom Ansatz her ja auch möglich ist, zerschlägt.

An diesem Punkt empfiehlt es sich, auch für Reengineering-Projekte Anschluß zu suchen an den Segmentierungs-Ansatz, der im Kontext der Debatte um das Lean Management von Groth und Kammel ins Spiel gebracht worden ist.

Der mit seiner Hilfe modifizierte Reengineering-Ansatz, wie er sich derzeit auch als Erfolgsmodell für die Praxis (und in der Praxis!) abzeichnet, bezieht die Segmentierung und Fraktalisierung des Unternehmens als wichtige strategische Option in seine konzeptionellen Gestaltungsvorschläge mit ein (vgl. dazu auch Wildemann 1989, 1993; Warnecke 1989, 1993).

Obwohl in der Reengineering-Literatur selbst kaum beachtet, bilden sie das Fundament, auf dem eine sinnvolle und möglichst schlanke Prozeßmodellierung bzw. Restrukturierung und Reorganisation betrieblicher Abläufe erfolgen kann, einschließlich einer Zertifizierung (z.B. ISO 9000) und einer umfassenden Qualitätssicherung im laufenden Prozeß selbst.

Ein weiteres konstitutives Merkmal eines Reengineering-Ansatzes, wie er in der vorliegenden Studie vertreten wird, ist die Implementierung von Teamarbeit auf allen Ebenen und in allen Bereichen, die ihrerseits schließlich die Möglichkeit bietet, den kontinuierlichen Verbesserungsprozeß als festen Bestandteil der Teamarbeit selbst zu institutionalisieren.

Damit ergibt sich für mittelfristig angelegte evolutionäre Ansätze ebenso wie für ein radikal operierendes Reengineering gleichermaßen ein nutzbares Grundmodell, das vier Schlüsselschritte der Organisationsentwicklung unterscheidet.

Vier Schlüsselschritte beim Reengineering

1. Segmentierung: Wertschöpfungsbereiche/Fraktale bilden
2. Prozeßmodellierung: Abläufe neu gestalten
3. Teamarbeit auf allen Ebenen implementieren
4. KVP (Kontinuierlicher Verbesserungsprozeß) initiieren

Die Strategie der Zukunft, so die These der hier vertretenen Position, führt über den Weg einer Segmentierung des Unternehmens. Ist eine solche Segmentierung bereits erfolgt und sind Wertschöpfungsbereiche, Firmen in der Firma oder andere eigenständige Unternehmenseinheiten etwa als Profit-Center oder Responsibility-Center bereits eingerichtet, kann die Arbeit auch mit dem Schritt der Prozeßmodellierung und -optimierung beginnen, die als notwendige Phasen die Analyse die Restrukturierung und die Reorganisation aller Prozesse innerhalb der Segmente umfaßt.

Je nach betrieblichen Voraussetzungen und Selbstverständnis des Projektes ist schließlich zu konkretisieren, wie eine Konzentration auf Kernkompetenzen (und ihr Gegenstück, das „Outsourcing") aussehen kann, wie weit sich Teilprozesse parallelisieren und synchronisieren und Gesamtabläufe damit besser abstimmen und beschleunigen lassen, in welcher Form und nach welchem Konzept die Teams und Arbeitsgruppen zu bilden sind, wie die innerbetriebliche Kommunikation und Projektorganisation gestaltet sein sollen, und auf welche Weise und mit Hilfe welcher Ansätze der kontinuierliche Verbesserungsprozeß oder ein erweitertes Qualitätsmanagement einzuführen sind.

Die im Kontext einer solchen Segmentierung und Reorganisation eines Unternehmens auftretenden Effekte auf die Gesamtorganisation lassen sich anhand einer Reihe von Schaubildern verdeutlichen, die zur Beschreibung der betrieblichen Organisationsstruktur gebräuchlich sind. Sie können gewissermaßen als Sinnbild für vier abgrenzbare Stufen der gezielten Organisationsentwicklung im Sinne eines modernen Managements verstanden werden, das die Reichweite der Veränderungen im Lean Management und Business Reengineering zu illustrieren vermag.

Auf der ersten Stufe der Schaubildreihe begegnet uns die konventionelle Organisation mit einer funktionalen Hierarchie in Form einer (wohl allen vertrauten) steilen Unternehmenspyramide, die deutlich erkennbar in einzelne Unternehmensbereiche und Abteilungen untergliedert ist und eine ausgeprägte Hierarchiebildung über sieben und mehr Hierarchieebenen vom Werker bis hin zum Unternehmensvorstand erkennen läßt. Oben angesiedelt ist das Top-Management, unten bewegen sich die Befehlsempfänger, die die von oben über verschiedene Hierarchie-Ebenen nach unten gegebenen Weisungen und Befehle ausführen. In der Mitte steht das mittlere Management, das sich hauptsächlich mit der Koordination und Kontrolle der Abläufe entsprechend den Vorgaben des Top-Managements beschäftigt. Die Verantwortlichkeit eines jeden ist auf seine jeweilige Spartenfunktion begrenzt, die einzig umfassende Kompetenz liegt an der Unternehmensspitze.

Am Sockel der Pyramide erkennen wir die verschiedenen Funktionen, die am Prozeß der Leistungserstellung beteiligt sind wie Forschung & Entwicklung, Beschaffung, Fertigung, Verkauf, Verwaltung usw.. In dieser klassischen Organisation müssen nicht nur viele Ebenen von unten nach oben oder andersherum überwunden werden (was Zeit kostet und die

Gefahr des Informationsverlustes beinhaltet), sondern es ist infolge der Spartenorganisation zugleich mit vielen Schnittstellenproblemen zu rechnen. Verfolgt man in der Horizontalen den Prozeß der Leistungserstellung, so kann man die Bruchstellen des Prozesses an den Abteilungsgrenzen, die verantwortlich sind für hohe Liegezeiten, einen kostenaufwendigen Koordinations- und Kontrollaufwand sowie für viele Abstimmungsprobleme innerhalb des Produktionsflusses, deutlich erkennen.

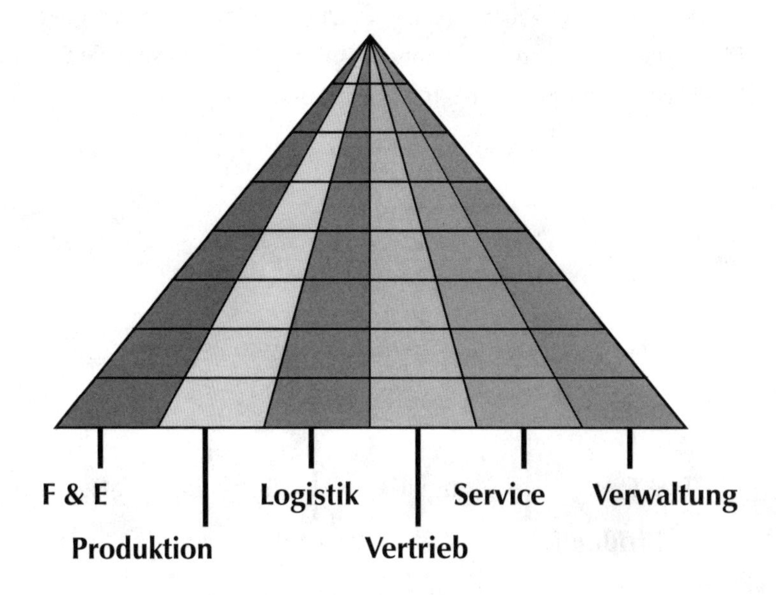

Abb.: Die klassische Organisation

Die zweite Stufe beschreibt ein Organisationsmodell, wie es im Kontext von Gruppenarbeit und Lean Management angestrebt wird, mit einer deutlich abgeflachten Hierarchie, die nach wie vor nach dem Modell einer Pyramide konstruiert ist. Zwar übernehmen hier die Gruppen an der Basis einen Teil der Verantwortung der entfallenden Hierarchie-Ebenen, doch existieren nach wie vor Schnittstellen innerhalb der Wertschöpfungskette, und zwar zwischen den einzelnen Gruppen. Dieses Problem bleibt selbst da erhalten, wo der gesamte Durchlauf auf Gruppenarbeit umgestellt ist. Hier wird der Prozeßfluß an den Gruppengrenzen unterbrochen, und überall, wo Zwischenprodukte von einer Gruppe zu einer anderen weitergegeben werden müssen, entstehen neue Abstimmungs- und Koordinationsrisiken. Zudem bleibt auch die flache Pyramide vom Prinzip her ein hierarchisches Modell, auch wenn diese in schlanken Unternehmen weit flacher ist als in traditionellen. Das Management ist ausgedünnt, und die verbliebenen Mitglieder des mittleren Managements haben mehr Untergebene als zuvor. Querverbindungen zwischen den Funktionen (Gruppen) sind zwar erlaubt, ja sogar erwünscht, doch bestehen nach wie vor Funktions- bzw. Gruppenegoismen.

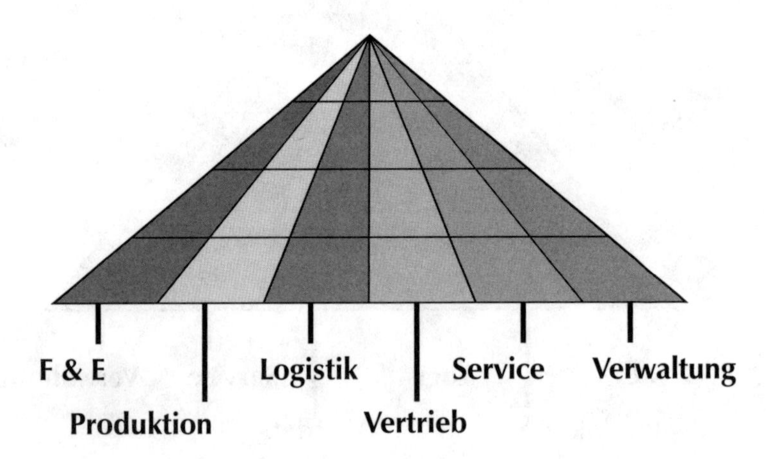

Abb.: Die flache Organisation

Auf der dritten Stufe ist die Pyramide gänzlich auf den Kopf gestellt. Damit soll zum Ausdruck gebracht werden, daß nunmehr der Kunde zum wichtigsten Bezugspunkt unternehmerischen Denkens geworden ist. Zudem haben die Mitarbeiter volle Handlungskompetenz und Verantwortlichkeit erhalten und stehen mit den über der (nunmehr gedrehten) Pyramide angesiedelten Kunden in direktem Kontakt. Solche engen Beziehungen zwischen dem Prozeß der Leistungserstellung und dem Kunden, die sich unter dem Begriff „Kundenorientierung" subsumieren lassen, sind Ziel etwa des Total-Quality-Management oder Kaizen.

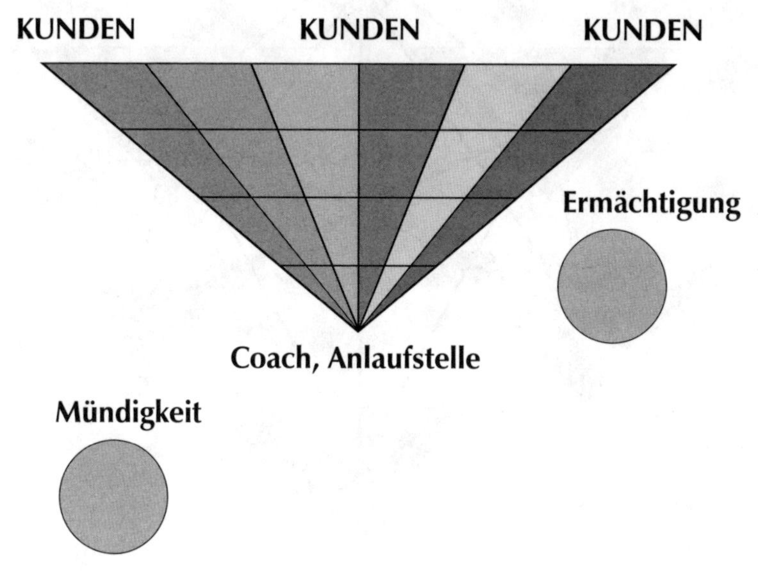

Abb.: Die invertierte Organisation

Die vierte und letzte Stufe des Modells schließlich markiert die vernetzte Organisation, in der eigenständige Unternehmenseinheiten („Business units") miteinander verbunden sind und einem gemeinsamen Unternehmensinteresse dienen. Diese Aufspaltung in kleine Geschäftseinheiten, die einander ähnlich sind und jeweils alle zum Überleben notwendigen Funktionen wie Verwaltung, Logistik, Personalwesen usw. enthalten, ist vor allem dort in Betracht zu ziehen, wo ein Unternehmen zu groß ist, um so ausgerichtet zu werden, daß sämtliche Funktionen, Bereiche, Gruppen etc. in unmittelbarem Kontakt mit dem Kunden bzw. dem Markt stehen. Hier tritt der interne Kunde an die Stelle des externen Kunden, und teilweise haben die einzelnen Unternehmenssegmente sowohl interne als auch externe Kunden.

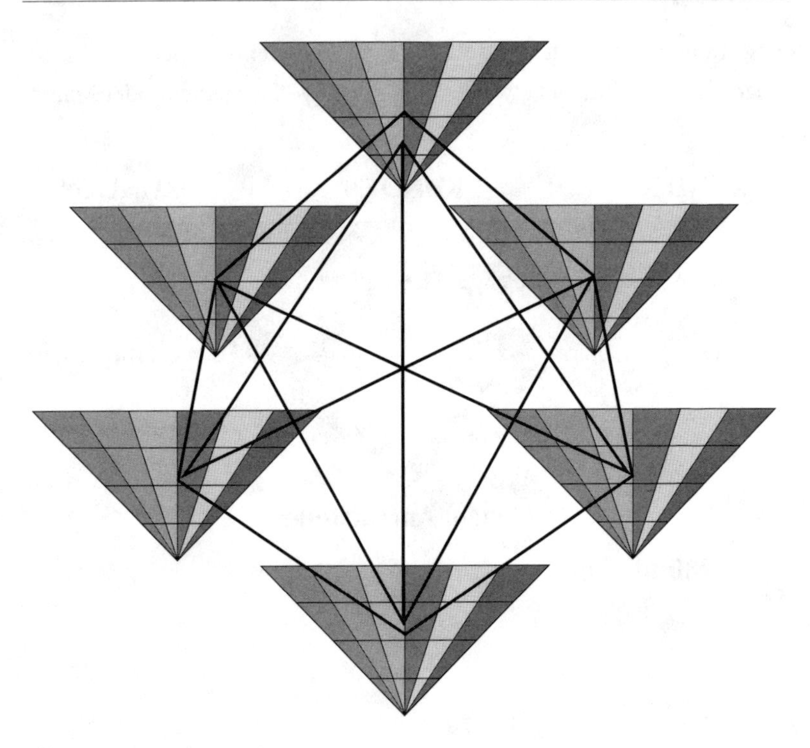

Abb.: Die vernetzte Organisation

Ein zentrales Steuergremium, dessen Aufgabe es ist, die Rahmenbedingungen für ein erfolgreiches Agieren des Gesamtunternehmens sicherzustellen, bildet hier den letzten Rest der ursprünglich stark zentralisierten Führungsstrukturen.

Erst in diesem Modell sind Schnittstellen, so weit dies denkbar ist, beseitigt, und zwar dadurch, daß innerhalb der einzelnen Segmente eine ganzheitliche Aufgabenbearbeitung sichergestellt ist.

Eine solche Strategie der Neugestaltung von Unternehmen, wie sie unter dem Begriff der Segmentierung und Fraktalisierung bereits für die produzierende Wirtschaft beschrieben sind (Warnecke 1993; Wildemann 1993), kann als entwickelte Form des Business Reengineering verstanden werden, da hier sämtliche Forderungen eines konsequenten Reengi-

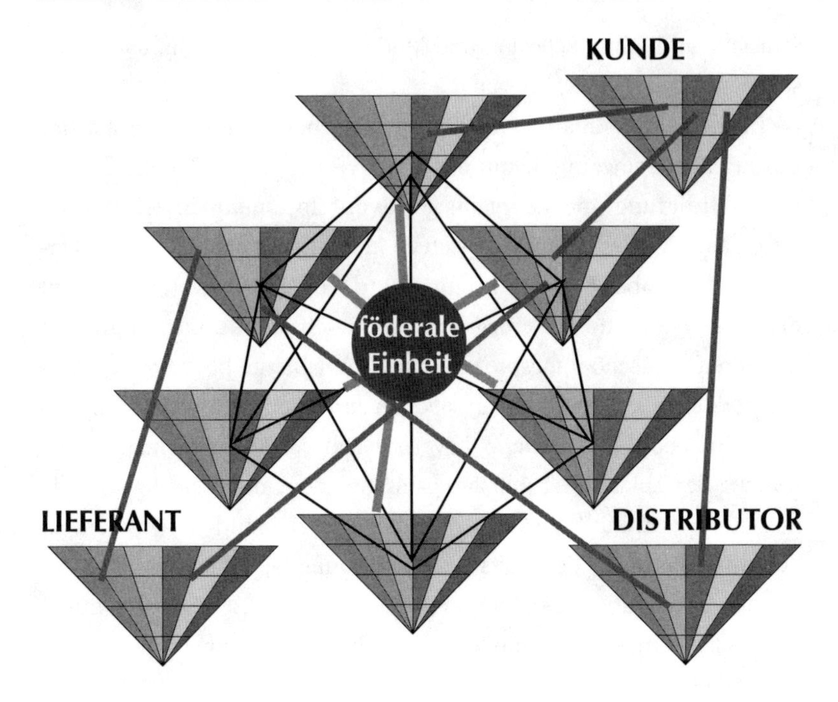

Abb.: Die föderale Organisation

neering im Sinne von Hammer und Champy erfüllt sind. Ebenso sind sämtliche Optionen einer schlanken Unternehmensgestaltung realisierbar, weshalb man hier auch von einer sinnvollen Variante des Lean Managements sprechen kann, die sich aber als Lean Management in Reinkultur, d.h. ohne segmentierende Eingriffe in die Organisationsstruktur eines Unternehmens, auf die 2. und 3. Stufe des skizzierten Entwicklungsmodells beschränken dürfte.

Gleichwohl kann auch eine Neugestaltung der Geschäftsprozesse, wie die amerikanische Literatur zum Business Reengineering zeigt, auch ohne vorhergehende Segmentierung und Fraktalisierung des Unternehmens stattfinden. Doch scheint es angesichts der Erfolgs- und Mißerfolgsbilanz der US-Beratungsunternehmen im eigenen Land wenig ratsam zu sein, das Konzept in der Form, wie es in seiner amerikanischen Variante vorgeschlagen wird, ohne Reflexion und Modifikation auch auf mitteleuropäische Verhältnisse zu übertragen.

Insofern kann man sicher davon ausgehen, daß der Ansatz des Business Reengineering kaum das letzte Wort in einer Debatte um die Restrukturierung und Reorganisation von Unternehmen sein dürfte. Denn längst gibt es Entwicklungslinien in der Praxis europäischer Unternehmen, die über den von Hammer und Champy gesetzten Horizont hinausreichen. Und diese begnügen sich nicht damit, Organisationen und ihren Wertschöpfungsprozeß von der Ablaufseite her zu reorganisieren, sondern sie zerlegen Organisationen zusätzlich in kleinere Einheiten und Wertschöpfungsbereiche, bevor sie sich der Aufgabe einer Neugestaltung der Ablauf- und Aufbauorganisation annehmen. Stichworte, die hier für die Zukunft beachtet werden sollten, sind neben den im Zusammenhang mit der industriellen Fertigung benutzten Begriffen der Segmentierung und Fraktalbildung auch alle Hinweise, die in Richtung auf virtuelle Organisationsformen im Bereich der Büroarbeit und Verwaltung gehen.

Trotz aller Gemeinsamkeiten, Ähnlichkeiten und sich überschneidender Perspektiven bleiben damit einige grundlegende Unterschiede zwischen Lean Management und Business Reengineering bestehen. Während das TQM und Lean Management der Frage „Wie können wir einen bestehenden Prozeß verbessern?“ nachgehen, beschäftigt sich Business Reengineering hingegen damit, ob der Prozeß nicht auch völlig anders gestaltet oder aufgelöst und in andere Abläufe integriert bzw. neu modelliert werden kann.

Die Grenzen zwischen beiden Zugangsweisen sind, je nach Breite und Tiefe des Reengineering, zwar fließend, doch bleibt eine Differenz in der Dramatik und Geschwindigkeit der angestrebten Veränderungen.

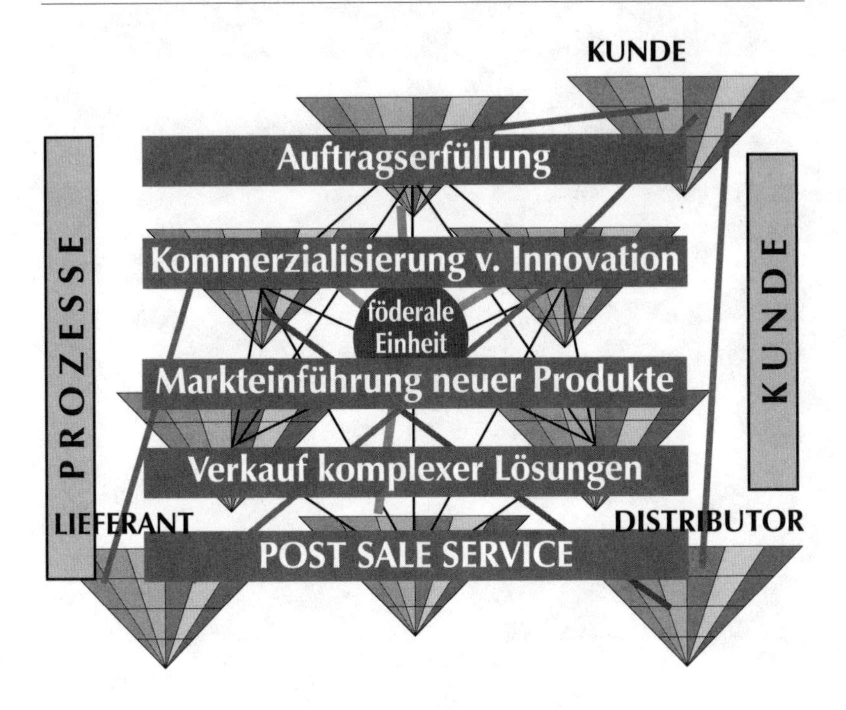

Abb.: Die horizontale (prozeßorientierte) Organisation

2
Business Reengineering: Aufbruch zu neuen Horizonten?

Hammer und Champy geben in ihrem Buch einige markante Beispiele aus unterschiedlichen Branchen für ein überaus erfolgreiches Business Reengineering: die neustrukturierte Auftragsbearbeitung bei IBM Credit, die Reorganisation der Kreditorenbuchhaltung bei Ford, die konsequente Ausrichtung auf den Markt bei der amerikanischen Fast-Food-Kette Taco Bell oder aber bei dem amerikanischen Fernmeldeunternehmen Bell Atlantic. Als weitere Beispiele wurden im *manager magazin* (12/93) die Union Carbide genannt, die ihre Kosteneinsparung durch Business Reengineering pro Jahr auf 400 Mio $ beziffert, ebenso wie Mastercard, die im Kreditkartengeschäft nach 10 Jahren mit sinkendem Marktanteil wieder Steigerungsraten verzeichnet, oder aber Rolls Royce, deren Rentabilität pro Serie infolge von Business Reengineering (seit 1990 betrieben) nunmehr ab 1300 Fahrzeugen beginnt statt wie zuvor ab 2600 Autos (siehe auch Bullinger 1994, 33). Schließlich ist aus der Literatur noch das deutsche Musterbeispiel der Mettler-Toledo bekannt, mittlerweile in das vom Bundeswirtschaftsministerium auf den Weg gebrachte „technologieorientierte Besuchs- und Informationsprogramm“ (TOP) aufgenommen.

Um zu zeigen, wozu ein konsequentes Business Reengineering in der Lage ist und welch unterschiedliche Reichweite die Veränderungen in solchen Umstrukturierungen haben können, wollen wir zunächst einen Blick auf diese Beispiele werfen, denen herausragende Erfolge bescheinigt werden.

Sie entstammen aus verschiedenen Branchen, schließen die industrielle Produktion wie den Dienstleistungssektor ein, richten sich auf unterschiedliche Betriebsgrößen und zeigen so, daß der Ansatz eine vielseitige Anwendung finden kann. Da die Beispiele zudem über ein erfolgreiches Reengineering sowohl in den USA als auch in Europa, genauer in Großbritannien und Deutschland, berichten, tritt die internationale Relevanz des Business Reengineering in das Bewußtsein.

Zugleich zeigen sie uns einen facettenreichen Aufriß von Möglichkeiten und Chancen, wichtigen Aspekten und strategischen Optionen, die bei Restrukturierungsprojekten eine Rolle spielen können und geben so eine erste Einführung in die „Praxis des Business Reengineering".

Anhand der Beispiele wird deutlich, daß Business Reengineering in der Praxis ganz unterschiedliche Ansatzpunkte im Unternehmen wählen und eine variable Reichweite haben kann, zugleich aber auch ein Thema für jeden Betrieb ist, und – je nach Projektanlage – ganz unterschiedliche Aspekte umfaßt sowie eine breite Palette von praktischen Optionen enthält, die im konkreten Einzelfall genutzt und miteinander zu Verbesserungs-Designs verbunden werden können.

Ein allgemeines Ziel vieler Reengineering-Projekte ist die Beschleunigung von Prozeßketten durch die Reintegration vormals fragmentierter, d.h. von mehreren Personen an verschiedenen Plätzen ausgeführter Teilarbeitsschritte zu ganzheitlichen Bearbeitungsabläufen. Dies gilt nicht nur für die Verkürzung von Durchlaufzeiten im Bereich industrieller Fertigung und Montage, sondern auch für Abläufe im Dienstleistungs- und Verwaltungsbereich. Während es insbesondere an kapitalintensiven Produktionsanlagen stets auch darum geht, die Rentabilität der Produktion durch eine verbesserte Maschinenauslastung und ein höheres Output (bei gleichzeitig erhöhter Flexibilität und verbesserter Qualität) zu steigern, steht bei der Restrukturierung und Reorganisation von Dienstleistungen in der Regel eine beschleunigte Auftragsabwicklung sowie ein verbesserter Kundenservice im Mittelpunkt der Anstrengungen. Wo mehrere Personen an der Bearbeitung einzelner Vorgänge beteiligt sind, entstehen nicht nur überflüssige Transport- und Liegezeiten, die oft die reine Bearbeitungszeit um ein Vielfaches übersteigen. Zudem werden die Abläufe fehleranfällig, und da niemand die Verantwortung für den Gesamtprozeß hat, wandern Aufträge oft von einer Stelle zur anderen, ohne daß jemand genau weiß, wer den Vorgang momentan bearbeitet, wann er voraussichtlich abgeschlossen sein wird usw.

Eine solche Form der Ablauforganisation ist aufgrund seiner Langwierigkeit und Fehlerhaftigkeit wenig kundenfreundlich und führt in einer Zeit, da sich die Qualitätsstandards von Produkten bzw. Leistungen unterschiedlicher Anbieter mehr und mehr angleichen, nicht selten dazu, daß frustrierte Stammkunden und enttäuschte potentielle Neukunden verlorengehen.

Wo sich wie in der Bearbeitung von Kreditanträgen der IBM Credit Corp. derartige zerstückelte Formen der Auftragsbearbeitung durch vier, fünf oder mehr Personen bzw. Abteilungen finden, reicht es nicht, einzelne Teilschritte des Ablaufs zu verbessern. Vielmehr muß der gesamte Prozeß neu gestaltet werden, und zwar so, daß mit der Einführung einer ganzheitlichen Prozeßabwicklung durch einzelne Generalisten oder durch die „Komplettbearbeitung" der Aufträge durch darauf zugeschnittene Teams Liegezeiten und Übergabeprozeduren incl. Transportzeiten vollständig entfallen.

Die IBM Credit Corporation ist ein Tochterunternehmen von „Big Blue", die als eigenständige Firma zu den 100 größten amerikanischen Dienstleistern zählen würde. Ihr Geschäft ist die Finanzierung von Kreditgeschäften im Zusammenhang mit dem Verkauf von IBM-Computeranlagen.

Aufgrund der langen Laufzeit bei der Bearbeitung von Kreditanfragen kam es immer wieder vor, daß Interessenten sich um eine andere Finanzierungsmöglichkeit bemühten, so daß das äußerst profitable Finanzierungsgeschäft nicht zustande kam, oder daß sich die Kunden, noch schlimmer, zum Kauf von Anlagen anderer Hersteller entschieden.

So nahm die Bearbeitung einer Kreditanfrage bei IBM Credit zwischen sechs und vierzehn Tagen in Anspruch, da der Vorgang insgesamt fünf Abteilungen (Antragsannahme, Prüfungsstelle, Antragsbearbeitung, Kalkulation, Angebots-

ausgang) zu durchlaufen hatte. Außendienstmitarbeiter von IBM hatten immer wieder Schwierigkeiten, zu erfahren, wie weit die Bearbeitung einer Anfrage fortgeschritten war, und konnten den potentiellen Kunden keine verbindlichen Auskünfte erteilen.

Um dies zu ändern, versuchte man es zunächst mit der Einrichtung eines zentralen Kontrolltisches, der die einzelnen Schritte in der Bearbeitungskette koordinierte. Nun wußte man zwar immer, wo der Antrag gerade lag, doch wurde dieser Vorteil mit noch längeren Durchlaufzeiten erkauft.

Vor dem Hintergrund dieser Entwicklung wurde der gesamte Prozeß systematisch untersucht. Es zeigte sich, daß die Bearbeitung eines Antrages selbst nur etwa neunzig Minuten brauchte, der Rest waren Liegezeiten.

Daher entschloß man sich, den Gesamtprozeß der Bearbeitung diesem Untersuchungsergebnis entsprechend zu gestalten. Heute bearbeiten Generalisten die Anfragen und betreuen den Vorgang von Anfang bis zum Ende: Bonitätsprüfung des Kunden in einer Datenbank, Eingaben der Finanzkonditionen in ein Standard-Kreditmodell, um den Zinssatz zu berechnen, Zusammenführen vorgegebener Vertragsklauseln aus einer Datei und Angebotserstellung kommen aus einer Hand. Lediglich bei schwierigen Anträgen hilft ein Kredit-Profi aus. Durch diese Reorganisation konnte die Durchlaufzeit der Anträge von durchschnittlich sieben Tagen auf vier Stunden reduziert werden. Nach Angaben von Hammer und Champy hat sich die Anzahl der bearbeiteten Anträge – trotz einer geringfügigen Verringerung der Beschäftigtenzahl – verhundertfacht.

Beim Reengineering zeigt sich in der Praxis immer wieder, daß einzelne Teiloperationen, die zu einem Geschäftsprozeß zusammengefügt werden können, von unterschiedlichen Stellen im Unternehmen wahrgenommen werden. Die Ursache hierfür liegt nicht selten darin begründet, daß die bislang eingesetzte Technik und die traditionelle Ablauforganisation eine Komplettbearbeitung unter den Gesichtspunkten betriebswirtschaftlicher Effzienz und Effektivität noch gar nicht zuließen.

Bei der Neugestaltung von Geschäftsprozessen ist daher darauf zu achten, daß wirklich sämtliche Elemente, die zu einem Prozeß gehören, in der neuen Konzeption integriert sind. Dies ist für die Beteiligten jedoch nicht immer ganz einfach, weil das Denken stark von den gewohnten Strukturen und Abläufen geprägt ist. Das Denken in Prozessen erfordert daher in der Praxis nicht nur eine gewisse Übung, sondern zugleich auch ein hohes Maß an Bereitschaft, bestehende Strukturen in Frage zu stellen, sowie die Kreativität, Abläufe auch einmal ganz anders zu sehen. Obwohl die neuen Lösungen aufgrund ihrer Logik und Schnittstellenarmut am Ende einfach ausschauen, sind sie, wie einzelne Beispiele ganzheitlicher Auftragsabwicklung zeigen, zuweilen Resultat eines langwierigen Puzzles, das Ausdauer und langen Atem erfordert.

Hinzu kommt, daß der urspüngliche Anstoß für ein Reengineering gar nicht immer aus dem Bewußtsein heraus entspringt, daß radikale Veränderungen im Sinne einer prozeßorientierten Restrukturierung und Reorganisation mit entsprechend hohen Verbesserungen möglich sind. Vielmehr ist es nicht selten das eher hilflose Eingeständnis zu hoher Gemein- und Verwaltungskosten, verbunden mit der Forderung nach Kostensenkung, das den Stein ins Rollen kommen läßt und einer Entwicklung den Weg ebnet, an dessen Ende – gerade in der Büro- und Verwaltungsarbeit – mit Hilfe externer Berater auf der Grundlage innovativer Entwicklungen in der EDV und Computertechnik neue Gestaltungsmöglichkeiten erschlossen werden, denen man das Prädikat „Quantensprung“ zubilligen kann.

Wie viele andere Unternehmen, so suchte auch Ford in den 80er Jahren die Kosten für administrative Leistungen wie die Kreditorenbuchhaltung zu senken. Diese Abteilung, zuständig für die Begleichung von Rechnungen der Lieferanten, sollte durch den Einsatz von EDV um 20 Prozent des Personals entlastet werden. Ein Vergleich mit der Kreditorenbuchhaltung bei Mazda, an denen Ford zuvor einen 25-prozentigen Kapitalanteil erworben hatte, zeigte, daß dieses jedoch nicht ausgereicht hätte, um damit in Kostenhinsicht gleichzuziehen.

Während Ford 500 Kreditorenbuchhalter beschäftigte, kam Mazda mit 5 aus. Dies war trotz der geringeren Größe des Unternehmens ein Unterschied, der sich mit einer Verbesserung von 20 Prozent nicht annähernd ausgleichen ließ.

Die einzige Möglichkeit gleichzuziehen bestand darin, den gesamten Prozeß, in den die Kreditorenbuchhaltung eingebunden war, einer radikalen Neugestaltung zu unterziehen.

Dieser Prozeß bestand in der Beschaffung, in der Kreditorenbuchhaltung, die selbst nur als eine Abteilung in einem fragmentierten Prozeß anzusehen war und dem auch der Einkauf sowie die Wareneingangsabteilung zuzurechnen waren.

Die konventionelle Anlage des Beschaffungsprozesses führte dazu, daß die Kreditorenbuchhaltung sich jeweils mit drei Dokumenten befassen mußte, der Durchschrift der Bestellung (ausgestellt vom Einkauf), dem Lieferschein (abgezeichnet vom Wareneingang) und der Rechnung (vom Lieferanten). Stimmten alle drei überein, wies die Kreditorenbuchhaltung den Rechnungsbetrag an.

Obgleich die Mehrzahl aller Vorgänge problemlos zu bearbeiten war, beschäftigten sich die Angestellten in einem Großteil ihrer Arbeitszeit mit solchen Fällen, in denen die Dokumente unterschiedliche Angaben enthielten und einen hohen Bearbeitungsaufwand verursachten. So jedenfalls sah es eine Analyse der Tätigkeit der Kreditorenbuchhalter.

Um derartige Fälle für die Zukunft auszuschließen, wurde vom Grundprinzip „Zahlung bei Rechnungserhalt" zugunsten der neuen Leitlinie „Zahlung bei Erhalt der Ware" abgesehen, ermöglicht durch den gezielten Einsatz moderner Büro-EDV.

Heute gibt der Einkauf die Bestellung gleichzeitig in eine Online-Datenbank ein. Wenn nun die Lieferung in der Wareneingangsabteilung ankommt, überprüfen die dortigen Mitarbeiter die Sendung und vergleichen die Lieferung mit der Bestellung. Stimmen Lieferung und Bestellung überein, nimmt der Wareneingang die Lieferung an und bestätigt den Empfang in der EDV, die ihrerseits automatisch einen Scheck ausstellt.

Stimmen Lieferung und Bestellung nicht überein, wird die Annahme verweigert und die Sendung zum Lieferanten zurückgeschickt. Damit ist die Aufgabe,

Rechnungen zu begleichen, von der Kreditorenbuchhaltung auf den Wareneingang übergegangen. Nachfragen, Zwischenablagen und Wiedervorlagen sind seither nicht mehr notwendig, aufwendige Such- und Nachforschungsverfahren entfallen, so daß die Zahl der Kreditorenbuchhalter auf 125 gesenkt werden konnte.

Nach wie vor gleichen Unternehmen heute vielfach Organisationen, in denen Abteilungsdenken, Ressortegoismen und vertikale Untergliederung in spezialisierte Funktionsbereiche mit einem gleichzeitig starken Hang zur ausufernden Hierarchie vorherrschen. Solche kostenträchtigen Organisationsgebilde können zum einen gravierende Nachteile im Hinblick auf die Konkurrenzfähigkeit bedeuten. Da sie üblicherweise zugleich mit einer weitgehenden Trennung des Managements vom operativen Tagesgeschäft verbunden sind, führt dies zum anderen immer wieder dazu, daß Veränderungen im Markt in der Unternehmensspitze nur zufällig oder erst relativ spät erkannt werden.

Business Reengineering zielt aus diesem Grunde auch auf die Auflösung und Abflachung betrieblicher Hierarchien sowie auf eine Delegation der Verantwortung an die Basis, bei Geschäftsketten dezentral vor Ort. Damit wird nicht zuletzt auch eine stärkere Anbindung der verantwortlichen Entscheidungsträger an die Kunden des Unternehmens angestrebt, die zugleich die Basis einer markt- und kundenorientierten Neuausrichtung des Marketing, einer radikalen Neudefinition des Unternehmens („Wer sind wir?") sowie der gezielten Neupositionierung des Unternehmens im Markt mit dem Ziel einer Ausweitung der Geschäftsfelder bilden kann.

Ein weiteres zentrales Element des Business Reengineerings ist daher die konsequente Ausrichtung aller betrieblicher Aktivitäten auf den Kunden, wobei sich diese Kundenorientierung ähnlich dem Total-Quality-Management sowohl auf externe wie auf interne Kunden beziehen kann.

Zwischen 1978 und 1982, in den ersten Jahren, nachdem die PepsiCo die mexikanisch-amerikanische Restaurantkette Taco Bell übernommen hatte, mußten die 1300 Filialen des regionalen Anbieters ein Minuswachstum von 16 Prozent verzeichnen, während die Konkurrenz durchschnittlich 6 Prozent zulegen konnte.

Nach eingehender Untersuchung der Kundenwünsche vollzog das Unternehmen eine 180-Grad-Wende – weg vom schicken Ambiente, umfangreichen Speisekarten und großen Küchen, Kinderspielplätzen vor dem Haus etc. hin zu größeren Räumlichkeiten, gutem Essen und niedrigeren Preisen.

Gleichzeitig unterwarf die Taco Bell sowohl ihre Personalwirtschaft als auch die Unternehmensprozesse selbst einem radikalen Redesign. Ganze Führungsebenen wurden eliminiert, die Funktion des Gebietsmanagers aufgelöst, die Restaurantleiter in die Verantwortung gestellt. D.h., Entscheidungskompetenzen und Kontrollfunktionen wurden vor Ort verlagert.

Anstelle der vormals 350 Gebietsmanager, deren Aufgabe in der Inspektion von etwa 1800 Restaurants bestand, schuf das Unternehmen die Rolle des Marktmanagers, die mit 100 Führungskräften besetzt wurde. Diese müssen sich heute um mittlerweile 2300 unternehmenseigene Restaurants kümmern und sind zudem mit der Aufgabe betraut, externe Abnehmer zu aquirieren. Hintergrund dieser neuen Aufgabe ist ein Perspektivwechsel im Marketing der Taco Bell, der dazu führte, die Zielgruppe des Kernprozesses „Essen zur Verfügung stellen" über den Horizont der Schnellrestaurants auszudehnen. Während das Unternehmen früher auf die eigenen Vertriebsstellen fixiert war, hat das Marktmanagement heute auch externe Absatzorte im Blick: Firmenkantinen, Schulen, Universitäten, Flughäfen und Sportstadien.

Fleisch und Gemüse werden heute in Großküchen gekocht; vor Ort in den eigenen Restaurants sowie in den externen Vertriebsstellen stehen das Anrichten sowie der Verkauf im Vordergrund. Dieses Splitting zwischen Zubereitung und Absatz verbesserte und vereinfachte nicht nur die Qualitätskontrolle, sondern brachte zugleich Einsparungen in Höhe von 7 Millionen Dollar pro Jahr mit sich. Seit 1989 klettern die Umsätze aufgrund der skizzierten Veränderungen jährlich um 22 Prozent nach oben, beim Gewinn konnte gar ein Zuwachs von durchschnittlich 31 Prozent verzeichnet werden.

Alles in allem ist aus dem regionalen Anbieter der frühen 80er Jahre heute eine landesweite Kette geworden, die ihren Gesamtumsatz von 500 Millionen Dollar (1982) auf 3 Milliarden Dollar ausgeweitet hat und für das Jahr 2000 eine führende Marktposition anstrebt.

Um veränderten Marktbedingungen gerecht zu werden, ist es heute für viele Branchen erforderlich, Bearbeitungs- und Durchlaufzeiten bei kontinuierlicher Verbesserung der erbrachten Leistungen drastisch zu reduzieren. Annäherungen in der Produkt- und Leistungsqualität zwischen den verschiedenen Anbietern, steigende Kundenanforderungen und Einebnung der Preislandschaft begleiten eine Entwicklung, in der die Kundenbetreuung (Beratung, Geschwindigkeit der Auftragsabwicklung, Service, After-Sale-Service) immer mehr Bedeutung erlangen.

Um diesen Veränderungen gerecht zu werden, setzen immer mehr Unternehmen selbststeuernde Arbeitsgruppen und Teams an, deren Besonderheit in der funktionsübergreifenden Komplettbearbeitung der Aufträge besteht. Doch läßt sich eine selbstorganisierte Gruppenarbeit nicht innerhalb jeder gewachsenen Unternehmenskultur von heute auf morgen verwirklichen. Solche gravierenden Umstellungen brauchen Zeit, in denen das Management wie die Belegschaft Vertrauen in die neue Form der Arbeitsorganisation fassen kann. Wo Veränderungen in der Unternehmenskultur Voraussetzung einer erfolgreichen Einführung von Gruppenarbeit sind (und dies ist mehr oder weniger in fast sämtlichen traditionell geführten Unternehmen der Fall!), bedarf es eines Lernakts der Gesamtorganisation, der in der Regel nur mit Hilfe eines externen Beraters und einer Projektorganisation zu realisieren ist, die zunächst auf erste Erfahrungen in Pilotprojekten setzt und eine spätere Realisierung von Gruppenarbeit in der Fläche im Auge hat.

Als monopolistischer Anbieter im Fernmeldegeschäft war es die amerikanische Bell Atlantic Corp. gewohnt, auf Kundenanfragen nach Maßgabe des eigenen Zeitplans und ohne größere Beachtung der Qualität ihrer Leistungen zu reagie-

ren. Ein nicht selten fehlerhafter Anschluß an das Fernmeldenetz dauerte üblicherweise 15 Tage, und bei Geschäftskunden, bei denen Höchstgeschwindigkeitsleitungen zur Daten- und Bildübertragung einzurichten waren, manchmal sogar 30 Tage.

Als Konkurrenten mit der überlegenen Technik optischer Lichtwellenleiter auf den Markt traten, verlor Bell Atlantic vor allem im lukrativen Großkundenbereich. Im Frühjahr 1991 reagierte das Management und entschied sich für eine radikale Reorganisation, um so den Kundenschwund zu stoppen und verlorenes Terrain wieder gutzumachen.

Mit Hilfe externer Berater wurde der Gesamtprozeß „Anschlüsse installieren" untersucht. Es stellte sich heraus, daß in der Schrittfolge Antrag entgegennehmen, Anschluß an das Netz, Test der Verbindung und Übergabe an den Kunden 13 Schnittstellen zwischen unterschiedlichen Bearbeitern bzw. Arbeitsgruppen zu verzeichnen waren, die allesamt am Gesamtprozeß beteiligt waren.

Dies erklärte nicht nur die lange Durchlaufzeit vom Antrag bis zur Übergabe, sondern auch die hohen Kosten und vielen Fehlerquellen, die bei der Auftragsabwicklung anfielen.

Bei der Analyse zeigte sich gleichzeitig, daß die reine Bearbeitungszeit lediglich 15 Stunden erforderte.

Daraufhin wurden zwei Teams gebildet. Während das erste damit beauftragt wurde, Ideen zur Überwindung des alten Zustands zu entwickeln, sollte das zweite Team diese Vorschläge in der Praxis erproben und verbessern. Dabei wurde das ehrgeizige Ziel vorgegeben, Netzverbindungen mit einer Durchlaufzeit von Null zu realisieren.

Eine solche Zielvorgabe konnte nur unter einer radikalen Umformung der bestehenden Prozesse verwirklicht werden. Eine bloße Optimierung einzelner Stufen der alten Prozeßordnung reichte dafür nicht aus. Obwohl das Team 1 eine Lösung der ihr aufgetragenen Aufgabe zunächst für unmöglich erachtete, legten seine Mitglieder nach einem Monat intensiver Arbeit einen Vorschlag vor. Dieser sah vor, die zuvor fragmentierten, an verschiedenen Orten und in getrennten Abteilungen erledigten Funktionen des alten Ablaufs in einer Gruppenverantwortung zusammenzufassen.

Im Team 2 wurde dieses Konzept praktisch erprobt, wobei den Teammitgliedern alle Freiheiten gegeben waren, den Ansatz zu verfeinern, jegliche Veränderung von Arbeitsweisen und Prozeduren vorzunehmen, solange dies zur Kostensenkung und Qualitätsverbesserung beitrug.

Als erste Pilotgruppe verwirklichte das Team 2 in einem Testgebiet das, was heute auf das Gesamtunternehmen übertragen wird. Schon nach wenigen Monaten war es dem Team gelungen, die Auftragsabwicklung in drei Tagen, in manchen Fällen sogar in wenigen Stunden zu erledigen, bei gleichzeitig verbesserter Servicequalität und stark verringerter Fehlerquote.

Heute garantiert Bell Atlantic für das Schalten von Höchstgeschwindigkeitsleitungen eine Wartezeit von maximal drei Tagen, wobei nach dem Zusammenfassen aller Bereiche und Abteilungen in Teamkompetenz heute jeweils eine einzelne Person den Auftrag vollständig allein bearbeitet, was einen weiteren Schritt des Reengineering darstellt.

Unternehmen, die mit einem konsequenten Reengineering den Turnaround schafften und wieder auf Erfolgskurs gingen, haben nicht selten vom Benchmarking profitiert, d.h. von einem Vergleich des eigenen Unternehmens mit den weltweit führenden ihrer Branche (oder innerhalb eines Konzerns mit dem besten Einzelwerk). Ein Benchmarking kann dabei zum einen genutzt werden, den bestehenden Ist-Verhältnissen im eigenen Unternehmen eine Soll-Projektion gegenüberzustellen, die in Richtung Marktführerschaft/Kostenführerschaft weist. Der Abbau von Diskrepanzen zwischen dem Ist-Bestand und der Soll-Projektion läßt sich als Minimalziel ansehen, das erreicht werden muß, um eine solide Wettbewerbsbasis (zurück) zu erlangen. Andererseits kann das Benchmarking auch dazu führen, Abläufe in einer anderen Gestalt wahrzunehmen, um so ein Bewußtsein dafür zu gewinnen, daß sich Prozesse auch anders gestalten lassen als im eigenen Unternehmen, möglicherweise sogar besser als bei den Benchmarking-Partnern. In diesem Sinne kann ein Benchmarking auch der kreativen Inspiration bei der Neugestaltung der Unternehmensprozesse dienen.

Bei der Neugestaltung selbst sollten die Beschränkung auf das Kerngeschäft bzw. die Kernkompetenzen („Wo haben wir unsere Stärken?“) und ein sinnvolles Outsourcing („Worauf können wir verzichten, welche Leistungen sollten wir aus Kostengründen besser an externe Partner abgeben?“) Richtlinien der neuen Grundkonzeption darstellen, so daß ausschließlich rentable Prozesse (oder solche mit strategischer Bedeutung) im Unternehmen selbst verbleiben.

So konnte der amerikanische Chemie-Konzern Union Carbide mittels einer konsequenten Reorganisation etwa ein Drittel seiner Fixkosten einsparen. Angeschlagen war das Unternehmen seit der Katastrophe in Bhopal, als am 3. Dezember 1984 in der indischen Pestizidfabrik des Konzerns eine tödliche Gaswolke entwich, die 3.400 Menschen das Leben kostete und zu 20.000 schweren Verletzungen führte. Folgen waren nicht nur lange Gerichtsprozesse, hohe Gerichtskosten und eine Entschädigung in Höhe von einer halben Milliarde Dollar, sondern auch ein Vertrauensverlust unter den Kunden wie unter den eigenen Mitarbeitern des ehemaligen Chemiegiganten, der 1981 mit 110.000 Mitarbeitern weltweit einen Umsatz von etwa 10 Milliarden Dollar gemacht hatte.

Von diesem Imperium war 1989 nur noch ein Unternehmen mit 17.000 Mitarbeitern übriggeblieben, das Standard-Chemikalien verkaufte, ohne Gewinne zu machen. Angesichts hoher Schulden und einer Infrastruktur, die nach wie vor für eine weit größere Organisation ausgelegt war, dachte die Unternehmensleitung zum ersten Mal über rigorose Veränderungen nach. Zwar hatte es auch in der Vergangenheit rund 300 Initiativen gegeben, den angeschlagenen Konzern wieder auf Kurs zu bringen(!), doch hatten diese nur wenig Erfolg.

In einer dreimonatigen Analysephase nahmen sich die beauftragten Berater der Gemini Consulting alle wichtigen Unternehmensprozesse vor und verglichen sie nach der Methode des Benchmarking mit denen der besten Chemieunternehmen weltweit. Ergebnis: Die untersuchten Prozesse waren vielfach unterbrochen und oft unsinnig organisiert.

Im Anschluß daran wurden mehr als 30 defizitäre Prozesse für ein Reengineering vorgesehen. Für die wichtigsten Projekte übernahmen die Chefs der vier Konzerndivisionen die Patenschaft, um das Engagement der Unternehmensspitze zum Ausdruck zu bringen, so etwa für das „maintenance excellence". Hier zeigte die Prozeßanalyse in den Werken ein enormes Verbesserungspotential, denn die Instandhaltung machte rund 40 Prozent der Produktionskosten aus. So wurde von den Reengineering-Teams, in denen die Berater mit den Instandhaltern, Ingenieuren und der Werksleitung zusammenarbeiteten, zunächst der Ist-Ablauf des Instandhaltungsprozesses auf großen Packpapierrollen mitsamt aller Schwächen aufgezeichnet. Anschließend entwarfen die Teams auf weißem Papier einen Entwurf der idealen Instandhaltung, der detaillierte Ablaufpläne für Routineinspektionen und unvorhergesehene Pannen beinhaltete. Mit dem neuen Konzept konnten die Instandhaltungskosten um 29 Prozent reduziert werden. Während die Instandhalter früher fast 60 Prozent ihrer Arbeitszeit in untätiger Bereitschaft zubrachten, sind sie heute zu 70 Prozent ausgelastet.

Die Neugestaltung der Abläufe ermöglichte es etwa im Werk Taft im US-Staat Louisiana, gleichzeitig den Einsatz fremder Firmen bei Wartungs- und Reparaturarbeiten um 40 Prozent zu reduzieren, die Zahl der jährlichen Überstunden drastisch zu senken und die Zahl der Instandhalter von 87 Mann auf nur noch 50 zu verringern.

Ein weiteres Projekt beschäftigte sich mit dem Prozeß „Product to Customer". Hier brachte die Neuorganisation von Bestellung, Lagerhaltung und Logistik eine Verringerung der Bearbeitungskosten um 38 Prozent bei gleichzeitiger Verbesserung der Kundenzufriedenheit.

Gestrafft wurde auch die gesamte Organisation, so daß heute nur noch 12.000 Mitarbeiter beschäftigt werden, die an den steigenden Renditen mit einem System der Gewinnbeteiligung teilhaben, das die Gewinnbeteiligung in Aktien ausschüttet und ihnen inzwischen eine 11-prozentige Beteiligung am Aktienkapital eingebracht hat.

Business Reengineering macht auch vor dem Management nicht halt. Um eine Kostenentlastung zu erwirken, stehen vor allem die betrieblichen Abteilungen und Bereiche zur Disposition, die den Produkten und

Leistungen aus Sicht des Kunden keinerlei Nutzen zufügen: die Verwaltungsbürokratie und das ausufernde Management, zusammen also der sogenannte „Wasserkopf".

Wo Überkapazitäten ermittelt werden, ist ein Personalabbau vorzunehmen oder daran zu denken, den betroffenen Mitarbeitern Aufgaben in neuen Unternehmensfeldern zuzuweisen.

Zudem müssen Reengineering-Ansätze im Management nicht zwangsläufig auf den Abbau von Personal ausgerichtet sein.

So lassen sich grundlegende Änderungen und Verbesserungen auch auf dem Feld des Marketings einleiten, indem die dort tätigen Mitarbeiter völlig neue Vertriebsformen vorbereiten, neue Aufgaben im Kontext der Kundenbetreuung übernehmen (und näher an den Kunden rücken), das Erscheinungsbild des Unternehmens systematisch verbessern, wie das Beispiel des amerikanischen Kreditkartenherstellers Mastercard zeigt.

Nach 10 Jahren mit stetig sinkenden Marktanteilen geht es bei der Nummer zwei im weltweiten Kreditkartengeschäft wieder steil bergauf. Dies wurde nicht allein mit der Verschlankung der Organisation erreicht. Parallel zur Verringerung des Overheads sowie der Dezentralisierung von Entscheidungskompetenzen in regionale Zentren (etwa an Eurocard) setzte das Management auf den Ausbau der bestehenden Geschäfte durch eine völlig neue Marketing-Strategie. Dabei standen bei Mastercard, anders als in den meisten Fällen des Business Reengineering, weniger die Produktions- oder Verwaltungsprozesse im Zentrum der Veränderungen. Vielmehr ging es dem Unternehmen vor allem um neue Marktzugänge und ein verbessertes Image.

Die diesbezüglichen Maßnahmen reichten über eine Vereinheitlichung des Corporate Designs bis hin zur Entwicklung eines aggressiven Co-Brandings. Insbesondere mit dem Vertrieb von Mastercards unter dem Markennamen anderer Großunternehmen wie General Motors konnten neue Geschäftsfelder erschlossen werden.

Um dieses Wachstum nicht zu gefährden, wurden flankierend die Standards für die Behandlung von Notfällen verbessert, etwa wenn Karten verlorengehen oder gestohlen werden. Dieses gelang mit Hilfe eines vereinfachten Sicherheitschecks, so daß der Service in solchen Fällen heute weit besser funktioniert als vor dem Reengineering.

Wo die bestehende Organisationsstruktur eines Unternehmens im Kontext von Restrukturierungs- und Reorganisationsmaßnahmen konsequent zur Disposition gestellt wird, kann eine prozeßorientierte Neugliederung im Zusammenhang mit der Einführung von Teams und Gruppenarbeit zu weitreichenden Veränderungen führen, bis hin zum Aufbau eigenverantwortlicher und selbstorganisierter Werksbereiche, wie die neugeschaffene Zonenorganisation bei Rolls Royce belegt. Mit dem Aufbau von eigenverantwortlichen Unternehmenssegmenten lassen sich mehrere Optionen zusammen realisieren: Verschlankung des Unternehmens, Abbau von überflüssigen Hierarchiestufen, Verkürzung der innerbetrieblichen Kommunikationswege, Abbau von Schnittstellen und damit Effektivierung der Wertschöpfungskette, enge Vernetzung der Forschung & Entwicklung mit der Produktion und Reduktion des Verwaltungsaufwands.

Angesichts eines Absatzrückgangs auf die Hälfte des vorherigen Produktionsvolumens und düsteren Zukunftsprognosen entschied sich das Topmanagement des britischen Luxuswagenherstellers Rolls Royce 1991 zu einem rigorosen Schnitt. Den Ausgangspunkt dabei bildete die klassische Frage des Business Reengineering: Was würden wir tun, wenn wir noch einmal von vorne anfangen könnten, welche Mitarbeiter würden wir auswählen, welche Maschinen, welche Ablaufstrukturen?

Vom Auftragseingang über die Fertigung bis hin zur Bearbeitung von Reklamationen wurde das Unternehmen in 16 Zonen gegliedert, für die jeweils ein Manager verantwortlich ist. Ihm unterstehen jeweils rund zehn Teamleader, die ihrerseits sechs bis zwölf Mitarbeiter haben und selbst in den Teams mit tätig sind. Hierdurch konnten zwei Hierarchieebenen aufgelöst werden. Durch die neue Organisation wurden Ressortgrenzen gezielt durchbrochen, Schnittstellen in der Wertschöpfungskette verringert und Fehler früher erkannt. Dazu wurde u.a. die Forschung & Entwicklung über ein Verpflichtungssystem eng mit den einzelnen Zonen, d.h. mit der Fertigung verflochten, eine der Maßnahmen, um die innerbetriebliche Kommunikation zu beschleunigen. Ebenso hatte das vormals ausgreifende und wenig kompatible Berichtswesen, das nur unnötige Papierberge schuf, fortan keine Berechtigung mehr und ist mittlerweile auf sogenannte ZCAR (Zone Concern Action Reports) beschränkt.

Ein konsequentes Outsourcing half darüber hinaus, die Kosten zu senken. Heute übernehmen Zulieferer die Herstellung von 4000 Komponenten wie Bremsleitungen, Auspuffrohre oder Rahmenteile. Die Belegschaftsstärke reduzierte sich im Rahmen dieses Maßnahmenpakets von 5200 auf 2250.

Als Ergebnis konnte der Automobilhersteller eine Kostensenkung um 55 Prozent verzeichnen. Einsparungen in Höhe von 40 Millionen Pfund gehen dabei in erster Linie auf das Konto der Personalreduktion, weitere 30 Millionen Pfund wurde über das Outsourcing in variable Kosten umgewandelt. Damit konnte der Break-even-point auf 1300 verkaufte Fahrzeuge eines Typs zurückgeführt werden, während das Unternehmen früher erst ab 2600 Verkaufsabschlüssen Gewinne erzielte.

Bekanntestes Beispiel einer gelungenen Umstrukturierung in Deutschland ist der Albstädter Waagenhersteller Mettler-Toledo (rund 100 Millionen Mark Umsatz bei 230 Beschäftigten), der schon viele Grundsätze des Business Reengineering in die Praxis umgesetzt hat.

Bereits vor acht Jahren (damaliger Umsatz 45 Millionen Mark mit 650 Beschäftigten) entschied sich das Unternehmen angesichts voller Lager, unverkäuflicher Produkte und Verlusten in Millionenhöhe, die an einem geplanten Fertigungsprogramm ausgerichtete, unflexible und unrentable Produktion durch ein System zu ersetzen, das sich konsequent an den rasch wandelnden Bedürfnissen des Marktes orientiert.

Gleichzeitig wurde eine weitgehende Verschlankung des Unternehmens eingeleitet und die Fertigungstiefe drastisch reduziert. Ganze Bereiche wie die

Fräserei, die Dreherei und die Stanzerei wurden ausgelagert. Dieses Outsourcing verlief problemlos, da sich ehemalige Mitarbeiter des Unternehmens selbständig machten und seither ihren ehemaligen Arbeitgeber beliefern.

Abgebaut wurde zudem das Auslieferungslager sowie das Materiallager. An deren Stelle trat eine streng absatzgesteuerte Produktion, in der nur gefertigt wird, was der Vertrieb bereits verkauft hat, sowie eine weitgehende Just-in-Time-Logistik der Zulieferung. Kernstück bei Mettler-Toledo jedoch ist eine völlig neue Betriebs- und Arbeitsorganisation, die die traditionelle Arbeitsteilung rückgängig gemacht hat. So sind die Arbeits- und Aufgabenbereiche heute wieder ganzheitlich zu geschlossenen Prozessen zusammengelegt, und selbständige, eigenverantwortliche Teams erledigen ihre Aufträge (Vorgaben des Betriebes), wobei die Teams die Freiheit haben zu entscheiden, wann und wie sie ihre Aufgaben bewältigen.

Auch frühere Zentralbereiche wie die Abteilungen für die Produktionsplanung und -entwicklung sowie das Marketing wurden aufgelöst und die betroffenen Mitarbeiter in Teams für eine synchrone Produktentwicklung integriert, die für die von ihnen betreuten Produkte von A bis Z verantwortlich sind. Sie betreiben Marktanalysen, eruieren neue Absatzchancen, treiben Marketing, entwickeln die Arbeitsplanung, kalkulieren die Kosten, erarbeiten schriftliche Unterlagen wie technische Dokumentationen und Service-Manuals und beteiligen sich an der fachlichen Weiterbildung von Technikern und Verkäufern.

Von Besuchern aus anderen Unternehmen werden bei Mettler-Toledo vor allem die Abschaffung jeglicher Hierarchien sowie die äußerst flexible Regelung der Arbeitszeit bestaunt. Ist nichts zu tun, können die Arbeiter sich am Arbeitsplatz oder in der Kantine unterhalten, Zeitung lesen oder nach Hause gehen, vorausgesetzt, sie haben ihr tägliches Soll von vier Arbeitsstunden erfüllt. Die flexible Handhabung der Arbeitszeit richtet sich nach Auftragslage und Lieferterminen, was in Spitzenzeiten allerdings auch dazu führen kann, daß sich der Arbeitstag verlängert.

Legt man die hier dokumentierten Fälle erfolgreicher Reengineering-Anstrengungen zugrunde, hat es den Anschein, als wenn der radikale

Anspruch von Hammer und Champy („Always start big") nicht immer der Praxis des Reengineering entspricht und eher einer literarischen Zuspitzung entspringt. Was aber macht ein Reengineer wirklich?

Soweit sich dies aus der Literatur und ersten Erfahrungsberichten entnehmen läßt, sieht der Regelfall wohl eher so aus: Ein Berater oder ein Beratungsunternehmen kommt in ein Unternehmen und führt zunächst eine Analyse der zentralen Unternehmensprozesse durch. Im Anschluß an diese Analyse einigen sich Unternehmensleitung und Berater/Beratungsunternehmen auf einen oder zwei Unternehmensprozesse bzw. einen betrieblichen Funktionsbereich, deren/dessen Restrukturierung ein hohes Maß an Produktivitätsfortschritt erwarten läßt, gestalten diesen, etwa den Vertrieb, vollkommen neu, und implementieren schließlich das neue Vertriebskonzept. Eine Veränderung, die das Unternehmen als Gesamtorganisation wirklich insgesamt „auf den Kopf stellt", bleibt dabei jedoch zwangsläufig aus, es sei denn, das erste Reengineering-Projekt bildet den Einstieg in weitere, ähnlich gelagerte Projekte, in denen die angestrebten Veränderungen an Breite und Tiefe gewinnen.

Ohne Frage zeigt die Diskussion zum „Business Reengineering" vielfältige Möglichkeiten, Unternehmen neu zu gestalten, und – verdichtet man alle Hinweise zu einem komplexen Veränderungsprogramm – so wird der Ansatz auch seinem Anspruch gerecht, radikale und umfassende Innovationen einzuleiten. Doch gilt dies bisweilen eben nur auf der Ebene einer theoretischen Beschäftigung mit Fragen der Unternehmensreform bzw. einer „Revolution im Unternehmen" (Morris/Brandon 1994).

In vielen Fällen sind jedoch, wie selbst die größeren Beratungsunternehmen mitteilen, die erwartet spektakulären Erfolge ausgeblieben.

Folgt man einer Umfrage von Arthur D. Little, so sind lediglich 17 Prozent aller Unternehmen mit den Ergebnissen ihrer Reengineering-Programme tatsächlich zufrieden, oder mit anderen Worten: mehr als 80 Prozent sind mit den Umstrukturierungsmaßnahmen unzufrieden. Auch

Hammer und Champy (1994, 260 ff.) räumen ein, daß bis zu 70 Prozent der Anstrengungen nicht zu den beabsichtigten, durchschlagenden Ergebnissen geführt haben. Ähnliches bestätigt auch der Geschäftsführer und Vizepräsident der in München ansässigen Boston Consulting, Thomas Herp. Seiner Einschätzung nach bringen etwa 50 Prozent der Reengineering-Vorhaben kein oder nur ein geringes Ergebnis (Bonarius 1994, 18). Und schließlich ergab eine Untersuchung der CSC Index, München, die ca. 600 Unternehmen zum Stand ihrer Reengineering-Aktivitäten befragte, daß etwa zwei Drittel keine bahnbrechenden Verbesserungen feststellen konnten (Schwuchow 1994, 6).

Die Ursachen solchen Scheiterns sind vielfältig. So können unklare Zielvorstellungen oder die Beschränkung auf das Kostenproblem zu einer zu simplen Betrachtung von Umstrukturierungsvorhaben führen. Der Wandel zum Wachstum muß jedoch – vor allem im Bewußtsein und Handeln der Unternehmensführung – auch unternehmenskulturell verankert sein. Business Reengineering verlangt einen langfristig angelegten Ansatz, da die beabsichtigten Veränderungen scheitern müssen, wenn sie nicht von den Mitarbeitern akzeptiert werden. Dies aber verlangt in der Regel einen Lernprozeß, einen Wandel auch in den Wertvorstellungen, Überzeugungen und Einstellungen der Mitarbeiter.

Damit rückt der Mensch in den Mittelpunkt des Geschehens, eine Dimension von Prozessen der Organisationsentwicklung und -restrukturierung, die bei Hammer/Champy ausgeklammert bleibt. Ihr eher mechanistischer Begriff von Veränderung, der einer top-down angelegten Ingenieurs-Perspektive folgt, unterschlägt die Bedeutung der Unternehmenskultur und damit der betroffenen, handelnden Menschen für eine Strategie, die auf ständigen Wandel und permanente Verbesserung zielt.

Dies zeigt sich nicht zuletzt auch in einer Auflistung der Ursachen eines möglichen Scheiterns bei Reengineering-Ansätzen, wie sie – neben anderen – von Hammer und Champy angedeutet werden:

- Alte Prozesse werden lediglich optimiert (kein radikales Reengineering!)
- Prozesse werden innerhalb bestimmter Funktionsbereiche neu organisiert, ohne die Gesamtstruktur zu verändern
- Keine Unterscheidung zwischen Business Reengineering und anderen Verbesserungsansätzen
- Keine Fokussierung auf Unternehmensprozesse
- Willkürlich gewählte, für das Unternehmen untergeordnete und unbedeutende Projektbereiche
- Keine Absicherung durch das Top-Management (steht nicht voll und ganz hinter dem Reengineering-Projekten!)
- Übertragung der Projektverantwortung auf eine Führungskraft, die nicht versteht, worum es beim Reengineering geht
- Bereitschaft des Managements, sich auch mit geringen Verbesserungen zufrieden zu geben
- Projektverantwortung liegt in falschen Händen
- Angst vor den Konsequenzen für das Unternehmen
- Zu frühes Aufgeben
- Rückzug bei Widerstand (keine Bereitschaft zu Entscheidungen, die weh tun)

Abb.: Ursachen für das Scheitern von Reengineering-Projekten (nach Hammer/Champy 1994, 260 ff.)

So entsteht der Eindruck, als sei die Konzeption des Business Reengineering Produkt einer fast sterilen, planbaren Ingenieurswelt, die zwar eine klare und eindeutige Analyse wie Zielbestimmung ermöglicht, doch wenig dazu bietet, wie das Konzept konkret umgesetzt werden kann. Daher fehlt es zu Recht auch nicht an Kritik an der Publikation von Hammer und Champy, deren Autoren es sich gefallen lassen müssen, an den eigenen, hohen Ansprüchen gemessen zu werden.

„Nichts ist dort falsch, aber dennoch fehlt das Wichtigste", bemängelt Berth (1994) zurecht in seiner kritischen Würdigung der Arbeit, und führt weiter aus: „Die Botschaft des Reengineering hat zwei Gesichter. Das eine ist die klar und eindeutig beschriebene Zielrichtung – und dieser Teil ist wirklich brillant –, das zweite ist die Frage der Einführung. Sie ist laienhaft."

Denn auch das Business Reengineering unterliegt den Gesetzmäßigkeiten aller Innovationen und muß sich mit einer nur gering ausgeprägten Innovationsbereitschaft sowie vielfältigen Widerständen gegen Veränderung auseinandersetzen. Dabei reicht jedoch nicht der lapidare Hinweis darauf, daß Menschen sich allgemein gegen den Wandel jeglicher Art sträuben, oder daß die Haltung des Managements ebenso wie die bestehende Unternehmenskultur und Wertvorstellungen der Mitarbeiter Einfluß auf den Erfolg von Reengineering-Ansätzen nehmen können. Denn: Solche Befunde haben eine erhebliche Relevanz! Daß sich auch deutsche Unternehmen nur schwer mit dem Reorganisations-Gedanken anfreunden können, läßt sich der branchenübergreifenden Studie „Herausforderung Organisation – Perspektiven in Zeiten des strategischen Umbruchs" von der Unternehmensberatung Droege & Comp. in Düsseldorf entnehmen. Es wurden 800 europäische Unternehmen befragt: Die Untersuchung zeigt, daß dem Thema Reorganisation ein bedeutendes Wettbewerbspotential zugemessen wird, doch klafft zwischen Theorie und Praxis eine große Lücke, denn vielfach fehlt es an der Umsetzung solcher Vorstellungen.

Ergebnis: Obwohl die Einsicht in die Notwendigkeit, schlanker und kundenorientierter zu werden, inzwischen weit verbreitet ist, versuchen die deutschen Unternehmen bislang viel zu zaghaft, ihrer Einsicht praktische Konsequenzen folgen zu lassen.

So gaben alle Unternehmen an, die Vorteile einer Reorganisation erkannt zu haben, doch nur 47 Prozent planen konkret, in Zukunft Aufgaben zu dezentralisieren oder Profit-Center einzurichten, und lediglich 18 Prozent haben erste Schritte in eine solche Richtung unternommen. Für Führungskonzepte, die die Eigenverantwortung der Mitarbeiter fördern, sprachen sich zwar 51 Prozent der Unternehmen aus, doch geben nur 15 Prozent ihren Angestellten und Werkern tatsächlich einen größeren Entscheidungsspielraum. 76 Prozent der befragten Unternehmen bejahen die Vorteile durchgängiger Geschäftsprozesse und geben an, vom Ressortdenken Abstand nehmen zu wollen. Doch lediglich 4 Prozent haben erste Eingriffe in die Organisationsstruktur vorgenommen, um Abstimmungsprobleme zwischen den einzelnen Unternehmensbereichen zu beseitigen.

Inbesondere deutsche Firmenpatriarchen gingen beim Thema Business Reengineering auf Distanz und klammerten sich immer noch an alte Regelwerke mit streng hierarchisch aufgebauten Entscheidungskompetenzen, so wenigstens geben die Düsseldorfer Unternehmensberater von Droege & Comp. zu bedenken. Rechnet man zusätzlich die vielfach dokumentierte Innovationsfeindlichkeit des mittleren Managements gegen derart weitreichende Veränderungen ein, wie sie vom Lean Management und insbesondere vom Business Reengineering verlangt werden, so stehen Berater und Trainer hier vor einem schwierigen Problem, sollen sie Ressortegoismen aufbrechen, Eigeninitiative von Mitarbeitern freisetzen, flachere Hierarchien mit kleinen, autonomen Unternehmenseinheiten schaffen etc.

Denn Business Reengineering bedeutet eine „Erneuerung an Haupt und Gliedern“ gerade im Bereich der Unternehmensorganisation. Und somit ist das eigentliche Problem nicht die Strategie, sondern die Überwindung der Widerstände, vor allem angesichts der Tatsache, daß es hierzulande immer noch mehr Veränderungsverhinderer als -förderer gibt.

„Das eigentliche Problem jeglicher Innovation ... ist nicht die richtige Blaupause des Plans, sondern die Überwindung der Widerstände. Es fehlt nicht an Gescheiten, sondern an Leidenschaftlichen. Dazu aber hören wir von Hammer und Champy wenig bis nichts“, stellt Berth (s.o.) enttäuscht fest.

Alle Erneuerungsprojekte, dies galt ja auch schon für das Total-Quality-Management, Lean Management usw. und gilt insbesondere für einen so radikalen Ansatz wie das Business Reengineering, brauchen nichts so dringlich wie einen glaubwürdigen Visionär, der sich mit aller Kraft für das Projekt einsetzt und mit seiner Überzeugungskraft und Begeisterung die anderen mitreißt. Ingenieursverstand hingegen ist erst in zweiter Linie gefragt.

Woran also liegt es, daß so viele Projekte noch nicht den Erfolg bringen, den man sich von dem neuen Ansatz erhofft? Nach Kreuz (1994, 7) scheitern Reengineering-Projekte derzeit noch an einer ganzen Reihe von Widerständen. Die beiden Hauptgründe für erfolglose Umsetzungen sind zum einen das mangelhafte oder gar nicht vorhandene Vorbereiten der Mitarbeiter auf die betrieblichen Veränderungen, zum anderen die Nichtberücksichtigung unternehmenskultureller Faktoren. Weitere Stolpersteine, die oft in enger Beziehung zur Unternehmenskultur stehen, sind eine unklare Unternehmensvision und -strategie sowie Vorbehalte der Mitarbeiter (insbesondere der mittleren Führungskräfte!), aber auch eine unzureichende Ausrichtung der Geschäftsprozesse auf die tatsächlichen Kundenanforderungen, eine falsche Auswahl der neu zu gestaltenden Geschäftsprozesse oder aber eine mangelhafte Information des Top-Managements über den Verlauf der Projekte selbst.

Auch bei den erfolgreichen Aushängeschildern des Business Reengineering verlief die Umstellung nicht immer reibungslos und ohne Probleme. So berichtet etwa der Gemini-Berater Duane Dickson über seine Arbeit bei Union Carbide, daß einige Manager sich hier als Bremser betätigt hätten. Auch die Belegschaft habe der Umstellung anfangs sehr kritisch gegenübergestanden. Insgesamt hätten sich dadurch viele Verzögerungen ergeben.

Besonders viele Schwierigkeiten, gerade bei der Prozeßanalyse, bereitete das mittlere Management, das einerseits für die vorherigen Zustände unmittelbar verantwortlich war, andererseits als Gruppen-, Abteilungs- und Bereichsleiter vor großen Veränderungen in der eigenen

Rolle stand. Ausdehnung der Führungsspanne von 7 auf 15 Mitglieder, Rollenwandel vom Kontrolleur zum Coach, Verringerung des mittleren Managements insgesamt um 50 Prozent – gleichzeitig mit der Umstrukturierung wurde eine harte Auslese eingeleitet: die Besten wurden befördert, die Störenfriede mußten gehen.

Für ein erfolgreiches Business Reengineering sind daher folgende Mindestvoraussetzungen zu nennen: 1. muß die Unternehmensleitung der neuen Organisationsform voll und ganz verpflichtet sein, und 2. muß das Management ebenso davon überzeugt sein, daß die Mitarbeiter zu optimaler Teamarbeit fähig sind und daß sie Freiräume verantwortungsvoll zu nutzen wissen. Weiterhin können wirtschaftliche Schockerlebnisse die Bereitschaft steigern, sich auf das Business Reengineering einzuschwören, und zwar sowohl im Management wie innerhalb der Belegschaft.

Das häufige Scheitern von Reengineering-Projekten in der Praxis hat, dies erkennen auch die Verantwortlichen, vielfach etwas mit dem zögerlichen und scheibchen- bzw. stückweisen Implementieren einzelner Tools aus komplexen Programmen zu tun, wobei sich allerdings immer wieder zeigt, daß die einzelnen Elemente auch des Business Reengineering nicht wie Bauchladenartikel jeweils für sich eingesetzt werden können, ohne ihre synergetische Wirkung, die sie nur im Gesamtzusammenhang erzeugen, zu verlieren.

Die Reichweite prozeßorientierter Ansätze kann – dies zeigen die zusammengetragenen Beispiele – sehr unterschiedlich sein.

Anders als z.B. klassische Kostensenkungsprojekte betonen sie durchgängig den Anspruch, gleichzeitig Zeit, Kosten und Qualität der Leistungsprozesse zu verbessern. Darüber hinaus werden in der Regel zusätzlich Verbesserungen in der allgemeinen Kundenorientierung sowie in der Flexibilität der Leistungsprozesse angestrebt (Picot/Böhme 1995, 240).

Zusammenfassend stellen Picot und Böhme in einer Studie zum Verständnis prozeßorientierter Unternehmensgestaltung in Deutschland fest, daß diese „nicht als modische Worthülse angesehen wird, die mit individuell beliebigen oder gar vorbelasteten Inhalten gefüllt wird. Vielmehr repräsentiert der Begriff ein allgemeines – nicht branchengebundenes – Veränderungskonzept, wobei drei unterschiedliche Grundauffassungen über die Reichweite solcher Veränderungen vorherrschen" (1995, 233).

Während es in einigen Fällen dabei lediglich um die Optimierung bestimmter Prozeßschritte geht, wird in anderen Fällen eine ablauforganisatorische Neugestaltung, d.h. eine Neugestaltung der Geschäftsprozesse, ins Auge gefaßt. Die größte Reichweite an Veränderungen weisen schließlich solche Konzepte auf, die auf eine vollständige Neugestaltung der Ablauf- und Aufbauorganisation zielen.

Entsprechend der Ergebnisse von Picot und Böhme, die einer Befragung des Topmanagements in ca. 100 deutschen Großunternehmen entstammen, lassen sich prozeßorientierte Ansätze und Konzepte nach dem Kriterium der Reichweite (Breite und Tiefe) der Umgestaltung als

- Prozeßoptimierung (Dezentralisierung und Funktionsintegration im Rahmen bestehender Prozesse, starker TQM-Bezug),
- Prozeß-Redesign (Umgestaltung der Geschäftsprozesse, starker Reengineering-Bezug) und
- Unternehmens-Redesign (kundenorientierte Neugestaltung der Geschäftsprozesse in Verbindung mit strukturellem Wandel, Hierarchieabbau und Dezentralisierung, starker Reengineering- und TQM-Bezug)

voneinander abgrenzen. Folgt man der Einschätzung der eben zitierten Untersuchung, so hat die Prozeßorientierung als Gestaltungs- und Führungsphilosophie im Topmanagement deutscher Großunternehmen bereits erheblichen Niederschlag gefunden. „Die ersten Erfahrungen deuten darauf hin, daß sich dieser Trend nicht abschwächt, sondern daß er weiter diffundiert. Pionierunternehmen planen neue Projekte, und Fast-Follower stehen in den Startlöchern. Prozeßorientierte Gestaltungskonzepte sind daher zu Recht einer der meist diskutierten Trends in der anwendungsnahen Fachdiskussion" (Picot/ Böhme 1995, 146).

Reichweite prozeßorientierter Konzepte		
Prozeßoptimierung	Prozeßredesign	Unternehmens-redesign
• Optimierung von Prozeßdenken	• Ablauforganisatorische Neugestaltung	• Neugestaltung von Ablauf- und Aufbauorganisation
• Dezentralisierung und Funktionsintegration im Rahmen bestehender Prozesse	• Umgestaltung der Geschäftsprozesse	• Kundenorientierung, Neumodellierung der Prozesse, umfassender struktureller Wandel, Hierarchieabbau, Dezentralisierung
• Starker TQM-Bezug	• Starker Reengineering-Bezug	• Starker Reengineering-, TQM- und Lean-Bezug

Abb.: Reichweite prozeßorientierter Konzepte (in Anlehnung an Picot 1995)

3
Restrukturierung und Reorganisation: Aktuelle Entwicklungen in Industrie und Verwaltung

Viele Reengineering-Projekte scheitern, weil sie im Grunde nicht an Haupt und Glieder des betreffenden Unternehmens gehen, weil sie nur einzelne Funktionsbereiche optimieren wollen oder wesentliche Voraussetzungen einer erfolgreichen Restrukturierung und Reorganisation mißachten.

Eine weitere Voraussetzung ist es, auch innovative Entwicklungen in der wissenschaftlichen Diskussion und praktischen Erprobung systematisch wahrzunehmen und konstruktiv zu berücksichtigen, die zunächst einmal überhaupt nichts mit dem Thema „Reengineering“ selbst zu tun haben.

So helfen etwa die Konzepte der Fertigungssegmentierung und der „fraktalen Fabrik“, Unternehmensprozesse grundsätzlich aus neuer Sicht zu sehen und zu gestalten. Sie können als eine hilfreiche Anregung des Business Reengineering verstanden werden, die sich mit begrenztem Anspruch durchaus auch auf die Welt der Büros und Verwaltung übertragen läßt, wobei gerade in administrativen Bereichen und Dienstleistungsunternehmen zusätzlich auch die Diskussionen um die „virtuelle Organisation“ und computergestützte work-flow-Organisation von Bedeutung sind.

Eine Segmentierung der Betriebe in kleineren Einheiten wird vorgeschlagen, um der vielfach beobachteten Ineffektivität großer Unternehmen entgegenzuarbeiten. Ziel dabei ist, wie im Business Reengineering und Lean Management, die Steigerung des Ertrages bei gleichzeitiger Verringerung der eingesetzten Ressourcen. Bezugspunkt des Ansatzes ist die hohe Komplexität großer Organisationseinheiten, die durch kontraproduktive Merkmale wie einem hohen Koordinationsaufwand (Planung), viele Schnittstellenprobleme (Abstimmung) und aufwendiges Kontrollwesen (Steuerung, Qualität, Controlling) gekennzeichnet sind.

Hier setzen die Überlegungen von Warnecke (1989, 1993) und Wildemann (1989, 1993) an, mit dem Ziel, kleine, selbständige Einheiten („Fraktale“) zu schaffen, die möglichst nach dem Leitbild „durchgängige Bearbeitung eines vollständigen Prozesses innerhalb eines Verantwortungsbereichs“ zu gestalten sind, d.h. eine ganzheitliche Aufgabenbearbeitung innerhalb einer Wertschöpfungseinheit anstreben und dabei die betriebliche Gesamtorganisation buchstäblich „auf den Kopf stellen“.

Untersuchungen aus der Praxis segmentierter Unternehmen bestätigen betriebswirtschaftliche Wirkungen, die zum ersten in der Produktivitätssteigerung, zum zweiten in einer verbesserten Qualität der Produkte und Leistungen sowie zum dritten in einer Beschleunigung des Bearbeitungsprozesses liegen, wobei zusätzlich positive Effekte auf den Bestand und die Liquidität attestiert werden (Lagerbestände gehen zurück, es werden weniger Flächen gebraucht, die Arbeitsproduktivität steigt usw.).

Der Ansatz der Fertigungssegmentierung und der mit ihr verbundenen fraktalen Fabrik ist nicht zuletzt deshalb für Reengineering-Projekte ein wertvoller Pool konstruktiver Ideen, weil damit die traditionell steile Hierarchie mit vielen Funktionsbereichen und Schnittstellen weitgehendst aufgelöst werden kann, und weil sich damit überschaubare Organisationseinheiten bilden lassen, die zudem als selbständige Unternehmen im Unternehmen eingerichtet werden können.

Nutznießer solcher zunächst vor allem im mittelständischen Bereich erprobten Konzepte können Reengineering-Projekte in allen Betrieben sein, in denen große Einheiten neuzugestalten sind. Insbesondere dort, wo Schwierigkeiten im Verlauf eines Reengineering-Projektes auftreten, die mit der Größe der umzugestaltenden Einheit (Werk, Abteilung etc.) zu tun haben, bietet sich die Segmentierung der Einheit in kleinere Fraktale als sinnvoller Zwischenschritt bei der Restrukturierung an.

3.1 Segmentierung und Fraktale – die „Fabrik in der Fabrik“

Die Architektur der modernen, schlanken Fabrik ist um Prozesse herum konstruiert. Stichworte, die den Trend zu solchen Strukturen markieren, sind etwa der Begriff der „Segmentierung“ sowie die Vorstellung einer „Fabrik in der Fabrik“.

Ansätze wie die Fertigungssegmentierung imitieren nicht einfach japanische Vorbilder einer Lean Production, sondern suchen einen eigenen Weg zu leistungs- und konkurrenzfähigen industriellen Strukturen. Zwar sind das ständige Bemühen um Verbesserungen (Kaizen), eine enge Verzahnung mit Lieferanten und Kunden im Total-Quality-Management sowie eine teamorientierte Arbeitsorganisation inzwischen auch weithin konsensfähige Zielvorstellungen des europäischen und US-amerikanischen Fertigungsmanagements, doch gehen Reengineering-Projekte einen Schritt weiter und führen zum Aufbau von selbständigen Einheiten, die als Fraktale (sich selbst regelnde, verantwortliche Einheiten, „Fabriken in der Fabrik“) miteinander vernetzt sind.

Die Reorganisation und Restrukturierung des Unternehmens setzt in den hiermit verbundenen Vorstellungen von betrieblicher Umgestaltung beim Prozeß der Wertschöpfung an. In der amerikanischen Variante des Business Reengineering, wie es von Hammer und Champy vorgeschlagen wird, ist der Veränderungsprozeß als ein „Top-down-Verfahren“ in Reinkultur vorgesehen. Anders ist dies in der deutschen Variante der fraktalen Fabrik, wo ein „Bottom-up-Prozeß“ diese von oben nach unten gerichtete Innovationsstrategie ergänzt.

Erfahrungen wie bei Mettler-Toledo haben gezeigt, daß es im Hinblick auf Kosten und Produktivität von Vorteil ist, entlang der Wertschöpfungskette eigenständige, kleine, schlagkräftige und miteinander vernetzte Einheiten zu bilden. Bei der praktischen Umsetzung dieses Ziels gibt es keinen „Königsweg“, wie Warnecke (1993) betont. Letztlich sind es immer die Gegebenheiten eines Betriebes vor Ort, die eine individuelle und einzigartige Ausgestaltung des Reengineering erforderlich machen. Dennoch lassen sich einige allgemeine Charaktermerkmale derartiger Unternehmensgebilde angeben. „Drei Eigenschaften fraktaler Objekte haben für uns besondere Bedeutung: Selbstorganisation, Selbstähnlichkeit und Dynamik. Sie stellen einen Ansatz dar, Produktionsstrukturen im Sinne der beschriebenen Erfordernisse zu gestalten. Eine der wesentlichen Forderungen, die wir an zukunftsträchtige Produktionsstrukturen stellen, ist die Fähigkeit zu unternehmerischem Denken und qualitätsbewußtem Handeln aller Bereiche bis hin zum einzelnen Mitarbeiter. Wenn das hieraus abgeleitete Bild von selbständig agierenden Einheiten zutrifft, muß jedes Fraktal seinerseits eine – kleine – fraktale Fabrik sein“ (Warnecke 1993, 7).

Solche Fraktale können Warnecke zufolge nicht nur als Fabrik in der Fabrik gedacht werden, sondern auch je nach Einzelfall, selbständig außerhalb der Fabrik stehen oder mit anderen Unternehmungen Beziehungen unterhalten. Kennzeichnend für eine derartige Organisationsstruktur ist a) ein hoher Grad kommunikativer Verflechtung und b) ein reibungsloses Zusammenwirken in der Wertschöpfungskette; angestrebt wird eine synchrone, synergetische Kooperation aller Teile zum Nutzen des Ganzen. Dafür ist es erforderlich, daß die verschiedenen Fraktale nach einheitlichen Zielen und Leitvorstellungen ausgerichtet werden, und untereinander in einem engen Dialog stehen.

„Sämtliche die Organisation betreffenden Hilfsmittel sind für alle Fraktale verfügbar. Insbesondere trifft dies auf die Verfügbarkeit von Informationen zu, die nicht mehr monopolisiert werden. Jedes Fraktal, letztlich jeder Arbeitsplatz, ist so zu betrachten wie das gesamte Unternehmen: Eine bestimmte Leistung ist komplett zu erbringen, eine Aufgabe möglichst eigenständig zu lösen. ... Falls das Fraktal dazu nicht in der Lage ist, wird es Unterstützung – im günstigsten Fall nur kurzfristig – von ‚außen‘ suchen, also von anderen Fraktalen; diese können zum Beispiel eine zentrale Dienstleistung darstellen bzw. wahrnehmen“ (Warnecke 1993, 7). Letzteres ist aber immer nur die zweitbeste Lösung, der die alleinverantwortliche ganzheitliche Aufgabenbewältigung grundsätzlich vorzuziehen ist.

Fallstudien in deutschen Unternehmen (Wildemann 1989, 19-31; Wildemann 1993, 257-280) bestätigen das Erfolgspotential fraktaler Fabriken, und das Konzept findet mehr und mehr Anhänger. Hinter dem relativ abstrakten Begriff der „fraktalen Fabrik" – zuweilen auch als deutsche Antwort auf die japanische Herausforderung der „Lean Production" (Stürzl 1992) betrachtet – steht ein Reorganisations-Konzept, das den Weg über eine Segmentierung betrieblicher Wertschöpfungsprozesse geht.

Dieser Ansatz sieht das unternehmerische Handeln als eine komplexe Folge verschiedener Teilprozesse (bzw. Unternehmens- oder Geschäftsprozesse), für die es jeweils interne/externe Kunden und interne/externe Lieferanten gibt. Jeder dieser Teilprozesse im Unternehmen bringt zudem ein Ergebnis hervor, das – will der komplexe Prozeß bis hin zur Befriedigung des Kundenbedürfnisses beim Endverbraucher reibungslos verlaufen – bestimmte Qualitätserwartungen seitens der Kunden an allen Kunden-Lieferanten-Schnittstellen erfüllen muß.

Ziel des Segmentierungs-Ansatzes ist es, den Gesamtzusammenhang dieser Teilprozesse, d.h. die betriebliche Wertschöpfungskette, so zu gestalten, daß ein schneller, flexibler und kostengünstiger Durchlauf der Leistungserbringung bei qualitativ hochwertigen Ergebnissen möglich wird. Als Leitlinie dient dabei eine radikale Kundenorientierung, mit dem Ziel, eine strategische Ausrichtung des Unternehmens auf Wettbewerbsanforderungen und Kundenwünsche zu realisieren: hoher Qualitätsstandard und bedarfsgerechte Produktgestaltung bei günstigen Preisen und gleichzeitig hoher betrieblicher Rentabilität.

Angesichts des hohen Sättigungsgrades des Marktes und des damit einhergehenden Wandels vom Verkäufer- zum Käufermarkt wird es in Zukunft darum gehen, Wachstum über eine Steigerung des Kundennutzens zu erzielen, d.h. gleichzeitig die Zahl der Produktvarianten zu vergrößern (Produktion flexibilisieren), die Produktivität zu erhöhen

(Kosten begrenzen) und den Service zu verbessern (Kundenorientierung stärken). Mit anderen Worten: Es geht um eine Leistungserhöhung über die gesamte Wertschöpfungskette eines Unternehmens in Anbindung an die Kundenwünsche.

Um diesen hochgesteckten Ansprüchen zu genügen, werden innerhalb eines Unternehmens Fertigungsbereiche aufgebaut, die sich auf bestimmte Teilprozesse des Unternehmens beschränken. Sie zeichnen sich durch eine geringe Fertigungsbreite bei gleichzeitig hoher Fertigungstiefe aus und lösen so die alte Form der Flußorganisation ab, in der alle Produkte eines Unternehmens mehr oder weniger den gleichen Prozeß durchlaufen.

Im Idealfall integrieren Fertigungssegmente sämtliche Funktionen, die mit ihren Aufgaben zu tun haben, also auch indirekte Funktionen wie Wartung, Instandhaltung und Reparatur sowie administrative Funktionen wie Produktentwicklung, Marketing und Verkauf.

Den Schwerpunkt der Segmentierung bilden in den meisten Fällen die letzten Stufen des Wertschöpfungsprozesses, etwa die Montage, stets mit der strategischen Absicht, diese Unternehmensbereiche als kundennahe Organisationseinheiten auf den Markt auszurichten. Die Segmentierung im Unternehmen selbst erfolgt entweder nach Modellen und Teile- bzw. Produktfamilien, die in den neu gebildeten Einheiten jeweils komplett bearbeitet werden, oder aber nach Prozeßstufen (Rohmaterialbearbeitung, Teilefertigung, Endmontage).

Ähnlich wie die Lean Production mit ihren Instrumenten der Fertigungsinseln und Gruppenarbeit zielt die Fertigungssegmentierung auf eine Entschärfung und Reduzierung von betrieblichen Schnittstellen, die die tayloristische Arbeitsorganisation der Vergangenheit hervorgebracht hat. Doch im Unterschied zu diesen Ansätzen geht das Konzept der fraktalen Fabrik noch einen Schritt weiter und proklamiert eine ganzheitliche Kompetenz und Verantwortung der Segmente bzw. Einheiten für ihren Arbeitsbereich vor Ort, auch wenn dies in der Realität immer nur annäherungsweise zu erreichen ist, da immer segmentübergreifende Koordinierungsaufgaben erhalten bleiben, die von zentralen Instanzen wahrgenommen werden (Wildemann 1993, 250).

Segmentierung bedeutet also, den Gesamtprozeß der Leistungserstellung im Unternehmen entlang der Wertschöpfungskette in mehrere, miteinander vernetzte Geschäftsprozesse zu gliedern. Dabei entstehen eigenständige Einheiten, die Kunden-Lieferanten-Beziehungen unterhalten. Segmentierte Unternehmen kennen daher ähnlich dem Total-Quality-Management und dem Kaizen zwei Kundenbegriffe: den internen Kunden, d.h. diejenige Einheit, der ein Produkt zur weiteren Bearbeitung geliefert wird, und den externen Kunden auf dem Markt (unabhängig von der Frage, ob dieser Weiterverarbeiter, Handelsunternehmen oder Endverbraucher ist).

Die Aufteilung eines Unternehmens in solche weitgehend autonome Module in Form von „Fabriken in der Fabrik" hat fünf Gestaltungsprinzipien zu beachten (Wildemann 1989, 32ff.; Wildemann 1993, 297 ff.):

1. Orientierung an der Wertschöpfungskette: Die Wertschöpfungskette wird in solche Segmente unterteilt, die einen klar abgrenzbaren Teil der gesamten Prozeßkette bearbeiten und über fest definierte Schnittstellen zu den anderen Segmenten verfügen. Die Grenzen zwischen den Einheiten sind so zu ziehen, daß die notwendige Kommunikation und Zusammenarbeit innerhalb der einzelnen Segmente möglichst hoch und zwischen den Segmenten möglichst gering ist. Hierdurch können Einheiten unterschiedlicher Größe und Spezialisierung entstehen.
2. Bearbeitung ganzheitlicher Vorgänge: Innerhalb der Segmente werden Vorgänge von Anfang bis Ende bearbeitet, so daß die Produkte abgeschlossener Glieder der Wertschöpfungskette weitergegeben werden. Für diese „Komplettbearbeitung vom Rohling bis zum Fertigteil" (Wildemann 1993, 253) bzw. vom Ausgangsmaterial bis zum Zwischenprodukt sind die dazu notwendigen personellen, räumlichen und maschinellen Voraussetzungen zu schaffen. Gleichzeitig ist es notwendig, den einzelnen Segmenten alle zur Erledigung und Weiterentwicklung ihres Geschäftes benötigten Funktionen zu übertragen.

3. Kunden-Lieferanten-Verhältnis: Die einzelnen Einheiten sind über Kunden-Lieferanten-Beziehungen mit den übrigen Segmenten in der Fertigung wie in den administrativen Bereichen verbunden. Dabei ist jedoch darauf zu achten, daß die Trennung von planenden und ausführenden bzw. von direkten und indirekten Funktionen weitgehend aufgehoben wird. Denn eine Vielzahl von Schnittstellen führt zu langen Durchlaufzeiten, unnötigen Abstimmungsproblemen und hohen Gemeinkosten. Um solche negativen Auswirkungen zu vermeiden, ist ein möglichst hoher Autonomiegrad der Segmente anzustreben.
4. Selbstorganisation: Die einzelnen Segmente sind in Form von Arbeitsgruppen (Teamorganisation) zu konzipieren, die ihren Arbeitsbereich selbstverantwortlich organisieren und Produktionsvorgaben in eigener Regie realisieren. Eine solche Selbstorganisation ist jedoch nur dort zu verwirklichen, wo eigenverantwortliches Handeln innerhalb des eigenen Aufgabenbereichs nicht nur erlaubt ist, sondern zugleich durch die Unternehmensleitung gefördert wird. Anonyme Richtlinien sowie eine ausgreifende Fremdsteuerung und Kontrolle der Gruppen hingegen wirken hier eher kontraproduktiv und behindern den Erfolg von Reengineering-Ansätzen im Sinne des beschriebenen Konzeptes.
5. Ergebnisverantwortung: Alle Segmente fungieren als jeweils eigenständige Unternehmen im Unternehmen. Im Rahmen ihres Aufgaben- bzw. Arbeitsgebietes sind sie für ihr betriebliches Ergebnis unmittelbar selbst verantwortlich. Dies schließt auch eine Kostenverantwortung ein, weshalb Unternehmenssegmente als „Cost-Center" strukturiert und mit einem transparenten Controlling-Instrumentarium ausgestattet werden sollten, das einerseits die Leistungen, andererseits die anfallenden Kosten der Einheit bilanziert.

Die damit angestrebte Ausrichtung aller Bestandsmomente der Wertschöpfungskette auf die Maximierung des Kundennutzens darf nicht an den Werkstoren enden, sondern muß die Zulieferer ebenso wie den Markt selbst mit einbeziehen. Eine vertrauensvolle Zusammenarbeit mit

Lieferanten und Kunden folgt dem Ideal von Entwicklungspartnerschaften, die letztlich allen Beteiligten zugute kommen soll. Hier liegen wichtige Aufgaben der Unternehmensleitung, die an die Stelle des traditionellen Steuerungs- und Kontrollwesens treten.

Inzwischen wurden in industriellen Unternehmen auch erste Schritte unternommen, die Verwaltungsbereiche zu verkleinern oder aufzulösen und in einzelne Fraktale zu integrieren. Hier werden Produktion und Verwaltung nicht mehr getrennt gesehen, und es bestehen unternehmensintern bereits vielfach positive Erfahrungen mit der Neuorganisation betrieblicher Abläufe.

Betrachtet man einzelne Produktionsprozesse, beispielsweise den Prozeß der Papiererzeugung, dann umfassen diese Prozesse immer auch administrative Anteile, etwa Personalverwaltung, Lohnbuchhaltung oder Einkauf.

Die Auflösung solcher Bereiche und die Integration ihrer Funktionen in den Prozeß der Wertschöpfung bildet die Vorstufe der Segmentierung des Unternehmens in Fraktale, d.h. der Einrichtung einer „Fabrik in der Fabrik“ als Dreh- und Angelpunkt der neuen Form der Unternehmensorganisation. Eine solche „Fabrik in der Fabrik“ übernimmt dann auch alle indirekten Aufgaben und Funktionen, die notwendig sind, um den Produktionsprozeß innerhalb eines Fraktals eigenständig gestalten und verbessern zu können.

Ein Fraktal kann dabei durchaus eine Größe von 120 bis 180 Beschäftigten umfassen, die sich ihrerseits wiederum in Teams mit einer Gruppengröße von bis zu 15 Teammitgliedern unterteilen.

3.2 Virtuelle Organisation und „Work-flow“ im schlanken Büro

Auch wenn sich Business Reengineering keineswegs auf den Bereich der Produktion beschränkt, so existieren zumindest hierzulande doch einige deutliche Unterschiede zwischen Unternehmen in der industriellen Fertigung und Dienstleistungs- und Verwaltungsorganisationen.

Zunächst haben viele Dienstleistungsbetriebe und Verwaltungen noch keine positiven Erfahrungen mit einer „schlanken Produktion" oder mit dem Total-Quality-Management, auf die man hier beim Business Reengineering als positive Motivation zur Veränderung zurückgreifen könnte. Sie befinden sich, wenn man so will, weiter entfernt von der Welt des Reengineering und schlanker Strukturen und tun sich schwerer, eine radikale Neuorientierung einzuleiten.

Zudem stehen Dienstleister vor einer weiteren Schwierigkeit. Anders als Betriebe der industriellen Fertigung und Montage erzeugen sie kein handgreifliches Produkt, dessen Entstehung man im Herstellungsprozeß in seinen einzelnen Schritten einfach transparent machen kann. Auch sind die Vorgänge und Abläufe bei der Erzeugung von Dienstleistungen, was ihre Kostenseite betrifft, schwerer zu erfassen und zu bewerten. Sie sind komplexe Endprodukte, die oft erst unmittelbar im Prozeß der Leistungserbringung entstehen. So wie die Leistung selbst durchgeführt wird, entsteht ihr Produkt. Konsequenz dieses Umstandes ist, daß Büroorganisationen und Verwaltungen vielfach weder ihre internen Kosten noch ihre Leistung für das Gesamtsystem taxieren können. Dies waren wesentliche Ursachen für das ungehemmte Wachstum administrativer Einheiten, das in Großunternehmen und staatlichen Verwaltungsorganisationen zu den berüchtigten „Wasserköpfen" geführt hat. Sichere Budgets und Marktferne ließen es zu, daß bürokratische Apparate entstehen konnten, die mehr auf sich selbst als auf den ursprünglichen Organisationszweck bzw. die Geschäftsprozesse bezogen sind.

Ein gutes Beispiel hierfür sind die traditionelle Qualitätskontrolle sowie das Controlling, die alle möglichen Teilleistungen eines Unternehmens prüfen und berechnen, ohne die Kosten in Frage zu stellen, die sie für das bloße Bereitstellen der eigenen, vielfach überflüssigen und in manchen Fällen sogar kontraproduktiven Tätigkeit verursachen. Stets sehr bemüht um eine Verfeinerung ihres Instrumentariums, galten die

Gedanken der Kontrolleure einschließlich weiter Kreise des Managements weniger der Selbstreflexion in Form der Frage „Warum tun wir das überhaupt?“, wie es vom Business Reengineering heute eingefordert wird, als vielmehr der Fremdkontrolle.

So ist Metzen (1994, 87) beizupflichten, wenn er diesen Tatbestand mit einem Vergleich aus der Welt der katholischen Kirche polemisch zuspitzt: „Die Lenker, Rechner und Planer der Nation wie der Konzerne haben ihre Kunstfertigkeit nie auf sich selbst angewendet und sich zudem von Kunden und Mitarbeitern entfremdet, sich vatikanisiert.“

Mit der Forderung nach einer Verschlankung von Verwaltungen und Dienstleistungsabteilungen ist, unabhängig von allen Bemühungen um das Business Reengineering, eine Diskussion darüber entbrannt, wie hier Abhilfe geschaffen werden kann.

Wie erste Erfahrungen zeigen, sind Reorganisationserfolge dort zu erwarten, wo sich produktions- und marktferne Büros und Verwaltungen informativ, organisatorisch und physisch wieder in die Nähe der Wertschöpfungskette bzw. des Kunden begeben und Anschluß an den Markt suchen. Das heißt jedoch letztlich nichts anderes, als zu fragen: Wer sind unsere Kunden (interne Kunden/externe Kunden), was wollen unsere Kunden und was leisten wir für unsere Kunden?

Über eine qualitätsorientierte Verkettung von externer und interner Kundenorientierung (keine Fehler annehmen, keine Fehler einbauen, keine Fehler weitergeben) werden administrative Geschäftsprozesse auf den gesamten Wertschöpfungsprozeß eines Unternehmens beziehbar. Schließlich kann unter dieser Perspektive zudem der Frage nachgegangen werden, ob die einzelnen Leistungen notwendig oder überflüssig sind, d.h. einen positiven Beitrag zur Wertschöpfung liefern oder aber eine produktivitätsmindernde Verschwendung darstellen. Unter diesen Fragestellungen konzentriert sich das Business Reengineering auf den ganzheitlichen Prozeß der Leistungserbringung, ohne daß es dabei große Unterschiede in der strategischen und methodischen Umsetzung des Restrukturierungs-Ansatzes im Bereich industrieller Produktion gibt.

Wie in der Fertigung und Montage, so kommt dem technologischen Fortschritt auch im Büro und in der Verwaltung eine wichtige Rolle bei der Reorganisation zu. Hier ist es vor allem die Informations- und Kommunikationstechnologie, die vollständig neue Formen der Aufbau- und Ablauforganisation ermöglicht.

Wie wir bereits gesehen haben, lassen sich Verwaltung und Administration mit Hilfe elektronischer Informations- und Kommunikationssysteme weit effektiver gestalten und Produktivitätssteigerungen erzielen, die dem Anspruch eines „Quantensprungs" gerecht werden.

Voraussetzung ist jedoch auch hier eine prozeßorientierte Reorganisation des Arbeitsflusses in allen relevanten Geschäftsprozessen, die systematisch auf Verbesserungspotentiale zu durchleuchten sind. Ziel solcher Restrukturierungsansätze ist es, auch im Büro- und Verwaltungsbereich die in viele Teilschritte und auf diverse Abteilungen verteilte Bearbeitung von Vorgängen zurückzunehmen und ganzheitliche Bearbeitungskompetenzen wiederherzustellen. Dies geschieht zumeist in Verbindung mit Umstellungen in der EDV.

Gerade im Bürobereich kommt dem Computer, vernetzten Anwenderprogrammen und den übrigen neuen Kommunikationstechnologien (Datenfernübertragung, BTX) eine wesentliche Rolle zu.

Doch ist die Produktivität in Büro und Verwaltung trotz aller technischen Innovationen bei weitem nicht in dem Umfang gestiegen, wie dies möglich gewesen wäre. Ursache dafür ist u.a., daß gerade im administrativen Bereich neue Technologien lediglich dazu eingesetzt wurden, alte Vorgänge in neuer Form zu erledigen.

Große Papierberge, Doppel- und Dreifachbearbeitungen von Vorgängen, Zwischenablagen und Wiedervorlagen – in den meisten Büros hat sich trotz der Fortschritte der Informations- und Kommunikationstechnologie und neuer Managementmethoden in den vergangenen 25 Jahren nur wenig verändert.

Zwar stehen inzwischen überall Computer, die jedoch in vielen Fällen nur dazu benutzt werden, andere Geräte und Hilfsmittel wie Schreibmaschinen, Karteikästen etc. zu ersetzen. Geblieben sind bürokratische Entscheidungswege, Ressortegoismen und Abteilungsdenken, ein nicht zuletzt dadurch mangelhafter interner Kommunikationsfluß sowie eine nur wenig ausgeprägte Kundenorientierung.

Dem stellen EDV-Organisationsberater das schlanke, papierlose Büro gegenüber, das die Möglichkeiten der Computerisierung voll ausnutzt: Netzwerke, Electronic-Mailing, gleichzeitige Verfügbarkeit von Informationen an verschiedenen Stellen, gemeinsamer Zugriff aller Mitarbeiter auf alle Daten, Flexibilisierung von Arbeitsstrukturen durch mobiles Computing, Einsparung von Bürokapazitäten durch Telearbeit und Datenfernübertragung.

Denn nicht nur in der industriellen Fertigung und Montage, sondern auch in administrativen Unternehmensbereichen, Verwaltungen und Dienstleistungsunternehmen bieten sich auf der Basis technologischer Entwicklungen Ansatzpunkte für eine radikale Reorganisation der Unternehmensprozesse. So erschließen etwa Work-flow-Konzepte, die ein „Business Reengineering im Büro" auf der Basis einer computergestützten Prozeßorganisation zum Ziel haben, Rationalisierungspotentiale in einer Größenordnung, an die vor einigen Jahren noch nicht zu denken war.

Dabei kommt der stufenweisen Automation verschiedener Bürovorgänge eine große Bedeutung zu, da sie in der Praxis zu einer erheblichen Beschleunigung des Durchlaufs administrativer Leistungen führt. Denn erst sie liefert die Grundlage, auf der die neue Art der Vorgangsbearbeitung überhaupt erst möglich wird. Der spezielle Wert dieser neuen Vorgangsbearbeitungssysteme besteht darin, daß sie in der Lage sind, den gesamten Verlauf einzelner Geschäftsprozesse abzubilden und daß sie diese zu jeder Zeit und in allen Arbeitsschritten optimal zu unterstützen vermögen.

Wie die Praxis zeigt, lassen sich mit Hilfe derartiger Systeme strategische Zielsetzungen wie die Beschleunigung von Dienstleistungen bei gleichzeitiger Verbesserung der Qualität, höhere Effizienz und problemlosere Steuerung/Kontrolle von einzelnen Geschäftsprozessen integriert sicherstellen – Folge: höherer Kundennutzen, besserer Service, schnellere Bearbeitung und verbessertes Image.

Hinzu kommt, daß die Umstellung auf eine computergestützte Prozeßbearbeitung weitere Verbesserungsmöglichkeiten erschließt, etwa die Einsparung von Ressourcen aller Art wie von Zeit (Mitarbeitern), Raum (Zwischenablagen, Dokumentationssysteme und Archive) und Verbrauchsmaterialien (Papier).

Auf der ersten Stufe der computergestützten Automation des Büros wurden die klassischen Grundfunktionen der Bürokommunikation wie Textverarbeitung, Geschäftsgraphik, technisches Zeichnen, Terminkoordination, Dokumentenablage usw. auf Datenverarbeitungsanlagen und Computernetze übertragen, ein Standard, der mittlerweile weithin erreicht sein dürfte. Hier geht es also zunächst vor allem um die Ausstattung von Büroarbeitsplätzen mit Hardware, Systemen und Anwendersoftware. Jeder einzelne Arbeitsplatz wird auf dieser Stufe für sich gesehen und mit allen notwendigen Mitteln ausgestattet. Eine Rationalisierung der Büroarbeit erfolgt über den Einsatz effektiverer Technologien zur Erledigung einzelner Aufgaben (etwa Textverarbeitung statt Schreibmaschine).

Die zweite Stufe, mit Begriffen wie „Workgroup Computing" und „Work-flow Automation" bezeichnet, ermöglicht eine integrierte Vorgangsbearbeitung und damit ein elektronisches Geschäftsprozeß-Management. Zusammenhängende Arbeitsschritte werden hier über eine entsprechende Software computerintern zu einzelnen Geschäftsprozessen gebündelt und können so zentral gesteuert und verwaltet werden. Gleichzeitig erschließen derartige Computerzentralen über Computernetzwerke die Voraussetzungen dafür, daß von verschiedener Seite her auf solche Büroinformationssysteme zugegriffen werden kann.

Auf der Basis einer systematischen Analyse aller Geschäftsprozesse und der darin notwendigen Arbeitsschritte lassen sich Büro- und Verwaltungsabläufe erheblich beschleunigen. Eingegebene Daten werden unmittelbar nach ihrer Eingabe systemintern in elektronischen Geschäftsprozessen weiterverarbeitet und stehen an anderer Stelle im Unternehmen blitzschnell zur Verfügung. Dies erhöht die Transparenz der Auftragsbearbeitung, so daß jederzeit verfolgt werden kann, bis zu welchem Schritt ein Vorgang vorangeschritten ist. Dadurch wird nicht nur der unternehmensinterne Kommunikationsfluß enorm beschleunigt, während zugleich viele Informationsschritte über das Medium Papier überflüssig werden. Ebenso lassen sich auf Knopfdruck Recherchen anstellen, etwa bei Kundenanfragen oder zur Vorbereitung von Teamsitzungen. So können Meetings zur gegenseitigen Information und Abstimmung verkürzt werden, es läßt sich die Zeit für das Wesentliche nutzen, was letztlich der Produktivität zugute kommt.

Ein weiterer Vorteil des „Work-flow" liegt darin, daß die Qualität der Leistungserstellung bereits während der Bearbeitung selbst sichergestellt werden kann und nicht nachträglich geprüft werden muß. Dies macht jede Form des Mitzeichnungsverfahrens überflüssig, d.h. bereits bearbeitete Vorgänge müssen nicht vom Vorgesetzten geprüft und abgezeichnet werden, bevor sie abgeschlossen werden können.

Voraussetzung des erfolgreichen Einsatzes von Systemen zur elektronischen Vorgangssteuerung ist eine genaue Analyse der einzelnen Geschäftsprozesse sowie sich daraus ergebende Vorgaben, die es erlauben, die Prozesse fest definiert zu gestalten und computergestützt zu steuern.

Der Einsatz von Bürosoftware

Stufe 1: Verwendung einzelner Basisfunktionen wie Textverarbeitung, Tabellenkalkulation, Geschäftsgraphik, CAD-Systeme

Stufe 2: Einsatz von Vorgangssteuerungssystemen, d.h. Integration zusammenhängender Arbeitsschritte zu elektronisch gesteuerten Geschäftsprozessen

Stufe 3:	Einführung eines Büroleitstands, d.h. rechnergestützte Abstimmung von Geschäftsprozessen, Steuerung und Monitoring der Wertschöpfungskette

Abb.: Stufen der elektronischen Büroautomation

Eine dritte Stufe der Büroautomation deutet sich dort in Anfängen an, wo die Bearbeitung von Büroprozessen bereits weitgehend rechnergestützt abläuft. Gemeint ist die Einführung von Büroleitständen, die mehrere administrative Verwaltungsaufgaben koordinieren und an unterschiedlichen Geschäftsprozessen eines Unternehmens beteiligt sind. Der Büroleitstand kann als ein Werkzeug gesehen werden, das komplexe Abhängigkeiten und Wechselwirkungen zwischen einzelnen Geschäftsprozessen zu erkennen und zu steuern in der Lage ist und so die Voraussetzung schafft, einzelne Geschäftsprozesse miteinander zu vernetzen.

Büroleitstände, wie sie heute konzipiert werden, erledigen

- eine automatische Feinplanung der Geschäftsprozesse (etwa terminliche Arbeitsverteilung in Abhängigkeit vom Personaleinsatz);
- Monitoring (Welche Vorgänge wurden bereits begonnen? Wie weit sind einzelne Vorgänge vorangekommen? Welche konnten bereits beendet werden?);
- Information über Ist/Soll-Abweichungen (Alarm geben in kritischen Situationen);
- organisatorische Steuerung von virtuellen Teams (Ressourcen bereitstellen, Koordination).

Die Einführung von Systemen zur Vorgangssteuerung ist wie jede weitergehende Lösung in Richtung Büroleitstand an eine systematische Analyse und Reorganisation der betroffenen Geschäftsprozesse geknüpft. Erst die Prozeßanalyse und das Reengineering schaffen die Voraussetzungen für einen effektiven Einsatz dieser softwaregesteuerten Technologien.

Denn die exakte Geschäftsprozeßmodellierung (Abbildung und Optimierung eines Geschäftsprozesses in der EDV) setzt eine genaue Kenntnis aller wesentlichen Elemente des jeweiligen Geschäftsprozesses, seines optimalen Ablaufs sowie seiner Zwischenzustände voraus. Ebenso einzubeziehen sind sämtliche Komponenten, die beteiligt sind, verbraucht werden oder geschaffen werden: Mitarbeiter, Geräte, Ergebnisse, Informationen etc.

In der praktischen Anwendung der informationstechnischen Vorgangssteuerung können sich unterschiedliche Perspektiven ergeben. Während Verfahren der zweiten Stufe der hier skizzierten Büroautomation noch in Richtung einer logistischen Unterstützung von selbstgeregelten und selbstverantwortlichen Einheiten zielen, ermöglicht die dritte Stufe den Einstieg in die virtuelle Organisation der Büroarbeit und Verwaltung. Der Begriff „virtuell", sprachgenetisch verwandt mit dem Begriff „virtuos", entstammt der Computersprache und bezeichnet eine paradoxe Leistungsfähigkeit von Computern, die so arbeiten, als verfügten sie über wesentlich mehr Speicherkapazität als real vorhanden ist. Der in Wirklichkeit gar nicht vorhandene Speicherplatz wird dabei lediglich simuliert, und zwar durch das optimale Zusammenwirken des Arbeitsspeichers mit anderen Speichermedien.

Auf Unternehmen bezogen verstehen Davidow/Malone (1993) als virtuelle solche Organisationsstrukturen, die aufgrund ihrer internen Kommunikation und Kooperation mehr zu leisten imstande sind, als angesichts der Ausgangsbedingungen sowie der zur Verfügung stehenden Ressourcen üblicherweise zu erwarten wäre.

Die Bedingung für das Gelingen virtueller Leistungen liegt, wie beim Computer, im Zusammenwirken der einzelnen Geschäftseinheiten, die sich zur Bearbeitung von größeren Aufträgen, der Forschung und Entwicklung, bei auftretenden Problemen etc. netzwerkartig zusammenschließen, um – entkoppelt vom regulären Geschäftsablauf – in zeitlich und auf die jeweilige Aufgabe beschränkten Teams nach Lösungen für die anstehenden Aufgaben zu suchen.

Im Idealfall existiert im virtuellen Unternehmen kein zentrales Büro mehr, kein Organigramm, keine Hierarchie, lediglich eine Gemeinschaft kooperierender Dienstleister.

Den Zusammenhalt des Ganzen organisiert eine ausgeklügelte technische Kommunikation, die ähnlich dem Büroleitstand alle Geschäftsprozesse steuert und überwacht, die Verteilung und Koordination der Arbeit vornimmt und als Ersatz für jede Hierarchie die interorganisatorische Kooperation sichert.

Als Vision wendet sich die „virtuelle Organisation“ vor allem an Dienstleistungsunternehmen sowie an administrative Bereiche industrieller Hersteller, die sich nicht in Fraktale integrieren lassen und die für die Gesamtunternehmung zuständig sind wie z.B. Marketing, Forschung und Entwicklung, Produktdesign oder Personalentwicklung.

4
Die Bausteine und Werkzeuge des Business Reengineering

Business Reengineering und Lean Management haben, wie wir gesehen haben, einige Ähnlichkeiten, weichen jedoch in manchen Kerngedanken erheblich voneinander ab. Dabei greifen beide Ansätze gleichermaßen pragmatisch auf ein mehr oder weniger etabliertes Instrumentarium zur Veränderung betrieblicher Strukturen und Verhältnisse zurück, wie sie aus der Lehre zur Organisationsentwicklung, dem Projektmanagement, dem Total-Quality-Management, dem Kaizen oder der Gruppenarbeit her bekannt sind. Was ihre „Tools", d.h. ihre operationalen „Denk- und Werkzeuge" angeht, so unterscheiden sie sich kaum.

Den genormten, typischen Werkzeugkasten mit 08/15-Werkzeugen des Business Reengineering gibt es allerdings dennoch nicht. Seine möglichen Elemente müssen immer wieder überdacht und vor Ort den betrieblichen Gegebenheiten angepaßt werden. Welche Bausteine der Moderation, der Kommunikations- und Problem-/Konfliktlösungstechnik im einzelnen berücksichtigt werden sollen, welche Unterlagen und Hilfsmittel eingesetzt werden sollen, ist im jeweiligen Projekt immer wieder neu festzulegen.

Dies geschieht nicht zuletzt auch aus methodischen Gründen. Zwar kann man davon ausgehen, daß jeder branchen- und reengineering-erfahrene Berater bereits über einen solchen Apparat an Methoden und Instrumenten verfügt, doch müssen die Mitarbeiter der auftraggebenden Unternehmen sicher mit diesen Werkzeugen umgehen können. Und dies wird am besten dadurch sichergestellt, daß sie selbst an der Bestückung und Modifikation des Werkzeugkastens aktiv beteiligt werden, etwa in einem vorgeschalteten Workshop oder Seminar.

Ein zweiter positiver Effekt dieser Vorgehensweise ist es, daß der Widerspruch gegen die einzusetzenden Methoden, Verfahren, Pläne, Bewertungskriterien, Checklisten usw. sich in Grenzen hält und allenfalls relativ gering ausfällt. Erfahrungsgemäß tritt nämlich immer dann, wenn ein Berater oder Trainer ein solches vorgefertigtes Set an probaten Instrumenten und Hilfsmitteln vorstellt, zunächst der eigentümliche Versuch der zukünftigen Anwender ein, dem Berater erklären zu wollen, warum die Werkzeuge in der Realität ihres Betriebes zum Scheitern verurteilt sind.

Um solchen unerquicklichen Diskussionen aus dem Wege zu gehen und die knappe Zeit in der Vorbereitungsphase sinnvoll zu nutzen, empfiehlt sich ein Weg, auf dem die Werkzeuge der späteren Arbeit in den Teams selbst erarbeitet werden müssen.

Dies bedeutet andererseits jedoch nicht, daß der Werkzeugkasten des erfolgreichen Reengineering wahllos zusammengestellt werden darf. Formale Gesichtspunkte wie die Tools aus den Feldern Kommunikation/kreative Problemlösung/Konfliktbewältigung/Arbeitsweisen in Arbeitsgruppen sind grob vorstrukturiert vom Berater einzubringen, während fachliche Inhalte in Form von Checklisten, Norm- und Vergleichstabellen vom Führungs-Team vorgegeben oder mit den Gruppen selbst ausgearbeitet und vereinbart werden müssen. Ein solches Vorgehen stellt eine enge Anbindung der einzusetzenden Werkzeuge an die konkreten Voraussetzungen und das Projektdesign im jeweiligen Unternehmen sicher.

4.1 Projektorganisation: Reengineering-Teams und Prozeßverantwortung

Die Aufgabe, die Umgestaltung der betrieblichen Organisation in Angriff zu nehmen und voranzutreiben, wird in aller Regel einem interdisziplinären Reengineering-Team übertragen, das sich aus Führungskräften aller Unternehmensbereiche zusammensetzt.

Ergänzt von einem oder mehreren Beratern, deren Funktion es ist, kreative Impulse zu setzen und einer möglichen „Betriebsblindheit" vorzubeugen, wird dieses Reengineering-Team von einem „Prozeßeigner" geführt, der die Verantwortung für den Erfolg des Projekts übernimmt.

Um Reengineering-Projekte mit den größtmöglichen Erfolgschancen auszustatten, ist es ratsam, das Business Reengineering zunächst in den unmittelbaren Verantwortungsbereich der Unternehmensleitung („Top-Management") zu stellen. Ein Mitglied des Top-Managements, möglichst ein Vorstands-Mitglied, sollte als Projektleiter, oder aber, falls dieses aus organisatorischen Gründen nicht möglich ist, zumindest als Mentor des Projektes gewonnen werden.

Darüber hinaus ist die Beteiligung des Top-Managements in einem Lenkungsausschuß sicherzustellen, der die Richtlinien für das Projekt ausgibt, der Prozeßeigner ernennt und als letzte Instanz alle Entscheidungen zu treffen bzw. zu bestätigen hat. Dieser enge Einbezug der Unternehmensspitze dient dabei weniger der Kontrolle des Reengineering-Verantwortlichen und seines Teams, sondern hat vor allem organisationspsychologische Gründe. Die enge Anbindung von Reengineering-Projekten an das Top-Management dokumentiert zunächst einmal die Bedeutung des Projektes für das Unternehmen selbst, zeigt daneben, daß die Unternehmensspitze voll hinter dem Reengineering-Vorhaben steht, und läßt den einzelnen Mitgliedern des Top-Managements nur wenig Spielraum, sich von den Entscheidungen des Lenkungsausschusses zu distanzieren. Da jedes Votum für das Reengineering im Lenkungsausschuß gleichzeitig einer psychologischen Verpflichtung gleichkommt, sich für die dort verabschiedeten Entscheidungen selbst aktiv einzusetzen, wird so eine weitestgehende Unterstützung des zukünftigen Prozeßinhabers sowie seines Reengineering-Teams sichergestellt.

Optimal ist es, wenn sich ein Mitglied der Geschäftsleitung, möglichst der Vorstandsvorsitzende selbst, von sich aus bereitfindet, in diese Rolle des „Leaders" zu schlüpfen, der als Visionär immer wieder im Unternehmen wie bei Kunden und Lieferanten die Gründe und Ziele des Reengineering erläutert, die Mitglieder des Lenkungsausschusses und das

Reengineering-Team immer wieder auffordert, mit alten Regeln zu brechen, und von allen Seiten höchste Anstrengungen verlangt, um das erstrangige Ziel, die Leistungen und Ergebnisse um Größenordnungen zu verbessern, schließlich auch zu erreichen. Damit wird deutlich, daß diese Funktion des „Leaders" von einer durchsetzungsstarken, innovationsfreudigen Führungspersönlichkeit besetzt sein sollte, die sowohl über die kommunikativen Fähigkeiten als auch über die innerbetriebliche Macht verfügt, mittels symbolischer Handlungen deutlich Akzente zu setzen, um für das Vorhaben zu werben.

Mit dieser Sicherheit im Rücken ist jeder strategischen Geschäftseinheit bzw. jedem Geschäftsprozeß eine Führungskraft als Prozeßverantwortlicher („process owner") zuzuordnen. Seine Aufgabe ist es, den neuen Ablauf des von ihm zu verantwortenden Geschäftsprozesses bzw. Wertschöpfungsbereichs im Detail zu strukturieren, sein Reengineering-Team zu bilden und dessen Arbeit so zu koordinieren und zu steuern, daß der ihm zugewiesene Geschäftsprozeß kontinuierlich verbessert wird, bis er fehlerfrei läuft.

Der Prozeßverantwortliche sollte stets ein Mitglied der oberen Führungsetage sein, mit Linienverantwortung und der Kompetenz, alle zur Zielerreichung notwendigen Maßnahmen ergreifen zu können. Sie sind die neuen Chefs und können in eigener Verantwortung alles unternehmen, um den Bedürfnissen ihrer (internen oder externen) Kunden am besten gerecht zu werden.

Dies betrifft nicht zuletzt auch die Definition von Methoden und Kriterien, die die Entwicklung in seinem Verantwortungsbereich transparent und meßbar machen.

Die Hauptaufgabe des Prozeßverantwortlichen ist die Einsetzung eines arbeitsfähigen Teams, das seinen Aufgaben gerecht wird. Wichtig ist dabei die Auswahl der Teammitglieder, wobei stets eine Konzentration der besten Kräfte anzustreben ist. Für den Prozeßverantwortlichen gilt es, die Personen auszuwählen, die am ehesten in der Lage sind, die Vision des Reengineering zu realisieren und sich für die Zukunft als Führungskräfte in seiner Verantwortungssphäre zu empfehlen: unkonventionelle, motivierte und kreativ denkende Mitarbeiter aus allen relevanten Funktionsbereichen, die in dem neugeordneten Geschäftsprozeß zusammengefaßt werden. Soweit das innerbetriebliche Potential dies nicht hergibt, benötigt er den Freiraum, geeignete Personen von außerhalb berufen zu können. Dies gilt auch für die Unterstützung seiner Arbeit seitens eines Beraters.

Aus diesem Grunde sind innerbetriebliche Glaubwürdigkeit, Innovationsbereitschaft und Durchsetzungsvermögen drei wesentliche Voraussetzungen, die auch der Prozeßverantwortliche mitbringen sollte. Zudem muß er in der Lage sein, in Prozeßkategorien zu denken, sich also von der herkömmlichen Betrachtungsweise betrieblicher Abläufe und Organisationsformen bereits ein Stück weit gelöst haben.

Für die Rolle des Prozeßverantwortlichen eignen sich daher nur Führungskräfte, die dem innerbetrieblichen Wandel grundsätzlich positiv gegenüberstehen und zudem über die Fähigkeit verfügen, ein Team aus mittleren Führungskräften unterschiedlicher Unternehmensbereiche und Abteilungen auf die Ziele des Projektes einzuschwören, in der laufenden Teamarbeit zu motivieren und in schwierigen Phasen auf Kurs zu halten.

Abteilungsleiter oder Führungskräfte in Stabsfunktionen sind für die Funktion des Prozeßverantwortlichen in der Regel nicht geeignet, da sie im Unternehmen oft nicht über ein ausreichendes Maß an Ansehen und Durchsetzungskraft verfügen. Sie können aber wichtige Positionen innerhalb der Teams besetzen.

Die eigentliche Arbeit der Prozeßanalyse und des Redesigns der Abläufe (Restrukturierung, Planung der Reorganisation und Evaluation der Umsetzung) wird vom Reengineering-Team übernommen, das sich in regelmäßigen Treffen zusammenfindet, um einzelne Etappen sowie jeweils den weiteren Fortgang der Umstellungen zu besprechen. Um unter gruppendynamischen Gesichtspunkten eine effektive Arbeit sicherzustellen, sollte das Team möglichst nicht mehr als 10 oder 12 Mitglieder umfassen. Allerdings ist darauf zu achten, daß alle Abteilungen/Bereiche, die von dem ins Auge gefaßten Reengineering betroffen sind, durch mindestens eine Führungskraft aus ihren Reihen im Reengineering-Team vertreten, und d.h. auch an allen Analyse- und Redesign-Schritten beteiligt sind. Eine breite Beteiligung in der Planung und Organisation der beabsichtigten Maßnahmen erhöht in der Regel die Akzeptanz der vom Reengineering-Team erarbeiteten Entscheidungsvorlagen und hat den weiteren Vorzug, das abteilungs- bzw. bereichsspezifische Know-how des Unternehmens bei der Arbeit des Reengineering-Teams in einem hohen Maß einbinden und nutzen zu können.

Um seine quasi „nebenamtlich“ (also neben ihrer üblichen Alltagsarbeit in den Reengineering-Teams) tätigen Mitglieder nicht zu überfordern, sollte jedes Reengineering-Team stets nur mit der Neugestaltung eines Geschäftsprozesses bzw. Wertschöpfungsbereichs/Fraktals befaßt sein und sich auf diese Aufgabe konzentrieren. Sollte ein Reengineering zeitgleich an mehreren Prozessen ansetzen, sind entsprechend viele Reengineering-Teams zu bilden.

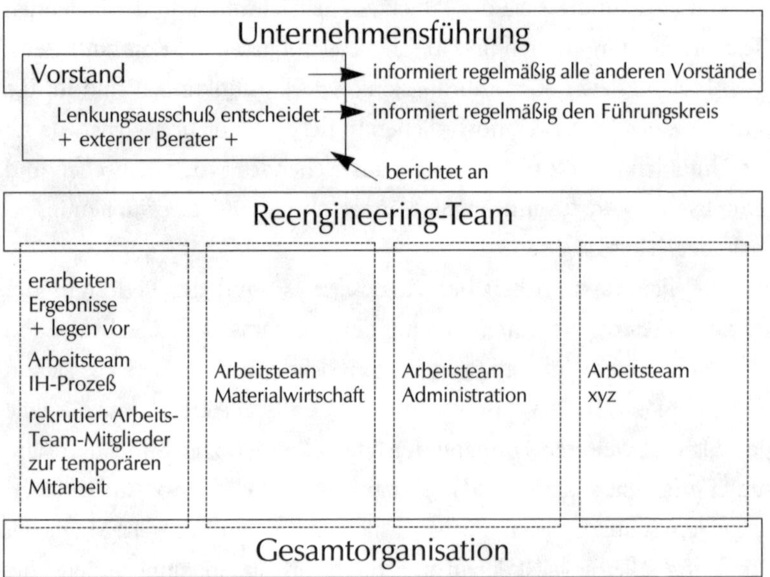

Abb.: Beispiel für die Projektorganisation im Rahmen eines Reengineeringprojektes

4.2 Informationstechnik nutzen

Ein wesentliches Merkmal restrukturierter Unternehmen ist zugleich, daß sie gezielt darauf drängen, die vorhandenen technologischen Möglichkeiten und Instrumente konsequent zur Unterstützung ihrer Produktions- bzw. Geschäftsprozesse einzusetzen. Derartige Potentiale liegen im Bereich der Datenverarbeitung vielfach noch brach, weshalb Reengineerer hier nach allen ungenutzten Chancen Ausschau halten, die Geschäftsprozesse durch einen geschickten Einsatz von EDV und Produktionstechnologie transparent zu machen und zu beschleunigen (schnelle Zugriffe auf Informationen aller Art!). Auf diese Weise kommt der Informationstechnologie eine tragende, wenngleich nicht die entscheidende Rolle in der systematischen Überprüfung und Umgestaltung von Unternehmensprozessen nach dem Ansatz des Business Reengineering zu.

Zwar bringt eine neue Informationstechnik allein noch keine anhaltenden Verbesserungen, doch ist das Thema „Informationstechnologie" für die Praxis des Business Reengineering in einer doppelten Hinsicht relevant: Einerseits bildet sie vielfach die Basis der Steuerung und Kontrolle reorganisierter Geschäftsprozesse, andererseits kann sie als Werkzeug im Reengineering selbst genutzt werden.

4.2.1 Einsatz moderner Informationstechnologie zur Steuerung und Kontrolle reorganisierter Geschäftsprozesse

Praktisch stellt sich dabei die Frage, an welchen Stellen ein Computer stehen muß, der den Beschäftigten hilft, die Abläufe überschaubarer zu machen. So läßt sich etwa das Geschehen in einer Druckerei so abbilden und steuern, daß die Durchlaufzeiten einzelner Aufträge erheblich verringert werden können, die Arbeit insgesamt wesentlich schneller bewältigt wird, erheblich weniger Fehler gemacht werden und weit weniger Abstimmungsprobleme auftreten.

Ähnliche Perspektiven ergeben sich auch für den Dienstleistungsbereich, wo Computersysteme auf der Basis einer Vernetzung der Arbeitsplätze untereinander es ermöglichen, „Work-flow"-Konzepte zu implementieren, die zwar den Arbeitsfluß nach zuvor festgelegten Modalitäten regeln, ohne jedoch ihren Benutzern zugleich jede Möglichkeit zu nehmen, den Arbeitsprozeß und -fluß von Hand steuern zu können. Sofern diese Systeme nicht nach dem Grundgedanken eines restriktiven „CIM im Büro" geformt sind und einen festgelegten Ablauf von Geschäftsprozessen zwingend vorgeben, lassen sie sich als elektronische Assistenten einsetzen, die neugestaltete Prozesse über den Austausch von Daten strukturieren, ohne daß die Kontrolle des Vorgesetzten durch eine Kontrolle von unten durch das Computersystem ersetzt werden würde. Ihre Steuerungsfunktion läßt sich eher mit der Aufgabe eines Lotsen vergleichen, der den Teams hilft, selbstverantwortlich, schnell und vor dem Hintergrund aller zur Verfügung stehender Daten darüber zu entscheiden, wie Abläufe in kritischen Situationen fortgesetzt werden können (etwa durch eine flexible Handhabung des Verfahrens oder aber durch das Hinzuziehen eines Kollegen, einer Fachabteilung oder des Vorgesetzten).

Vorbild solcher „Work-flow"-Ansätze ist die „papierlose" bzw. papierarme Fabrik, in der weniger Schriftstücke ausgedruckt und statt dessen Vorgänge über die EDV bearbeitet, gespeichert und weitergeleitet werden, ohne Berge an Bedrucktem zu produzieren. Alle kommunizieren hier über das Haupthirn der EDV auf direktem Wege miteinander. Gerade in administrativen Bereichen, d.h. in Büros aller Art, bildet das „Work-flow" einen wichtigen Impuls für die schlanke Zukunftsgestaltung, unabhängig von der Frage, ob es sich dabei nun um betriebliche Verwaltungen, Banken, Versicherungen, Handelsunternehmen oder Bereiche der öffentlichen Verwaltung (Ämter etc.) handelt.

Der erfolgreiche Einsatz der gegebenen technischen Möglichkeiten setzt allerdings eine veränderte Einstellung zur Technik, einen Wandel im Denken der Verantwortlichen voraus. So weisen Hammer und Champy zurecht darauf hin, daß die Computertechnologie vielfach noch als

Instrument einer Automatisierung von Verwaltungsvorgängen gesehen wird. Wo eine solche Perspektive verfolgt wird, besteht jedoch die große Gefahr, daß gewachsene Formen der Organisation von Büroarbeit unreflektiert weitergeführt werden, so daß überkommene Organisationsstrukturen und Denkmuster sich weiter verfestigen, kurz: daß der Weg zum wirklichen Reengineering verschlossen bleibt. Erzielt werden lediglich Verbesserungen in Größenordnungen von 10 oder 20 Prozent, Quantensprünge allerdings bleiben aus.

Um die Computertechnologie in vollem Umfang zu nutzen, ist es erforderlich, daß Computer nicht mehr als programmierbare Maschinen zur punktuellen Rationalisierung sowie zur technischen Informationsverarbeitung in Form von Datenbanken und Tabellen gesehen werden, sondern als Basis einer völlig neuen Gestaltung von Verwaltungs- und Büroprozessen, die mit den bekannten Hierarchien, Zuständigkeiten, Verfahren und Vorschriften bricht und integrierte Arbeitsweisen sowie eine neue Form des Miteinanders im Betrieb erlaubt.

Dabei ist in jedem Fall darauf zu achten, daß nicht der Eindruck entsteht, die Computer sollten vornehmlich dazu eingesetzt werden, die Leistungen der Mitarbeiter auf neuem Wege zu kontrollieren. Wo die Informationstechnik wie im Business Reengineering bislang verschüttete Potentiale freilegen soll, ist ein solches Ansinnen kontraproduktiv, da es ein selbstverantwortliches Arbeiten letztlich eher blockiert als fördert. Denn in einer Unternehmenskultur, die durch Mißtrauen und permanente Kontrolle durch Vorgesetzte oder vorgesetzte Stellen geprägt ist, wachsen weder Eigenverantwortlichkeit noch Engagement.

4.2.2 Einsatz moderner Informationstechnologie als Hilfsmittel beim Business Reengineering

Ebenso wie Computer zur Steuerung und Prozeßorganisation betrieblicher Abläufe eingesetzt werden können, lassen sie sich auch bereits zur Abbildung und Optimierung dieser Abläufe in der Phase ihrer Restrukturierung nutzen, d.h. bevor das Reengineering in die Phase der Reorganisation, d.h. in die Umsetzung neuer Ablaufkonzepte selbst tritt.

Damit können sie eine wichtige Hilfestellung bei der Neugestaltung von Geschäftsprozessen geben, auch wenn es bislang nur begrenzt gelungen ist, komplexe Abläufe in allen ihren Komponenten und Elementen (Funktionen, Daten, Organisation und Ereignissteuerung) via Informationsverarbeitung zu strukturieren. Voraussetzung dafür war allerdings eine spezielle Software-Eigenentwicklung, die auf die jeweiligen Voraussetzungen des einzelnen Unternehmens und seines Reengineering-Ansatzes zugeschnitten werden mußte. Doch auch hier ist die Entwicklung nicht stehengeblieben.

So wurden in den letzten Jahren etwa am Institut für Wirtschaftsinformatik (IWi) in Saarbrücken bereits erste Schritte unternommen, eine Standard-Software zu entwickeln, die computergestützte Werkzeuge eigens für die Begleitung von Reengineering-Programmen beinhaltet (Scheer 1993). Mit Hilfe der unter dem Namen Aris (Architektur integrierter Informationssysteme) geschaffenen Werkzeuge können Reorganisationsentscheidungen in einem Simulationsmodell hinsichtlich ihrer Auswirkungen auf Zielgrößen wie die Vereinfachung und Verkürzung von Abläufen sichtbar gemacht werden.

Unter dem Einsatz von graphisch orientierten Computersystemen lassen sich Geschäftsprozesse damit am Laptop modellieren, analysieren, bewerten und neu konzipieren. Zielgruppe solcher Entwicklungen sind weniger EDV-Spezialisten, sondern in erster Linie die Mitarbeiter in den betroffenen Unternehmensbereichen.

Entscheidend für den Einsatz des Computers bei der Restrukturierung und Reorganisation betrieblicher Abläufe ist die Frage, inwieweit die EDV in der Lage ist, Informationen so zu verarbeiten, daß sie die menschliche Kommunikation im Unternehmen und das Nachdenken über Veränderungen sinnvoll unterstützt. In diesem Kontext sind auch die sogenannten „Groupware"-Ansätze zu erwähnen, die ursprünglich als

Weiterentwicklung elektronischer Mail-Systeme das Ziel verfolgen, die zwischenmenschliche Kommunikation in vernetzten Organisationen in möglichst natürlicher Weise so zu koordinieren, daß Arbeitsgruppen ihre Aufgaben weitgehend autonom am Bildschirm planen und erledigen können, simultan verbunden über die Software. Ein solches „Workgroup Computing" ermöglicht völlig neue Formen der Teamarbeit, etwa das elektronische Brainstorming.

4.3 Führungskräfte – vom Controller zum Coach

Eine derart radikale Neugestaltung betrieblicher Abläufe und Organisationsstrukturen, wie sie das Business Reengineering im Auge hat, geht mit einer ganzen Reihe von Problemen und Risiken einher. Von großer Bedeutung ist nicht nur, daß die richtigen Geschäftsprozesse ausgewählt werden, daß ein realistischer Maßnahmenplan erarbeitet wird und daß die Unternehmensleitung konsequent hinter dem Ansatz steht. Ebenso entscheidend ist die Einbeziehung der Mitarbeiter, vor allem der Führungskräfte. Reengineering ist nicht zuletzt deshalb auch eine Führungsaufgabe, da die Strategie und Methode Überzeugungsarbeit im Unternehmen erfordert. Sie müssen nicht nur „top-down" vorgegeben werden, sondern zugleich glaubhaft vorgelebt werden.

Neben neustrukturierten Arbeits- und Organisationsformen trägt vor allem ein verändertes Führungsverhalten zur Verwirklichung des Reengineering bei. Insbesondere dort, wo weitgehend selbstorganisierte Gruppenarbeit zur betrieblichen Normalität wird, wo Hierarchien ausgedünnt werden und wo der Weg von der Fremd- zur Selbstkontrolle gesucht wird, stellen sich völlig neuartige Anforderungen an das Führungspersonal. Mit der Verflachung der Hierarchie rücken insbesondere Top-Manager nicht nur wieder näher an den Kunden und an die Mitarbeiter, sondern bekommen auch eine neue Aufgabe. So fällt es in ihren Aufgabenbereich, die Rahmenbedingungen zu schaffen, die eine Neugestaltung der Geschäftsprozesse erlauben. Um Konflikte zwischen der bestehenden Aufbau- und Ablauforganisation und dem Reengineering zu vermeiden, kann es ratsam sein, den am Reengineering-Team beteiligten Führungskräften die Verantwortung für einen neuzugestaltenden Prozeß zu übertragen und sie so mit persönlicher Verantwortung in das neue Organisationsdesign einzubinden.

Ohnehin zielen Business Reengineering wie Lean Management darauf, die betriebliche Führung in den Wertschöpfungsprozeß zu reintegrieren, d.h. die Führungskräfte sowohl räumlich als auch mental näher an die Produktion und Fertigung bzw. Auftragsabwicklung heranzuführen.

In diesem Kontext entsteht ein hoher Qualifizierungsbedarf nicht nur für die Mitglieder solcher Reengineering-Teams. Dieser betrifft zum einen Aspekte des Prozeßdesigns (Methodik), zum anderen Fragen, die bei der Gestaltung von Veränderungsprozessen auftreten (Change Management, vgl. Doppler/Lauterburg 1994).

Mit der Abkehr vom Taylorimus und der Hinwendung zu teamorientierten sowie selbstorganisierten Arbeitsformen ist das Business Reengineering potentiell ein humanzentrierter Ansatz, der sich von technokratischen Managementkonzepten durch seine Anerkennung der Rolle des Menschen im Unternehmen grundsätzlich unterscheidet, sofern er dem Leitbild einer kooperativen Führung und selbstorganisierter Gruppenarbeit folgt. Unter diesen Voraussetzungen ist sein positives Menschenbild charakteristisch, das auf die Kreativität und die soziale wie fachliche Kompetenz der Mitarbeiter setzt.

Der hier praktizierte partnerschaftliche Umgang zwischen Management und Mitarbeitern verringert nicht nur die Kosten für ein umfangreiches Kontrollwesen, sondern fördert das individuelle Engagement und nutzt die bislang verschütteten Potentiale auch der Mitarbeiter, die in den unteren Rängen der betrieblichen Hierarchie tätig sind.

Führungskonzepte, die auf enggefaßten Vorgaben, Mißtrauen, Anordnung und Kontrolle aufgebaut und in letzter Konsequenz darauf ausgerichtet sind, über Angst um den Arbeitsplatz Einfluß auf Mitarbeiter auszuüben, um so die angestrebten Unternehmensziele zu verwirklichen (etwa das Management by objectives), haben in der Vergangenheit vielfach nicht das bewirkt, was sie zu erreichen beabsichtigten.

Eine Unternehmensphilosophie, wie sie im Kontext des Lean Management oder Reengineering gefragt ist, setzt hingegen auf einen Führungsstil, der viele der „klassischen" Führungsaufgaben, etwa Organisations- und Kontrollfunktionen, auf niedrigere Hierarchieebenen delegiert und unter der Zielsetzung „flache Hierarchie" darum bemüht ist, die Trennung zwischen Planung, Verwaltung und Controlling auf der einen und Produktion bzw. Dienstleistung auf der anderen Seite so weit wie möglich zurückzunehmen.

Was also vielmehr verlangt wird, ist eine Schlankheitskur des Managements selbst, verbunden mit einem Wandel der Führungsrolle. Verstärkt gefordert sind soziale Kompetenzen, die den Manager befähigen, Prozesse optimal zu strukturieren und die daraus gewonnenen Zielsetzungen gemeinsam mit den Mitarbeitern zu realisieren. Dabei kommt dem kooperativen Handeln ein besonderer Stellenwert zu, denn ohne ein seitens der Unternehmensleitung glaubwürdig vorgelebtes Verhaltensmodell des Managements hat die Vision der partizipativen, virtuellen Organisation mit kleinen, weitgehend autonomen Einheiten (etwa in Form von Gruppenarbeit) für die Belegschaft wenig Zugkraft. Wo Kundenorientierung, Qualitätsmanagement und Abbau von Verschwendung von der Unternehmensführung vorgelebt werden, Fehler nicht zum Anlaß der Kritik, sondern als Lernchance gesehen werden, wo auf Vorschläge der Mitarbeiter eingegangen und Hilfestellung beim Experimentieren mit Verbesserungsansätzen gegeben wird, entsteht hingegen ein Klima, in dem das für das Gelingen der betrieblichen Restrukturierung und Reorganisation wichtige wechselseitige Vertrauen zwischen Führungskräften und Untergebenen gedeihen kann. Vor diesem Hintergrund artikuliert sich zugleich ein Qualifikationsbedarf von Führungskräften, der ihrem Rollenwandel entspringt (vgl. Schmidt 1991, 429). Waren es Führungskräfte in der Vergangenheit gewohnt, ihre Ziele entweder autoritär zu verfolgen (dem Manager kam hier allein die Fähigkeit und Kompetenz zu, über die Geschicke des Unternehmens zu bestimmen und entsprechende Maßnahmen einzuleiten) oder als Vordenker auf den Weg zu bringen (auch hier plante der Manager allein und versuchte anschließend mit aller Kraft, die Mitarbeiter für seine Ziele und Entscheidungen zu überzeugen), so sehen sich die Führungskräfte im Unternehmen der Zukunft vor die Aufgabe gestellt, als Coach die Voraussetzungen dafür zu schaffen, daß ihre Mitarbeiter Bestleistungen erbringen können (d.h., daß sie sich mit den Zielen des Unternehmens identifizieren und alles daran setzen, diese mit zu verwirklichen).

Bei der Erfüllung dieser Aufgaben geraten Vorgesetzte immer häufiger in die Rolle des Projektleiters oder Moderators. Da mit der Einführung innovativer Organisationsstrukturen die Auflösung zentraler und der Aufbau dezentraler Strukturen in Form von Wertschöpfungsbereichen, Profitcentern und Business Units einhergeht, sind auch bei Führungskräften zunehmend Initiative, Flexibilität und vor allem Teamfähigkeit gefordert. Insbesondere Führungskräfte, die über die sogenannte „Ochsentour" in ihre Position gelangten, tun sich – wie die Erfahrung in der Praxis zeigt – mit den neuen Anforderungen häufig sehr schwer. So macht es ihnen mitunter Schwierigkeiten, das für die eigene Karriere bislang erfolgreiche Verhalten zugunsten anderer betrieblicher Leitziele zu ändern. An diesem Punkt nun sind Personalentwickler und Berater gefragt.

Zum einen sind mit Blick auf die neuen betrieblichen Leitziele – wie ganzheitliches Denken in Prozessen, externe wie interne Kundenorientierung, Teamorientierung und kontinuierliche Verbesserung – bestehende Defizite aufzudecken, etwa mittels dialogischer Verfahren der Bildungsbedarfsanalyse (Müller/Stürzl 1992), zum anderen sind speziell zugeschnittene Maßnahmen einer gezielten Fortbildung aller Führungsebenen und aller Unternehmensbereiche im Rahmen der betrieblichen Umgestaltung möglichst praxisnah anzuregen, z.B. in Form von Lenkungsausschüssen, Projektgruppen, Seminaren zum Führungsverhalten, Workshops zum Total-Quality-Management, zur Gestaltung des kontinuierlichen Verbesserungsprozesses etc. Und schließlich ist der Erfolg dieser Maßnahmen zusammen mit der Entwicklung des Unternehmens selbst laufend zu evaluieren, um den Führungskräften ein Feedback zu ihrem eigenen Veränderungsprozeß auf dem Weg in die „lernende Organisation" zu geben.

4.4 Ganzheitliche Aufgaben schaffen für Teams

Die fraktale Fabrik (Warnecke 1993) gilt als deutsche Antwort auf das Lean Management. In ihr sind Selbstorganisation und eine Verantwortlichkeit für ganzheitliche Prozesse bis hinunter in die Fertigung realisiert. Die fraktale Fabrik erfüllt zugleich weitgehend die Anforderungen an die Arbeitsorganisation, wie sie auch von Hammer und Champy empfohlen werden. Anstatt alles zentral zu planen, zu steuern und zu kontrollieren, werden kleine Einheiten zu sogenannten Fraktalen auf der Basis von Gruppenarbeit zusammengeschlossen, die wie eine Fabrik in der Fabrik tätig sind. Hier können die Mitarbeiter selbst in Teamverantwortung entscheiden, wie sie Produktionsmittel einsetzen, wann und wie sie arbeiten, können das monatliche Budget für Werkzeugkosten, Reparaturen, Instandhaltung verwalten etc. Wie das „Fraktal" mit solchen Entscheidungen umgeht, bleibt ihm überlassen.

Den im Kontext der neugebildeten Geschäftseinheiten (Fraktale/Segmente/Wertschöpfungsbereiche) entstehenden Arbeitsgruppen werden jeweils möglichst ganzheitliche Aufgaben übertragen.

Diese Arbeitsgruppen bilden die Glieder der neuen Prozeßkette innerhalb der Geschäftseinheit. Sie sind von ihrer Mitgliederzahl her übersichtlich und erledigen ihre Arbeit selbstorganisiert. Die Zusammensetzung dieser Gruppen kann – je nach betrieblichen Voraussetzungen – über die Zeit gleich bleiben oder auch wechseln.

Die Aufgaben der Geschäftsprozeßleitung werden so weit wie möglich bis hinunter in diese Arbeitsgruppen delegiert. Die Rolle der Führungskräfte innerhalb der neugebildeten strategischen Einheiten beschränkt sich auf die Koordination sowie auf die Erbringung von Dienstleistungen, die es diesen Teams ermöglichen, produktiv zu arbeiten und einen kontinuierlichen Verbesserungsprozeß in ihrem Arbeitsbereich aufrechtzuerhalten.

Daher sollten reorganisierte Unternehmen intern so wenig formale Grenzen und Schnittstellen wie möglich aufweisen, damit Informationen schnell und ungefiltert weitergegeben und ein ungestörter Produktionsfluß durch das Gesamtunternehmen verwirklicht werden kann.

Dieses neue Organisationsmodell hat der Industrie zu deutlich höherer Produktivität verholfen und gleichzeitig zu einer Verbesserung von Betriebsklima und Unternehmenskultur beigetragen. Im Kontext des Reengineering werden zunächst die Fraktale/Segmente/Wertschöpfungsbereiche aufgebaut und modelliert, bevor die laufenden Prozesse innerhalb der neuen Geschäftseinheiten optimiert bzw. restrukturiert werden, sich Teams bilden lassen und KVP-Prozesse initiiert werden können. Auf diese Weise werden die neuen Organisationsstrukturen um die elementaren Geschäftsprozesse herum aufgebaut.

Um Leerzeiten wie Übergabe- und Liegezeiten zu vermeiden sowie die betriebliche Kommunikation innerhalb der Abläufe zu beschleunigen, werden die Aufgaben, die zur Abwicklung eines Geschäftsprozesses notwendig sind, möglichst vollständig auf Arbeitsgruppen übertragen, die diese in Eigenverantwortung zu erfüllen haben. Hammer und Champy bezeichnen dieses Prinzip als sogenanntes „caseworking", die Arbeitsgruppen entsprechend als „case teams", die sowohl als dauerhafte Einrichtungen als auch als virtuelle, zeitlich und auf eine bestimmte Aufgabe beschränkte Projektteams konzipiert sein können.

Wo der Arbeitsanfall sinnvollerweise nur von einer Person erledigt werden kann, werden anstelle der Gruppe Mitarbeiter eingesetzt, die die ihnen zugewiesenen Geschäftsabläufe komplett bearbeiten („case worker").

Maßstab für die Beurteilung der Effektivität von Mitarbeitern etwa in der Verwaltung darf so nicht mehr sein, wie viele Vorgänge pro Tag bearbeitet werden. Selbst wenn dies im Einzelfall mehrere Dutzend sind, müssen die durch die Arbeitszergliederung hervorgerufenen Konsequenzen für den Gesamtvorgang in die Effizienzbeurteilung mit einbezogen werden. So kommt es immer wieder vor, daß an der Bearbeitung solcher Vorgänge eine ganze Reihe von Stellen beteiligt sind und sich kundenfeindliche Durchlaufzeiten von bis zu mehreren Monaten ergeben, mit zum Teil nachhaltig negativen Auswirkungen auf die Wettbewerbsfähigkeit.

Gleichzeitig führt eine solche Beschränkung der Arbeitstätigkeit auf einzelne Operationen zur Entfremdung des Mitarbeiters von seiner Arbeit. Das „Endprodukt“ seines Schaffens gerät aus dem Blick, und es erlischt jegliches Interesse an einer Mitverantwortung für die Gesamtleistung, ebenso wie jegliche Motivation in Richtung auf eine kontinuierliche Verbesserung der Ergebnisse auf der Strecke bleibt und lediglich als Versuch der Unternehmensleitung interpretiert wird, den Unternehmensgewinn zu steigern.

Die Neugestaltung der Abläufe muß daher mehr sein als nur die Verschlankung und Straffung bestehender Arbeitsgänge. Die Strukturierung der Arbeit nach dem Prinzip der Ganzheitlichkeit zielt zugleich darauf, die Identifikation des Mitarbeiters mit dem Gesamtprozeß wiederherzustellen und ihn über diesen Weg zum Mitdenker im Bestreben um eine höhere Effizienz und Qualität zu machen.

Dies bedeutet für die Mitarbeiter einerseits ein höheres Maß an Unabhängigkeit, verlangt jedoch gleichzeitig ein stärkeres Maß an Engagement, Kompetenz und Verantwortung. Dieses entwickelt sich jedoch mit den positiven Erfahrungen, die durch die neue Form der Arbeitsorganisation erschlossen werden, gewissermaßen von selbst und nebenbei.

Nach dem Umbau haben die meisten Mitarbeiter eine angereicherte, anspruchsvollere Tätigkeit als vor der Umstrukturierung. Wo der tägliche Arbeitsprozeß durch die wechselseitige Unterstützung eine stetige Qualifizierung durch das „learning-on-the-job“ verlangt, und neu erworbene Kenntnisse und Fertigkeiten auf der Basis von Rotation Anwendung finden, wo Berater gezielt den Entwicklungsprozeß der Arbeitsgruppen wie einzelner Gruppenmitglieder unterstützen, dort steigt das Selbstbewußtsein und Verantwortungsgefühl der Mitarbeiter. Gleichzeitig kann in der Regel eine gesteigerte Leistungsbereitschaft beobachtet werden.

Eine abwechslungsreiche Tätigkeit in der Gruppe, verbunden mit einer systematischen Rotation erhöht nicht nur die Attraktivität der Arbeit, sondern verringert auch einseitige Belastungen und kann so zudem gesundheitlichen Beeinträchtigungen vorbeugen. Dies schlägt sich positiv in einer Verringerung von Krankheitsstand und sinkenden Abwesenheitsraten nieder; dies kann im Zusammenhang mit der Einführung von Gruppenarbeit beobachtet werden.

Dadurch ergeben sich Vorteile auch für die Personaleinsatzplanung. Wo jeder den anderen ersetzen kann, ist die Abwesenheit von Gruppenmitgliedern aufgrund von Urlaub, Krankheit oder Fortbildung relativ einfach auszugleichen. Die gesteigerte Flexibilität der Gruppen ist ein entscheidender Vorteil, da sie eine hohe Leistungsfähigkeit gewährleistet.

Positive ökonomische Effekte von Gruppenarbeit, die sich im industriellen Bereich nachweisen lassen, ergeben sich aus den folgenden Faktoren:

- Verringerung der Durchlaufzeiten
- Höhere Auslastung von Anlagen und Maschinen
- Verringerung von Stillstandzeiten durch schnellere Beseitigung von Störungen
- Erkennen und Beseitigen von Mängelursachen
- Verbessertes Qualitätsniveau
- Reduzierter Krankheitsstand
- Verringerung von Nacharbeit und Ausschuß.

Wer diese Effekte erzielen will, darf Gruppenarbeit jedoch nicht als bloßes Verhaltensmanagement betrachten, als eine neue Form der Steuerung und Koordination der Gruppenmitglieder „von oben“.

Vielmehr sollte sich Gelegenheit zu einer kooperativen Abstimmung in der Gruppe selbst bieten, so daß die Neigungen und Interessen der verschiedenen Gruppenmitglieder je nach individuellen Fähigkeiten in den Entscheidungsprozeß einfließen können.

Ebenso ist darauf zu achten, daß die Gruppe nicht als schlichte Ansammlung von Individuen gesehen wird (dies wäre keine „Gruppe“!), sondern als kooperativer Verbund. Nur wo sich ein „Wir-Gefühl“ ausbilden kann, sind Gruppenverantwortung und Akzeptanz von Gruppenentscheidungen zu erwarten.

Daher sind alle Fragen der Zuweisung von Autorität, Planungs- und Entscheidungskompetenz für die Beteiligten transparent zu machen, damit keine unnötigen Unsicherheiten und Ängste entstehen, die die Arbeit der Gruppen belasten.

4.5 Der Werkzeugkasten der Prozeßteams und Arbeitsgruppen

Reorganisierte Unternehmen werden mit einer Vielzahl an (aus Sicht der Beteiligten) „neuen“ Werkzeugen gesteuert: Visualisierung, Moderation, Systemdenken, Kreativitätstechniken, NLP (Neurolinguistisches Programmieren), Konflikt- und Problemlösungsstrategien, Planspiele und Computersimulationen können, je nach Zuschnitt der Aufgaben und Arbeitsorganisation, als Standardwerkzeuge reorganisierter Prozesse und ihrer Bearbeitung eingesetzt werden. Dabei ist es nicht von Belang, ob es sich hier wirklich um innovative „Tools“ handelt oder um – wie z.B. der Metaplan-Koffer für die Moderation von Gruppenprozessen – bereits seit längerem existente Werkzeuge des Prozeßmanagements.

Entscheidend ist, daß sie handlungsnah auf das Aufgabenprofil der jeweiligen Akteure eingesetzt werden, sei es im Reengineering-Team (Prozeßteam, Projektteam, Projektgruppe), das den gesamten Reengineering-Prozeß gestaltet, sei es in den Arbeitsgruppen, die später die Arbeitsorganisation tragen.

Das Reengineering-Team, das die Segmentierung vornimmt und die neuen Prozesse modelliert, benötigt einen Werkzeugkasten, der alle Elemente beinhaltet, um betriebliche Probleme zu lösen. Dies sind neben Kommunikationstechniken (NLP z.B.) und Konfliktlösungsstrategien vor allem Instrumente der Ist-Analyse von bestehenden Prozeßabläufen (Bestandsaufnahme), Techniken der kreativen Restrukturierung betrieblicher Abläufe (Definition eines neuen Soll-Zustands), Methoden der Kostenreduktion, der Beschleunigung von Durchläufen und der Qualitätsverbesserung, der Moderation von Gruppendiskussionen, der Dokumentation von Entscheidungsprozessen (Kurzprotokolle) sowie Techniken des Projektmanagements (Visualisierung von Zusammenhängen, Aktionspläne).

Die Arbeitsgruppen – die später die reorganisierten Strukturen verwirklichen – wiederum müssen z.B. in der Lage sein, Ziele für ihre Arbeit zu formulieren, Zielparameter für ihre Arbeit zu bilden, klare Aufgabenbeschreibungen in ihrem Arbeitsbereich vorzunehmen, Qualifizierungspläne für die Gruppenmitglieder zu erarbeiten. Auch diese Dinge, die in Gruppengesprächen zu erarbeiten sind, erfordern Grundkenntnisse der Moderation, von Problemlösungsansätzen, des Umgangs mit Konflikten sowie des internen Gruppenmanagements mit Hilfe von Aktionsplänen und Techniken zur Dokumentation der Gruppenentwicklung.

Ebenso schließt der Werkzeugkasten der Arbeitsgruppen Elemente des Total-Quality-Managements sowie des kontinuierlichen Verbesserungsprozesses ein, die hier je nach Tätigkeitsprofil der jeweiligen Teams zum Tragen kommen.

Schließlich müssen Arbeitsgruppen auf sämtliche Tätigkeitselemente vorbereitet werden, die bei der Bildung ganzheitlicher Aufgabenbearbeitung für sie neu hinzukommen. Dies können – je nach konkreter Tätigkeit – ganz unterschiedliche Dinge aus allen möglichen Bereichen sein, etwa Fragen der Arbeitssicherheit, der Qualitätssicherung, der Wartung und Instandhaltung, der Materialbeschaffung oder der Kostenrechnung (Controlling).

Da Reengineering-Teams wie Arbeitsgruppen diese Elemente des Werkzeugkastens in der Regel von Haus aus nicht mitbringen, ist es die Aufgabe eines externen Beraters, diese durch speziell darauf abgestimmte Lernprozesse in Workshops und Seminaren beizusteuern und sie auf ihre neuen Aufgaben hin zu sensibilisieren und vorzubereiten. Dies geschieht a) auf der Ebene des Reengineering-Teams in der Klausur von einem oder mehreren eigens anberaumten Workshops sowie in einer begleitenden Teilnahme des Beraters an den regelmäßigen Sitzungen des Teams, und b) der Vorbereitung von Arbeitsgruppen durch 3- oder 4-tägige Seminare.

Exkurs: Die Arbeit des Beraters im Reengineering

Wo sich Unternehmen für ein radikales Reengineering entscheiden, bietet sich die zeitlich begrenzte Zusammenarbeit mit einem externen Berater an, und zwar an allen strategischen Punkten der Umgestaltung: bei der Projektgestaltung, der Prozeßanalyse, der Restrukturierung und der Reorganisation.

In allen damit zusammenhängenden Fragen können erfahrene Berater dem betrieblichen Reengineering-Team wichtige Impulse zur Gestaltung des Wandlungsprozesses geben, der top-down, also von der Unternehmensspitze ausgehend geplant werden muß. Hinweise zu den Gestaltungsprinzipien effektiver Wertschöpfungsketten, zu Chancen und Risiken radikaler Einschnitte in bestehende Strukturen anhand ähnlicher Vorhaben, Tips zur aktuellen Diskussion um das Thema „Reengineering" und zu innovativen Lösungsansätzen können den Verantwortlichen helfen, einen eigenen Weg zu finden, der für die Belange ihres Unternehmens abgestimmt ist.

Zudem ist der Berater ein wichtiger Ansprechpartner, sofern es um Fragen der Information, Vorbereitung und laufenden Betreuung der beteiligten Projektmitglieder wie auch der übrigen Mitarbeiter des Unternehmens geht. Besteht keine unternehmensinterne Personalentwicklung, die hier hilfreich zur Seite stehen kann, so ist der Berater in aller Regel auch derjenige, der alle notwendigen Workshops, Seminare, Beobachtungen und Befragungen selbst vornehmen muß oder von seinen Junior-Beratern und Trainern erledigen läßt.

Dazu gehören z.B. Workshops und Vorbereitungstrainings für das Reengineering-Team (Kick-off-Workshop, Teamtraining, auf Anfrage Beratung während der späteren Arbeitsphase in Fragen der Teamentwicklung), Coaching der neuen Führungskräfte (Workshops, Führungstraining, persönliche Beratung), nach Bedarf spezielle Workshops mit einzelnen Abteilungen, die schwierig in das neue Gesamtkonzept zu integrieren sind, sowie Vorbereitungstrainings für die einzurichtenden Arbeitsgruppen, Gruppensprechertrainings usw.

Wie auf vielen Feldern der Unternehmensberatung, so kann man auch beim Business Reengineering auf zwei unterschiedliche Berater-Typen treffen.

Die Arbeitsweise des ersten, konventionellen Typs von Unternehmensberater läßt sich etwa wie folgt skizzieren: Zusammen mit einem Senior-Berater schwirrt eine ganze Mannschaft von Trainern und Beratern aus in ein Unternehmen, ausgestattet mit Pinnwänden, braunen Packpapier-Rollen und Moderations-Koffern, um innerhalb von 4-6 Wochen oder drei Monaten für viel Geld zunächst einmal den Status Quo gegenwärtiger Prozeßabläufe aufzunehmen und zu analysieren, um danach in umfangreichen Papieren alternative Modelle der Prozeßabwicklung zu erarbeiten.

Zugleich schlagen sie als Erfolgsparameter einen Satz an Meßdaten vor, der erwarten läßt, daß die Evaluation des Reengineering sprunghafte Fortschritte dokumentiert. Sie leiten die Umstellungen ein, begleiten sie durch weitere Untersuchungen und fertigen einen Abschlußbericht an, mit dem ihre Beteiligung und Verantwortung endet. Unterstellt man durchaus den Erfolg der Maßnahme, so bleibt doch im konkreten Einzelfall zu klären, inwieweit ein solches Verfahren und der Einsatz derart massiver Beratungskompetenz überhaupt notwendig ist, um zu durchgreifenden Verbesserungen zu gelangen.

Sicher aber ist, daß diese Form der Unternehmensberatung eine Menge Geld verschlingt und für den Berater bzw. das Beratungsunternehmen einen festgelegten Endpunkt kennt, an dem das Projekt abgeschlossen ist, mit dem es sich (und seine Kompetenz) wieder aus dem Umstellungsunternehmen zurückzieht und sich neuen Klienten zuwendet.

Es ist unschwer zu erkennen, daß es sich hierbei um den klassischen Beratungsansatz handelt, der nach wie vor weit verbreitet ist. Ihm gegenübergestellt werden kann ein zweiter Typ von Unternehmensberatung, der mehr mit dem Grundgedanken zu tun hat, Organisationen auch für die Zukunft lernfähig zu machen. Hierbei ist vor allem Wert darauf zu legen, daß der Berater selbst im Sinne seines Beratungsansatzes handelt. D.h., er muß durch sein Vorbild und seine Vorgehensweise den betrieblichen Führungskräften ein Modell zeigen und vorleben, das sie wiederum im Betrieb innerhalb ihres Verantwortungsbereichs implementieren müssen. Der Berater ist zugleich Coach des internen Reengineering-Teams (Projektteams, Projektgruppe), also der betrieblichen Führungskräfte, die gemeinsam an der Restrukturierung der Prozesse arbeiten und die später in verantwortlicher Position die Reorganisation umsetzen müssen.

In Beratungsverhältnissen nach diesem Modell fallen nicht nur weit geringere Beratungskosten an, sondern es ermöglicht von Beginn an ein praktisches betriebliches Lernen auf dem Feld der Organisationsentwicklung.

Das Bestreben dieses prozeßorientierten Beraters ist es auch, sich in seiner ursprünglichen Funktion für das Unternehmen auf Dauer überflüssig zu machen, indem alle dafür notwendigen Kompetenzen im Betrieb aufgebaut werden.

Aus diesem Grunde nimmt der Berater, der nach dem zweiten Modell arbeitet, die bestehenden Prozesse (Ist-Analyse) immer gemeinsam mit ausgewählten Führungskräften des betreffenden Unternehmens auf; er läßt diese selbst entscheiden, wie sie die zukünftigen Abläufe gestalten möchten, und er steht ihnen dabei sowohl bei der Restrukturierung im Reengineering-Team als auch bei der Umsetzung vor Ort (Reorganisation) begleitend und beratend zur Verfügung.

Beide Beratungstypen unterscheiden sich damit grundlegend in der Arbeitsmethode. Der traditionelle Berater geht von der Grundvorstellung aus, daß sein fachliches Wissen beim Auftraggeber gefragt ist und daß er quasi als „Manager auf Zeit" dem Unternehmen mit aktivem Rat problemlösend zur Seite steht.

Der prozeßorientierte Berater hingegen geht von der Grundüberzeugung aus, daß die zur Lösung eines Problems bzw. einer Aufgabe notwendigen fachlichen Voraussetzungen beim ratsuchenden Unternehmen vorhanden sind, daß durchaus ein Bewußtsein dafür besteht, welche Probleme vor Ort existieren, und daß auch Vorstellungen darüber vorliegen, wie man es besser machen könnte. Ein prozeßorientierter Berater geht dabei von der Annahme aus, daß es jedoch an einem Modell fehlt, dieses Potential nutzbringend einzusetzen. Seine primäre Aufgabe besteht daher darin, mittels non-direktiver Verfahren einen Lernprozeß in Gang zu setzen und zu begleiten, der diese Lücke schließt.

Eingesetzt werden hier Instrumente aus den Bereichen der Moderationstechnik, der Kommunikationstechniken sowie der Problemlösungs- und Analysemethoden (Wie analysiere ich mein Umfeld? Welche Kriterien sind dabei zu beachten? Welche Hilfsmittel gibt es?). Zwar werden all diese Elemente vom Berater eingebracht, aber so, daß sie bereits innerhalb dieses Lernprozesses selbst von den Mitgliedern des Reengineering-Teams problembezogen angewendet werden.

Beim zweiten Verfahren gibt es allerdings immer wieder einen kritischen Punkt, wenn der Berater darauf insistiert, daß die Lösungsansätze vom Reengineering-Team selbst erarbeitet werden sollen. Hier wird nicht selten der Vorwurf laut, der Berater tue selbst ja so gut wie nichts, da er immer nur Fragen stelle (Wie ist der betreffende Geschäftsprozeß gestaltet? Wie soll er nach dem Wunsch der Projektgruppe in Zukunft gestaltet werden? Welche Ideen haben die einzelnen? Wie sollen wir vorgehen?

usw.), ohne selbst Antworten darauf zu liefern. Dann kommt es sehr stark auf das gruppendynamische Geschick des Beraters an, das darauf angelegt sein muß, den Teammitgliedern klar zu machen, daß sie selbst den Schlüssel zum Erfolg in der Hand haben. Nur unter der Voraussetzung, daß dies auch gelingt, wird der Berater auch als Prozeßbegleiter akzeptiert.

Solche Auseinandersetzungen stehen zumeist am Anfang des Beratungsprozesses und werden gespeist aus der Vorstellung, ein externer Berater sei jemand, der für die Projektmitglieder verschiedene Möglichkeiten aufzeigt und ihnen betriebsspezifische Lösungen erarbeitet. Eine solche Lehrer-Rolle, an die die Erwartung geknüpft ist, er wisse aufgrund seiner Kompetenz, wie man betriebliche Abläufe besser gestalten könne, darf der prozeßorientierte Berater jedoch auf keinen Fall einnehmen.

Daher ist in einem ersten Schritt ein Kontrakt anzubahnen, in dem die Aufgaben des Beraters und die Aufgaben der Teammitglieder sauber getrennt sind. Die Beraterrolle wird dabei nicht als Fachmann für technische Fragen, der weiß, wie es besser geht, sondern als Fachmann für Prozesse der Organisationsentwicklung beschrieben, der sich vor allem mit den zwischenmenschlichen Aspekten von Veränderungsprozessen befaßt (was selbstverständlich ebenso eine sachlich-inhaltliche Kompetenz voraussetzt!).

Für die betrieblichen Inhalte hingegen haben die Teammitglieder Verantwortung zu übernehmen, da sie nicht nur von der fachlich-technischen Seite her in aller Regel Spezialisten sind, sondern zudem noch die Bedingungen vor Ort genau kennen. Erst auf diesem Kontrakt-Fundament kann ein prozeßorientierter Berater die Projektgruppe alle inhaltlichen Entwicklungsschritte (Prozeßanalyse, Restrukturierungs- und Reorganisationsvorschläge) selbst erarbeiten lassen und mit ihnen Vor- und Nachteile diskutieren, bevor das Team eigene Entscheidungen und Optionen festlegt.

Ziel des Beraters muß es in diesem Kontext sein, die soziale Kompetenz des Reengineering-Teams zu erhöhen. Dies geschieht auf verschiedenen Ebenen: So sollte zunächst die Bereitschaft erzeugt werden, offen über alle relevanten Dinge zu reden. Ebenso ist zu vereinbaren, wie im Team mit Konflikten umgegangen werden soll, und es sind Leitlinien zu vereinbaren, wie der kommunikative Umgang miteinander im Team gestaltet sein sollte. Dies alles ist nicht zuletzt deshalb von großer Bedeutung, da Reengineering-Teams erfahrungsgemäß einem hohen Erwartungsdruck und vielen internen Konflikten ausgesetzt sind, die jedes Projektteam im Laufe der Zeit nahezu zwangsläufig bewältigen muß.

Voraussetzung für das Gelingen eines prozeßorientierten Beratungsprozesses ist es zugleich aber auch, daß der Vorstand von der Arbeitsweise des Beraters überzeugt ist. D.h. für den Berater nicht zuletzt, bereits beim Akquisitionsgespräch im Hause des potentiellen Auftraggebers auf das eigene Verständnis von Organisationsentwicklung und auf Perspektiven einer erfolgreichen Projektgestaltung aufmerksam zu machen. Dieses schließt auch die Forderung einer aktiven Unterstützung des Reengineering-Projektes seitens des Vorstands ein, der hier einen wichtigen Part zu übernehmen hat und sich bereiterklären sollte, die Arbeit des Reengineering-Teams und des Beraters mit einem erheblichen Anteil seines eigenen Zeitbudgets zu unterstützen.

Verlangt der Vorstand des betreffenden Unternehmens jedoch einen Partner, der ihm Rezepte zur Umstellung seiner Organisation frei Haus liefert, macht die Zusammenarbeit mit einem prozeßorientierten Berater keinen Sinn.

Läßt sich der Vorstand im Anschluß an ein solches Gespräch jedoch auf einen offenen Lernprozeß des eigenen Unternehmens ein und akzeptiert die Rolle, die der Berater in diesem Kontext spielen kann, so ist eine erste Hürde auf dem Weg zur Lernenden Organisation genommen.

Auf diesem Weg werden die Mitglieder des Reengineering-Teams im Laufe des Projektes immer selbständiger und unabhängiger, so daß sich der Berater sukzessive aus dem Geschehen im Projektteam zurückziehen kann und nur noch auf Anfrage hinzugerufen werden muß, etwa wenn eine neue Phase des Projektes zu planen ist, wenn laufende Aktivitäten einmal „klemmen“ und das Team nicht weiter kommt oder wenn Schwierigkeiten in der Umsetzung des Projektes entstehen (z.B., wo einzelne Mitarbeiter sich hartnäckig weigern, sich in eine Arbeitsgruppe einzufügen).

Soll der so geplante Wandel auf Dauer Früchte tragen, sind erfahrungsgemäß auch tiefgreifende Veränderungen in der Unternehmenskultur notwendig. D.h., der nach den Entscheidungen im Reengineering-Team top-down geplanten Phase der Restrukturierung muß eine Phase der Reorganisation folgen, die nach dem Leitbild von bottom-up-Prozessen zu gestalten ist und ebenfalls vom Berater begleitet wird. Eine solche aktive Mitarbeit bei der Implementierung führt in der Regel dazu, daß die Zusammenarbeit mit dem Berater längerfristig anzulegen ist und daß dies Kontakte auf allen Ebenen – vom Topmanagement bis hin zum Facharbeiter – erfordert.

Nicht zuletzt aus diesem Grunde sollte der Berater bei einem Reengineering-Projekt sorgfältig ausgewählt werden, und es sollten Kriterien für den Beratungserfolg vereinbart werden. Diese können sich auf leicht quantifizierbare Größen wie Fluktuation, Fehl- und Durchlaufzeiten, Fertigungskosten oder Wertschöpfungstiefe beziehen, aber auch auf weiche Faktoren wie die Veränderung des Betriebsklimas, die Arbeitszufriedenheit usw. Ebenso ist zu klären, welche Aufgaben der Berater selbst persönlich übernimmt, welche er seinen eigenen Consultants übertragen kann und welche von den Mitarbeitern des beratenen Unternehmens übernommen werden. An solchen Fragen zeigt sich auch, ob Auftraggeber und potentieller Berater auf einer gemeinsamen Wellenlänge liegen, ob sie eine gemeinsame Vision und Philosophie vertreten, die für das Gelingen eines Reengineering-Projektes von nicht zu unterschätzender Bedeutung sind. Weitere Kriterien, die zur Auswahl eines Reengineering-Beraters herangezogen werden können, sind – neben seinen bisherigen Erfolgen (Referenzprojekte) und finanziellen Vorstellungen – Fragen der Nachbetreuung. Sie beziehen sich darauf, wie die

Beziehung zwischen Auftraggeber und Berater gestaltet sein soll, wenn das Reengineering-Projekt selbst beendet ist (hier bietet sich etwa eine Fortführung der Arbeit auf dem Feld der kontinuierlichen Verbesserung oder des Total-Quality-Management an).

10 Kriterien für die Auswahl eines externen Reengineering-Beraters

1. Auf welche Referenzprojekte kann der Berater verweisen?
2. Welches methodische Vorgehen empfiehlt der Berater (klassisch oder prozeßorientiert)?
3. Existiert eine für beide Seiten verpflichtende Vision bzw. gemeinsame Zielvorstellung?
4. Wird das Projekt vom Berater selbst durchgeführt oder von anderen Consultants (Name des Projektleiters und Anzahl der anderen Consultants)?
5. Welche Aufgaben übernimmt der Berater, welche werden von seinen Consultants bzw. Trainern durchgeführt?
6. Wie weit werden die Mitarbeiter des beratenen Unternehmens mit einbezogen?
7. Bietet der Berater zur Messung des Fortschritts bestimmte Indikatoren an?
8. Wie weit beteiligt sich der Berater an der Evaluation und Nachbetreuung des Projektes?
9. Passen Unternehmenskultur und Berater zusammen (stimmt die „Chemie“)?
10. Welche Kosten entstehen durch die Beratung?

5
Wertschöpfungskette neugestalten – Prozeßorientierung als Schlüssel

Lean Production und Lean Management, insbesondere aber das Business Reengineering haben gezeigt, daß der für den Kunden erzeugte Wert ohne Zweifel der Schlüssel zum Unternehmenserfolg ist. Zu diesem Wert führen jedoch nicht zwangsläufig sämtliche Leistungs- und Entwicklungsprozesse, die ein Unternehmen organisiert. Entscheidend sind allein diejenigen Aktivitäten, die das Unternehmen an das Kundeninteresse koppeln. Der Rest ist unnötige Leistung, Blindleistung, Verschwendung, oder anders gesprochen: Wertvernichtung.

Daher kommt der konkreten Gestalt betrieblicher Abläufe und Vorgänge mit dem Ziel, diese allein auf wertschöpfende Prozesse zu beschränken, eine essentielle Bedeutung zu. So geht es dem Business Reengineering weniger um einen neuen Werkzeugkasten des modernen Managers oder neue Instrumente des Managements, sondern vielmehr um strukturelle Veränderungen: die Ablösung der hierarchischen und funktionalen Organisation hin zur Ausrichtung auf die Kernprozesse der Wertschöpfung.

Business Reengineering zielt darauf, die Wertschöpfungskette zu optimieren bzw. neu zu gestalten, indem sämtliche Geschäftsprozesse zunächst einmal von Grund auf in Frage gestellt werden. Um dramatische Verbesserungen in Quantensprüngen zu erzielen, ist dies notwendig, da ansonsten eine radikale Reorganisation und Neugestaltung der Wertschöpfungskette oder aber eines Wertschöpfungsbereiches nicht zu erreichen ist.

Anders als dies bei den meisten TQM-Initiativen der Fall ist, hält sich das Business Reengineering nicht an die Gestalt der bis dahin im

Unternehmen üblichen Abläufe und Prozesse, sondern geht gerade an diesem Punkt radikaler vor. Reengineering-Projekte fragen: „Warum und wozu machen wir das überhaupt, was wir tun?“ anstelle von: „Wie lassen sich bestehende Strukturen optimieren?“

Nachdem die westlichen Industrienationen in den vergangenen Jahren etwas hilflos in Richtung Japan geschaut haben, ist mit dem Business Reengineering und seinem Übergang von der funktionalen zur prozeßorientierten Organisation ein Durchbruch erreicht, der in der wirtschaftswissenschaftlichen Diskussion mit einem „Paradigmenwechsel“, d.h. mit einem grundsätzlichen Wechsel in der Betrachtungsweise betrieblicher Strukturen verglichen werden kann. Im Zentrum dieses Perspektivwechsels steht der Begriff des Prozesses und seines Managements. „Prozeßmanagement ist radikales funktions- und hierarchieübergreifendes Denken und Handeln aller Führungskräfte und Mitarbeiter und zielt auf die Neugestaltung der Geschäftsprozesse, mit denen die Kosten entscheidend gesenkt, der Service wesentlich verbessert und/oder die Durchlaufzeiten signifikant verkürzt werden können“ (Hinterhuber 1994, 59).

Dieses Prozeßmanagement, anders als traditionelle Managementansätze nicht vertikal an den hierarchischen Strukturen des Unternehmens ausgerichtet, sondern horizontal am Ablauf der Geschäftsprozesse orientiert, bildet den eigentlichen Kern des Business Reengineering. „Man versteht darunter eine kundenorientierte Führungsanstrengung, um Durchbrüche in der Leistung funktionsübergreifender Geschäftsprozesse zu erzielen. Ein Geschäftsprozeß ist eine Gesamtheit von integrierten Tätigkeiten, mit denen ein Produkt hervorgebracht oder eine Dienstleistung bereitgestellt werden, die

- die Zufriedenheit und die Wettbewerbsfähigkeit der externen Kunden erhöhen,
- die Arbeit der internen Kunden erleichtern und in ihrer Effizienz steigern,
- einen meßbaren In- und Output haben,

- Wert hinzufügen,
- wiederholbar sind, und
- in den Verantwortungsbereich einer Führungskraft fallen, die ein interdisziplinäres und mit Entscheidungsbefugnis ausgestattetes Team koordiniert und führt" (Hinterhuber 1994, 61).

So weit der Versuch einer wissenschaftlichen Skizzierung dessen, was unter dem Begriff „Business Reengineering" und „Prozeßmanagement" zu verstehen ist. Entsprechend diesen Grundprämissen des Ansatzes (Fokussierung auf die Wertschöpfungskette bei konsequenter Kundenorientierung) gilt das Interesse den betrieblichen Abläufen und Leistungen, wie sie sich aus der Sicht des Kunden darstellen. Aus dieser Perspektive nach dem „Warum" und dem „Wozu" zu fragen, bedeutet, alle Routinen zur Disposition zu stellen, und, wo notwendig, von Grund auf neu zu gestalten, um Kundenanforderungen ohne jede Verschwendung erfüllen zu können.

Wichtig ist in diesem Zusammenhang der Einbezug des Vertriebs, der für das Unternehmen die direkte Schnittstelle zum Kunden darstellt. Hier lassen sich nicht nur Kundenerwartungen und Kundenzufriedenheit im unmittelbaren Kontakt ermitteln, sondern an dieser Stelle wird zugleich nachvollziehbar, welchen Erfolg das Reengineering auf seiten der Kundschaft hat.

5.1 Prozeßanalysen und reorganisierte Wertschöpfungsketten

Ausgangspunkt aller Reengineering-Überlegungen ist damit die Frage, welche Abläufe bzw. Geschäftsprozesse einen Nutzen für den Kunden erzeugen und welche lediglich den Preis der Leistung bzw. des Produktes verteuern oder aber den Ertrag des Unternehmens selbst schmälern. Erfaßt und eliminiert werden sollen sämtliche kritischen Elemente der betrieblichen Wertschöpfungskette, die aus der Sicht des Kunden überflüssig sind und eine Verschwendung von Ressourcen aller Art darstellen.

Dabei müssen Unternehmen sich ehrgeizige Ziele setzen, um wirkliche Strukturveränderungen zu erzielen. Vorgaben dieser Art könnten etwa sein: Verkürzung der Durchlaufzeit um 70 Prozent, Kosteneinsparungen in Höhe von 40 Prozent, eine Erhöhung des Marktanteils um 25 Prozent usw.

In diesem Zusammenhang ist es wichtig, daß das Unternehmen dabei als Ganzes in den Blick gerät, und daß nicht einzelne Bereiche, Abteilungen, Abläufe oder Aktivitäten isoliert betrachtet werden. Denn wie wir bereits gesehen haben, sind zusammenhanglose Einzelaktionen ohne klare strategische Zielausrichtung der wohl wichtigste Grund dafür, daß derzeit noch viele Restrukturierungsprogramme scheitern.

Eine weitere Ursache unbefriedigender Ergebnisse besteht darin, daß das Denken westlicher Manager nach wie vor mehr auf schnelle Erfolge als auf dauerhafte Verbesserungen ausgerichtet ist und daß vielfach ein zu hoher Zeitdruck erzeugt wird, mit der Konsequenz, daß das Reengineering zu oberflächlich bleibt und nicht breit genug angelegt ist.

Wie eine Studie der McKinsey-Berater Hall, Rosenthal und Wade (1994) zeigt, sind aber gerade die beiden Faktoren (a) Breite und (b) Tiefe der Veränderungen entscheidend dafür, ob sich kurzfristige Prozeßverbesserungen in dauerhafte Resultate ummünzen lassen.

Eine zu enge Begrenzung des Reengineering, etwa in Form der Neuregelung einzelner Vorgänge, bringt keinen entscheidenden Vorteil für das Ganze und erzielt ähnlich geringe Effekte wie isolierte Verbesserungsmaßnahmen. Zu breit angelegte Umgestaltungsprogramme, die sich im Extremfall unter dem Motto „alles auf einmal" auf das gesamte Unternehmen beziehen, bringen den Untersuchungsergebnissen zufolge ebensowenig, da sie meist zu unspezifisch ausgerichtet und damit ziellos sind.

Gerade aber die Ziele sollten in Reengineering-Projekten explizit geklärt sein. Daher schlagen Hall u.a. vor, zunächst die zwei oder drei bedeutsamsten Elemente für den Kundenwert der eigenen Produkte/ Dienstleistungen (und damit zugleich die wesentlichen Faktoren für einen möglichen Wettbewerbsvorteil) zu bestimmen. Danach ist zu analysieren, in welchen Unternehmensprozessen die Leistungen hinter den Erwartungen der Kunden zurückbleiben. Schließlich sind alle Tätigkeiten zusammenzustellen, die zu diesen Prozessen gehören, um das Feld zu markieren, dessen Umgestaltung in Angriff genommen werden soll.

Gleichzeitig ist auf eine ausreichende Tiefe des Reengineerings zu achten, wobei die für die Zukunft angestrebten Rollen und Pflichten von Führungskräften und Mitarbeitern, die Leistungsmaßstäbe und -anreize, die neue Organisationsform der betreffenden Unternehmensprozesse, die einzusetzende Informationstechnik sowie die geforderten gemeinsamen Wertorientierungen und Qualifikationen grundlegend überdacht werden müssen. Dazu ist ein unvoreingenommenes Herangehen aller Beteiligten nötig, ebenso wie die Unternehmensleitung voll hinter dem Reengineering stehen muß. Denn ein Unternehmen bei laufendem Geschäft grundlegend umzugestalten ist ohnehin mit vielen Schwierigkeiten behaftet, und wenn die Unternehmensspitze dem Projekt nicht die höchste Priorität zumißt, die Projektleitung und Projektverantwortung auf Mitarbeiter der dritten oder vierten Hierarchiestufe übertragen wird, stehen die Chancen für ein erfolgreiches Reengineering schlecht.

Beim Business Reengineering ist Neuerfindung statt Tradition gefragt. Neuerfindung heißt, Prozesse so zu konstruieren, daß sie neuen Regeln gehorchen, Regeln, die unter Umständen auch einen Bruch mit dem bisherigen Selbstverständnis darstellen können.

Die Grundlage solcher Neuerfindungen bildet die Prozeßanalyse.

Jedes Unternehmen besteht aus einer mehr oder minder großen Anzahl von Prozessen, d.h. Verkettungen von Aktivitäten, die zur Herstellung einer Ware oder einer Dienstleistung für den Kunden führen. Diese Prozesse bilden den eigentlichen Kern des Unternehmens, gewissermaßen die Grundsubstanz dessen, was Unternehmen tun.

Im Rahmen einer Analyse der Unternehmensprozesse ist es sinnvoll, die Geschäftsprozesse (das, was ein Unternehmen tut) in Kernprozesse (Primärprozesse) und unterstützende Nebenprozesse (Sekundärprozesse) zu unterscheiden. Unter „Kernprozessen" lassen sich dabei alle Aktivitäten verstehen, die unmittelbar der Befriedigung des Kundenbedürfnisses dienen, also etwa die Einführung neuer Produkte, die Abwicklung bestehender Aufträge oder die innerbetriebliche Logistik (Austausch von Vor- und Zwischenprodukten). Dies sind zugleich die Prozesse, die die neue Wertschöpfungskette eines Unternehmens bilden. Alle anderen Prozesse hingegen haben lediglich einen unterstützenden Charakter.

Doch wie lassen sich derart allgemeine Überlegungen strategischer Provenienz in praktisches Handeln ummünzen?

Zu dieser Frage liegen zwei interessante Studien von Scholz (1993) und Gaitanides u.a. (1994) vor, die sich mit der betriebswirtschaftlichen und industriesoziologischen Literatur zu den Themen „Geschäftsprozeßoptimierung" und „Prozeßmanagement" befassen. Diskutiert wird darin u.a. das Problem, wie sich betriebliche Leistungsvollzüge als Geschäftsprozesse aus- und abgrenzen lassen, welche Ansätze und Zugangswege hier bislang existieren und in welche Richtung sie weiterentwickelt werden können.

Ausgangspunkt aller Überlegungen ist dabei die Tatsache, daß ein Unternehmen aus einer fast unüberschaubaren Vielzahl von Prozessen besteht, die entweder im Unternehmen selbst benötigte Dienstleistungen bzw. materielle Güter zur Verfügung stellen oder aber von außen nachgefragte Dienstleistungen bzw. Produkte bereitstellen.

Um organisatorische Gestaltungsmaßnahmen im Sinne des Business Reengineering einzuleiten, ist es notwendig, zunächst aus dieser Vielzahl betrieblicher Prozesse solche „Geschäftsprozesse" bzw. Kernprozesse auszuwählen, die für das Betriebsergebnis eine herausragende Rolle spielen, um diese im Anschluß daran präzise von den anderen abzugrenzen und schließlich detailliert zu untersuchen (Scholz 1993, 83). Die Auswahl solcher Prozesse kann nun jedoch nicht, wie bereits Hall, Rosenthal und Wade (1994) gezeigt haben, kriterienlos erfolgen. Sie bedarf angesichts ihrer strategischen Schlüsselrolle vielmehr einer eindeutigen Begründung anhand ausgewiesener Argumente.

Der erste Schritt zum Entwurf eines prozeßorientierten Unternehmensmodells ist also die Reduzierung der Prozeßanzahl auf einige wenige Geschäftsprozesse, die den „Charakter" einer Unternehmung wiedergeben sollen, und zwar im Hinblick auf ihre Wettbewerbsfähigkeit. „Dazu werden wesentliche Aktivitäten bestimmt, die in ihrem Zusammenwirken wichtige Wertschöpfungsketten eines Unternehmens bilden, wie z.B. Auftragsabwicklung, Produktentwicklung, Produktfertigung" (Scholz 1993, 84). Als Bezugsrahmen für diesen Schritt wird eine Analyse der „kritischen Erfolgsfaktoren" sowie der Wertschöpfungskette vorgeschlagen, so daß das dabei gewonnene modelltheoretische Abbild des Unternehmens sich auf eine Darstellung der potentiellen Erfolgsfaktoren und Kernprozesse beschränkt.

Wie viele solcher Kernprozesse in einem Unternehmen existieren und welche dies im einzelnen sind, darüber gibt es verschiedene Meinungen.

Einerseits wird die Auffassung vertreten, jedes Unternehmen besitze spezifisch zugeschnittene Prozesse und sei als solches einzigartig, so daß eine situative Identifikation und Aufnahme der Kernprozesse vor Ort, zusammen mit erfahrenen Führungskräften oder Mitarbeiterteams (etwa Qualitätszirkeln), notwendig ist (Haist/Fromm 1989). Bei diesem Zugangsweg stehen Methoden wie das Benchmarking und der Vergleich mit der Konkurrenz, zusammen mit der Intuition der betrieblichen Führungskräfte, im Vordergrund. Gesucht werden erfolgskritische Engpässe. Anschließend werden die ihnen zugehörigen Prozesse identifiziert und ausgegrenzt, der umzugestaltende Kernprozeß benannt und seine Restrukturierung eingeleitet.

Dem steht die Hypothese gegenüber, daß es eine feste Anzahl typischer Geschäftsprozesse gibt, die in allen Unternehmen ähnlich sind (Sommerlatte/Wedekind 1991). Am Beispiel von IBM Deutschland haben Haist und Fromm neun Prozesse mit einer jeweils unterschiedlichen Anzahl an unterstützenden Teilprozessen identifiziert, um daran exemplarisch zu zeigen, wie ein Gesamtsystem von Geschäftsprozessen aussehen kann.

Kernprozesse	Subprozesse/Teilprozesse
Unternehmensplanung	• Strategische Planung • Taktische Planung • Operative Planung
Vertrieb	• Marktforschung • Produktplanung • Produkteinführung • Produktwerbung • Kundendienst
Produktion	• Fertigungsplanung • Fertigungssteuerung • Fertigung
Kundenauftrag/ Auftragsbearbeitung	• Angebot • Auftragseingang • Auftragsverwaltung • Produktbereitstellung • Installation • Rechnungsschreibung • Forderungseinzug
Finanzen	• Investition • Kostenplanung/ -kontrolle • Einkauf • Rechnungswesen • Liegenschaften
Technischer Außendienst	• Installation • Wartung • Ersatzteillagerung

Personalwesen	• Personalplanung • Personalsteuerung • Personalentwicklung • Ausbildung • Gehaltsabrechnung
Informationssysteme	• Service • Entwicklung • Beratung
Recht	• Arbeitsrecht • Vertragsrecht

Abb.: Exemplarisches Gesamtsystem von Geschäftsprozessen (nach Haist/Fromm 1989, 131)

Die Hypothese, daß es eine Anzahl typischer Geschäftsprozesse gibt, die in allen Unternehmen vorkommen, gewinnt in den letzten Jahren mehr und mehr Anhänger. So haben etwa Sommerlatte und Wedekind (1991) neun grundlegende Prozesse in einem Unternehmen identifiziert, die jeweils unternehmens- und branchenspezifisch zu präzisieren sind:

1. der Kundennutzen-Optimierungs-Prozeß,
2. der Marktkommunikations-Prozeß,
3. der Produkt- und Leistungsbereitstellungsprozeß,
4. der Logistik- und Service-Prozeß,
5. der Auftragsabwicklungsprozeß,
6. der Rentabilitäts- und Liquiditätssicherungs-Prozeß,
7. der Kapazitätssicherungs-Prozeß,
8. der Strategieplanungs- und Umsetzungs-Prozeß,
9. der Personalplanungs- und Motivations-Prozeß.

Die Festlegung, was genau der Inhalt eines solchen Prozesses ist, läßt sich auch nach Sommerlatte und Wedekind nur anhand der situativen

Gegebenheiten im jeweiligen Unternehmen treffen. Dies betrifft vor allem die Frage, welche Sub- oder Teilprozesse im Einzelfall zu berücksichtigen sind. Ebenso räumen sie ein, daß die Gewichtung der einzelnen Prozesse je nach Unternehmen sehr unterschiedlich sein kann.

Unabhängig davon beinhaltet der Kundennutzen-Optimierungsprozeß sämtliche Aktivitäten, die erforderlich sind, um ein neues Produkt zu entwickeln und zur Marktreife zu bringen. Im Marktkommunikations-Prozeß werden sämtliche Aktivitäten zusammengefaßt, die notwendig sind, um ein Produkt abzusetzen. Der Produkt- bzw. Leistungsbereitstellungsprozeß umfaßt die Aktivitäten der Fertigung, der Logistik- und Service-Prozeß ist zuständig für alle Schritte des innerbetrieblichen Austausches an Vor- und Zwischenprodukten sowie für den externen Kundendienst. Der Auftragsabwicklungs-Prozeß beinhaltet alle Aktivitäten, die auf die Befriedigung von Kundenaufträgen gerichtet sind – vom Angebot bis zum Zahlungseingang. Der Rentabilitäts- und Liquiditätssicherungs-Prozeß umfaßt sämtliche Aktivitäten, die notwendig sind, Rohstoffe zu kaufen, das Personal zu bezahlen, Investitionen zu tätigen, Steuern abzuführen usw. Der Kapazitäts-Sicherungsprozeß dient dazu, die notwendigen Produktionsmittel in ausreichender Menge zur Verfügung zu stellen und berührt damit alle Aktivitäten des Einkaufs sowie der Investition. Der Strategieplanungs- und Umsetzungsprozeß umfaßt sämtliche Aktivitäten, die auf die Bestandssicherung des Unternehmens in der Zukunft gerichtet sind, und der Personalplanungs- und Motivations-Prozeß schließlich umfaßt alle Aktivitäten, die zu erledigen sind, damit stets eine entsprechende Anzahl ausreichend qualifizierter Mitarbeiter zur Verfügung stehen, d.h. Personalplanung, Mitarbeiterrekrutierung, Aus- und Weiterbildung sowie Entlassung (nach Scholz 1993, 91/92; vgl. auch Gaitanides u.a. 1994, 7/8).

Die Debatte darüber, welche von beiden Sichtweisen letztlich als angemessener einzustufen ist, soll an dieser Stelle nicht fortgesetzt werden. Angesichts der recht ähnlichen Aufschlüsselung von Geschäftsprozessen in beiden Positionen kann man für die Praxis eher vermuten, daß beide Ansätze sich nicht zwangsläufig widersprechen müssen, sondern in pragmatischer Weise einander zu ergänzen in der Lage sind, wenn sie feststellen, daß jedes Unternehmen über spezifische, einzigartige Geschäftsprozesse verfügt, die von Unternehmen zu Unternehmen nur schwer miteinander vergleichbar sind, andererseits aber alle Unternehmen recht ähnliche „Prozeß-Linien" haben, die jeweils unternehmens- und branchengerecht mit Inhalt gefüllt werden müssen. Zieht man die dokumentierten Erfahrungen des Business Reengineering hinzu, so kann man darüber hinaus die Vermutung aussprechen, daß in manchen Unternehmen mehr Prozesse, in anderen weniger, und in manchen Betrieben schließlich ganz spezifische Prozesse identifiziert werden können, wobei die Zahl neun möglicherweise einen guten Schätzwert für die durchschnittlich in einem Unternehmen relevanten Geschäfts- oder Kernprozesse hergibt.

Wie wichtig es ist, daß Reengineering-Projekte an Kernprozessen und nicht an untergeordneten Nebenprozessen ansetzen, zeigt eine im folgenden Schaubild sichtbar gemachte Beziehung zwischen dem Eingriffspunkt in der betrieblichen Prozeßhierarchie und dem Ausmaß der erzielbaren Leistungsverbesserung. So unterscheidet Dangel (1994, 32) betriebliche Prozesse in „Megaprozesse", „Hauptprozesse" und „Subprozesse". Sein Begriff der Megaprozesse bezeichnet eine „Kette von Tätigkeiten, die zur Erzeugung eines Produkts oder einer Dienstleistung führen, welche den Anforderungen des Kunden entsprechen". Auch wenn sein Begriff der „Megaprozesse" nur bedingt identisch ist mit dem ansonsten gebräuchlichen Begriff der „Kernprozesse" oder „Geschäftsprozesse", so liefert seine Unterscheidung doch einen nützlichen Hinweis zur weiteren Differenzierung der unterstützenden Sekundärprozesse bzw. Teilprozesse.

Diese nämlich lassen sich in einzelne Teilschritte der Kernprozesse (Dangel nennt sie „Hauptprozesse") und ihrerseits noch einmal in die einzelnen Abläufe innerhalb dieser Teilschritte auf der Ebene der unmittelbaren Ausführung von Vorgängen (von Dangel als „Subprozesse" bezeichnet) unterscheiden.

Visualisiert man diese dreistufige Prozeßhierarchie in Form einer Pyramide, so lassen sich den drei horizontalen Bereichen dieser Pyramide das Reengineering, das Total-Quality-Management sowie der kontinuierliche Verbesserungsprozeß (KVP; Kaizen) zuordnen.

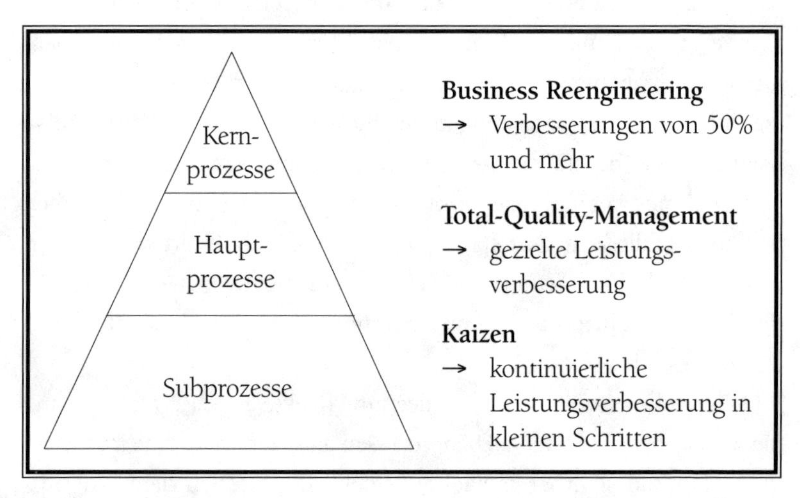

Abb.: Kernprozesse, Hauptprozesse und Subprozesse als Ansatzpunkte betrieblicher Verbesserungsmaßnahmen

Erfahrungsgemäß sind die besten Ergebnisse im Hinblick auf die Verbesserung von Leistungen dort zu erwarten, wo eine strategisch angelegte, radikale Umgestaltung der Kernprozesse gesucht wird. Doch ist das Denken in Kategorien der Prozeßanalyse bislang im westlichen Management eher unüblich. Noch sind wir es eher gewohnt, Unternehmen in Strukturen, Funktionen und Bereichen zu sehen. Damit stellt die Forderung, das Unternehmen in Kategorien von Prozessen zu begreifen, den ersten notwendigen Bruch mit geläufigen Ansichten, Traditionen und Selbstverständlichkeiten dar. Dieser Bruch ermöglicht es, in einem ersten Schritt die Zergliederungen betrieblicher Abläufe wahrzunehmen und Schnittstellenprobleme in neuem Licht zu sehen. Wie die Erfahrungen der Praxis zeigen, sind heute

- das Sichern von Erbhöfen (Was gehört zu meinem Bereich? Wie weit geht meine Kompetenz?)
- die Entwicklung einer guten Beziehung zum Vorgesetzten (statt zum Kunden),
- das Optimieren des eigenen Aufgabenbereiches, ohne sich besonders um dessen Vernetzung mit vor- und nachgelagerten Bereichen zu bemühen,

immer noch stark ausgeprägt. Verbesserung von Geschäftsprozessen im Sinne des Reengineering heißt jedoch, von solchen Formen des Ressortdenkens Abschied zu nehmen. Dem gegenüber gestellt wird insbesondere in administrativen Bereichen und Verwaltungen ein verstärktes Denken in Prozeßkategorien, wie sie in der Fertigung und Montage bereits seit längerem Einzug gehalten haben (Stichworte hier sind etwa „just-in-time", „kanban", „Lean Production"). Es geht um die schlichte Einsicht, daß gerade in hochmechanisierten bzw. automatisierten Anlagen der Einsatz und das Zusammenspiel der einzelnen Maschinen/Fertigungsschritte so geplant werden muß, daß die gesamte Produktionslinie läuft. Denn jeder Stillstand kostet Geld und bedeutet eine unnötige Verschwendung von Ressourcen.

Ein ähnliches Denken wird mit der Prozeßanalyse auf sämtliche Unternehmensbereiche ausgedehnt. Abläufe werden als Prozeßketten gesehen, deren Ergebnisse an Kunden weiterzugeben sind, sei es an interne oder externe Kunden. Die Grundintention vorausgesetzt, dem Kunden immer Leistungen mit höchstmöglicher Qualität bereitstellen zu wollen, richtet sich der Blick auf die betrieblichen Abläufe mit Fragen wie: „Was kommt am Ende des Prozesses für den Kunden heraus? Wie lang sind die Durchlaufzeiten? Wie hoch ist die Gesamtproduktivität des Ablaufs?" Die immer intensivere computergestützte Vernetzung technischer und kaufmännischer Vorgänge hat dazu beigetragen, „daß der Prozeßbegriff bis in die Verwaltung, bis zum Vertrieb oder, wenn man so will, bis zum Kunden auf der einen und bis zum Lieferanten auf der anderen Seite ausgedehnt wurde" (Schroeder 1993, 7).

Doch blieb die vielbeschworene Schnittstelle zum Kunden, trotz der neuen Möglichkeiten und zahlreicher TQM-Programme, in vielen Fällen die alte. Kundenorientierung wurde in Sonntagsreden und auf Seminaren gepredigt, doch im alltäglichen Umgang miteinander im Unternehmen selbst nicht gelebt. Gerade deswegen ist es bei Reengineering-Projekten von herausragender Bedeutung, daß die Unternehmensleitung sowie die für die betroffene Geschäftseinheit zuständigen Führungskräfte hinter dem Ansatz stehen und durch ihr Verhalten klar erkennbar zum Ausdruck bringen, wie die Werte und Anforderungen der internen wie externen Kunden das neue Leitbild bestimmen.

Ebenso wichtig für ein erfolgreiches Reengineering sind das Setzen aggressiver Verbesserungsziele, die einen deutlichen Veränderungsbedarf zum Ausdruck bringen, sowie ein kontinuierliches Überprüfen des Verbesserungs-Fortschritts. Letzteres jedoch ist nur möglich, wenn entsprechende Leistungskennziffern festgelegt werden, die als ein allseits akzeptiertes Meß- und Controllingsystem eingesetzt werden können.

Die Parameter eines solchen Audits sollten sich aus unterschiedlichen Datenbereichen zusammensetzen und maschinen- und anlagenbezogene Produktionsdaten, Kosten- und Qualitätsdaten umfassen (siehe Abb. nächste Seite)

Der zweite Schritt des Reengineering besteht darin, die Kernprozesse des Unternehmens zu identifizieren, um die herum eine betriebliche Reorganisation erfolgen soll. Solche Kernprozesse haben ebenso wie fraktionierte Teilprozesse Anfangs- und Endpunkte und sind ganzheitlich in den Blick zu nehmen. So lassen sich beispielsweise sämtliche Schritte vom Konzept bis hin zum Prototyp als ein Kernprozeß (Produktentwicklung) sehen, ebenso wie die von der Kundenanfrage bis zur Lösung (Service). Damit bietet die Prozeßanalyse die Möglichkeit, Abläufe in größeren Wirkungszusammenhängen zu sehen, die Ergebnisse einzelner Prozeßschritte an Vorgaben zu messen, das Gesamtgeschehen prozeßgenau zu steuern, und – wo sich Abweichungen vom optimalen Durchlauf einstellen – gezielt Verbesserungsschritte einzuleiten.

Voraussetzungen erfolgreichen Wandels

- Veränderungsbereitschaft der Leitungsebene und aktive Einbindung des Topmanagements
- Ganzheitliche Betrachtungsweise
- Konzentration auf den „richtigen" Prozeß (Kernprozeß, Breite, Tiefe usw.)
- Visionen und ehrgeizige Ziele
- Festlegung von Erfolgsparametern
- Einbindung überdurchschnittlicher Mitarbeiter (Spitzenkräfte)
- Effektives Projektmanagement (Ressourcen, Methoden, Freiräume)
- Regelmäßige Überprüfung des Fortschritts (Meß- und Controllingsystem)
- Gute Vorbereitung und umfassende Informationspolitik

... weder Visionen noch Ziele ⇒ Aktionismus
... keine Veränderungsbereitschaft ⇒ Versanden
... keine Ressourcen, Methoden, Freiräume ⇒ Frustration

Abb.: Voraussetzungen erfolgreichen Wandels

Welche Teilprozesse dabei jeweils als unterstützende Nebenprozesse in Betracht zu ziehen sind, ist abhängig davon, welcher Prozeß als Ansatzpunkt des Reengineering ausgewählt wird. Dies wird etwa am Beispiel der Auftragsabwicklung deutlich, die verschiedene Schnittstellen zu anderen Kernprozessen hat, etwa zum Marktkommunikations-Prozeß und darüber hinaus zum Vertrieb, sowie eine weitere zum externen Kunden. Ein Reengineering der Auftragsabwicklung verfolgt das Ziel, möglichst alle Aktivitäten, die innerhalb eines Unternehmens im Zusammenhang mit der Bearbeitung eines Auftrages zu erledigen sind, in einem einzigen Geschäftsprozeß zu vereinigen.

Um die Auftragsabwicklung als Kernprozeß zu betrachten, müssen also gleichzeitig der Produktionsprozeß, der After-Sales-Service sowie die Finanzierung als Nebenprozesse in die Analyse einbezogen werden, denn es muß eine Rechnung erstellt werden, die Rechnung muß verschickt werden, es muß der Zahlungseingang überprüft werden usw. Würde jedoch der Service als Kernprozeß definiert, müßte wiederum die Auftragsabwicklung als unterstützender Nebenprozeß berücksichtigt werden.

Im dritten Schritt steht schließlich die Neuerfindung bzw. Modellierung dieser Kernprozesse an (vgl. Schmitz 1994, 59). Erst im Kontext dieser Neuerfindung oder Neumodellierung lassen sich über die radikale Umgestaltung von Geschäftsprozessen dramatische Verbesserungen bei den Kosten, in Qualität und Zeit gewinnen. Ausgangspunkt dieser Umgestaltung ist die Frage: „Was würden wir machen, wenn wir ganz neu anfangen könnten?"

Ganz neu anfangen bedeutet hier nicht wie häufig im Total-Quality-Management, alte Abläufe auf Verbesserungen hin zu optimieren, sondern alte Abläufe aufzuheben, wenn eine erfolgversprechende Neugestaltung von Geschäftsprozessen möglich ist.

Grundfragen bei der Prozeßanalyse und Prozeßmodellierung

- Was ist ein Prozeß?
- Wie viele Prozesse gibt es im Unternehmen?
- Welches sind die wichtigsten Prozesse für den Unternehmenserfolg?
- Was sind die Haupt-, Neben- und Unterprozesse?
- Welchen Prozeß nimmt man sich sinnvollerweise vor?
- Wie sieht die Ist-Situation dieses Prozesses aus?
- Wie würden wir den Prozeß gestalten, wenn wir morgen auf der grünen Wiese neu beginnen könnten?

- Wer wird der Prozeßverantwortliche?
- Wie wollen wir vorgehen, um kleine Einheiten zu schaffen, Prozesse zu modellieren oder optimieren?
- Wie läßt sich die Arbeitsorganisation auf Teamstrukturen umstellen?
- Wie kontrollieren wir Fortschritte?

5.2 Wie Prozesse analysiert, bewertet und umgestaltet werden

In der Praxis beginnen alle Reengineering-Projekte mit dem Wunsch einzelner Top-Manager oder Führungskräfte, signifikante Verbesserungen in bestimmten Leistungsbereichen auf den Weg zu bringen. Da es sich bei derartigen Unterfangen nicht um eine sofort greifende Umstellung, sondern um eine zeitaufwendige und mittelfristig zu sehende Restrukturierung und Reorganisation betrieblicher Abläufe handelt, ist zu Beginn jedes Reengineering-Projektes sicherzustellen, daß ein o.k. für das Vorhaben auf der Ebene des Vorstands bzw. der Unternehmensleitung vorliegt. Diese Zustimmung zur Analyse und Verbesserung der Betriebsabläufe muß eindeutig sein. Halbherzige Unterstützung nach dem Motto „Wasch mir den Pelz, aber mach mich nicht naß" reicht dabei nicht aus, da für grundlegende Wandlungsprozesse eine klare und im eigenen Verhalten sichtbare Vision des Topmanagements zwingend erforderlich ist.

Ebenso wichtig ist es, die Beweggründe für die angestrebten Veränderungen gegenüber der Belegschaft transparent zu machen. Wenn die Unternehmensleitung von ihrem mittleren Management sowie von den Mitarbeitern Akzeptanz ihrer Entscheidungen erwartet, sollte sie stets darum bemüht sein, den Hintergrund ihrer Suche nach neuen Wegen zu erläutern. Dies gilt um so mehr dort, wo – wie beim radikalen „Neubeginn" des Reengineering – schmerzhafte Veränderungen anstehen, wo

Besitzstände und alte Gewohnheiten zur Disposition gestellt und abgeschafft werden sollen. Andernfalls besteht die Gefahr, daß bereits die ersten Schritte in Richtung Reorganisation eine breite Verunsicherung unter der Belegschaft auslösen, die schnell ein Widerstandspotential gegen jegliche Innovation anwachsen läßt und ein Klima erzeugen kann, das darüber hinaus die laufende Arbeit im Unternehmen beeinträchtigt.

Um solchen Entwicklungen vorzubeugen, müssen alle Bereiche und Hierarchieebenen möglichst frühzeitig in eine das ganze Unternehmen umspannende Kommunikation über die angestrebte Restrukturierung und Reorganisation eingebunden werden, nicht nur um möglichst alle von der Notwendigkeit des Vorhabens zu überzeugen, sondern auch, um allen Mitarbeitern die Möglichkeit eines aktiven Mitwirkens zu geben. So werden Betroffene zu Beteiligten, die über die Rolle des Zuschauers und Spielballs hinaus in das Geschehen gestalterisch eingreifen können, eine Aufgabe, die auf die Dauer gesehen ohnehin von ihnen erwartet wird. Da die eigenen Mitarbeiter eine der wichtigsten Ressourcen der Umstrukturierung sind, ist deren Gelingen notwendigerweise an eine ausführliche Information über den geplanten Wandel geknüpft. Denn: ohne Information keine Identifikation mit den Zielen des Reengineering, ohne Identifikation keine hinreichende Unterstützung des Vorhabens, ohne Unterstützung kein oder nur ein geringer Erfolg.

Untersuchungen von CSC-Index in den USA und in Europa haben ergeben, daß ein offener Informationsaustausch einer der Faktoren ist, die für den Erfolg von Reengineering-Aktivitäten verantwortlich gemacht werden können. So waren bei einer Befragung von 600 Unternehmen mit Reengineering-Erfahrung die Mitarbeiter in 53 Prozent der auf diesem Gebiet erfolgreichen Unternehmen der Meinung, gut informiert zu sein, im Unterschied zu 27 Prozent in den weniger erfolgreichen Fällen.

Trotz aller Anstrengungen um eine offene innerbetriebliche Diskussion ist mit Widerständen auf seiten des mittleren Managements oder aber der Mitarbeiter zu rechnen. Deshalb empfiehlt sich der Weg über Pilot-Projekte. Solche innerbetrieblichen Studienfälle können einerseits ein gutes Testfeld für die Implementierung neuer Organisationsstrukturen darstellen, zum anderen können die dort gewonnenen Erfahrungen die Skeptiker von der Machbarkeit der angestrebten Veränderungen überzeugen.

Die Umgestaltung von Geschäftsprozessen selbst verläuft als top-down initiierter Prozeß üblicherweise in fünf Phasen, der an seinem Ende in eine erneute Reengineering- oder Lernschleife übergehen kann.

Business Reengineering als Top-down-Prozeß

Phase 1: Voruntersuchung
Identifizierung der wichtigsten Geschäftsprozesse, Analyse der Ablauforganisation, Abklären der Veränderungsbereitschaft.

Phase 2: Prozeßanalyse
Bewertung der Geschäftsprozesse anhand von quantitativen und qualitativen Daten, falls sinnvoll internes oder externes Benchmarking, Einschätzung des Handlungsbedarfs, Skizzierung eines ersten Prozeßdesigns.

Phase 3: Restrukturierung
Einbetten der vorhandenen Prozesse und Teilprozesse in ein Prozeßmodell, welches sämtliche Kernprozesse und unterstützenden Abläufe abbildet (Entwickeln der neuen Abläufe), oftmals rechnergestützte Simulation des Prozeßmodells, Definition von organisatorischen Zuständigkeiten für die restrukturierten Geschäftsprozesse (Festlegen der Prozeßverantwortlichen).

Phase 4: Reorganisation
Erarbeitung eines Umsetzungsplans, Realisierung der Veränderungen.

Phase 5: Reflexion
Kontinuierlicher Verbesserungsprozeß bzgl. der Veränderungen

ggf. Phase 6:
Erneutes Reengineering

Abb.: Die fünf Phasen des Reengineering (nach Jensen 1994, 52).

5.2.1 *Voruntersuchung*

Die Neuordnung der Geschäftsprozesse beginnt mit der Identifizierung der wichtigsten Geschäftsprozesse sowie einer Analyse der Ablauforganisation. Abzuklären ist ebenso die Bereitschaft im Unternehmen, sich auf umfangreiche Veränderungen einzulassen. Man kann diese Phase auch als Voruntersuchung bezeichnen, die einer grundsätzlichen Problemanalyse dient.

Hier geht es darum, vor dem Hintergrund der aktuellen Ausgangssituation (verbunden mit der Frage nach den betrieblichen Kernkompetenzen, den Hauptumsatzfeldern, der Umsatz- und Ertragsentwicklung sowie der strategischen Ausrichtung) die Aufgabenstellung möglicher Reengineering-Projekte abzuklären und im Hinblick auf deren Zielsetzung zu konkretisieren.

Vorgaben wie eine erhebliche Reduktion der Durchlaufzeiten, eine massive Verringerung von Beständen und Lagerhaltung oder aber die radikale Senkung der Gemeinkosten, z.B. im Bereich der Materialwirtschafts-, Instandhaltungs- oder Verwaltungskosten, müssen dabei in ein Prozeßdenken übersetzt werden, das den Blick freigibt auf die unvollständige, mit Bruch- und Schnittstellen in den Abläufen behaftete Organisation der bestehenden Geschäftsprozesse.

Dabei sind alle von den ins Auge gefaßten Veränderungen betroffenen und später am Vorhaben beteiligten Abteilungen zu ermitteln. Ebenso ist bereits in der Voruntersuchung eine grobe Vorstellung des zukünftigen Prozeßdesigns zu entwickeln, auf deren Basis erst eine realistische Einschätzung möglicher Projektergebnisse in meßbaren Leistungsgrößen sowie die Abschätzung eines angemessenen Projektzeitrahmens möglich ist.

Der Umfang eines Reengineering-Projektes wird in diesem Kontext durch die Fokussierung auf denjenigen Prozeß bzw. diejenigen Prozesse bestimmt, die einer Neugestaltung unterzogen werden sollen.

Im Zusammenhang möglicher Antworten auf die Frage, wie die neuzugestaltenden Prozesse zu konzipieren seien, wenn man noch einmal ganz von vorne anfangen könnte, treten zunächst Aspekte in den Vordergrund, die strategischer Natur sind, eine in die Zukunft gerichtete Unternehmensvision in sich tragen und mit der Positionierung des Unternehmens im Wettbewerb zu tun haben:

- Welche Art von Unternehmen wollen wir sein?
- Welche Stellung auf dem Markt wollen wir einnehmen?
- Ist es wichtig, innovativ zu sein, oder gilt es, Traditionen zu pflegen?
- Wie sehen die zukünftigen Kundenanforderungen aus?
- Wie läßt sich eine flexible Anpassung an den Markt bewerkstelligen?
- Welche Aufgaben kommen auf Marketing und Produktentwicklung zu?
- Mit Hilfe welcher Maßnahmen kann eine proaktive Unternehmensausrichtung realisiert werden?
- Was muß zunächst noch getan werden, bevor die Aufgabe einer Neugestaltung der Unternehmensprozesse in Angriff genommen werden kann?

Mit diesen Überlegungen sind die Vorbereitungen eines konkreten Reengineering-Projektes zu strukturieren. Dabei steht zuallererst der Kunde im Blickpunkt. Jedes Reengineering, das von falschen Vorstellungen und Wünschen auf seiten des Kunden ausgeht, zielt ins Leere. Deshalb ist zunächst sicherzustellen, daß die Kundenerwartungen richtig eingeschätzt werden, wobei auch darauf zu achten ist, daß nicht nur die momentanen Erwartungen in Rechnung gestellt werden, sondern auch möglichst zukünftige Veränderungen in den Kundenerwartungen mit einbezogen werden.

Wesentliches zweites Element strategischer Vorüberlegungen ist die Einschätzung des Marktes selbst. Kaufentscheidende Faktoren von heute müssen nicht das Marktverhalten von morgen bestimmen. Wo heute noch das Käuferverhalten durch bessere Qualität, ausgereiftere Technik, breitere Produktdifferenzierung oder kürzere Lieferzeiten bestimmt wird, können schon in naher Zukunft in der gleichen Produktgruppe überdurchschnittliche Verkaufserfolge beispielsweise nur noch bei besserer technischer Beratung und umfassenderem Service möglich sein.

Erst im Anschluß an eine solche Markteinschätzung kann ein Unternehmen proaktiv auf zukünftige Herausforderungen ausgerichtet werden, um im Kontext dieser Ausrichtung restrukturiert zu werden.

Abb.: Der Weg zur umfassenden Restrukturierung (in Anlehnung an Kreuz 1994)

Beim Zuschnitt eines neuen Wertschöpfungsbereichs ist darauf zu achten, daß möglichst ganzheitliche Geschäftsprozesse geschaffen werden, d.h. auch alle bislang zentral organisierten indirekten Bereiche zu integrieren, soweit dies wirtschaftlich vertretbar ist.

Zudem sind für alle nicht integrierbaren Bereiche Lösungen zu schaffen, die das zukünftige Verhältnis zwischen dem Fraktal und zentralen werksinternen oder externen Schnittstellen beschreiben, während innerhalb des Fraktals die Geschäftsprozesse neu strukturiert und organisiert werden, Arbeitsgruppen gebildet werden und der kontinuierliche Verbesserungsprozeß implementiert wird.

Sobald dieser Entwicklungsprozeß erfolgreich abgeschlossen ist, können nach dem gleichen Ablaufschema sukzessive weitere Fraktale in anderen Werksbereichen aufgebaut werden, bis die Segmentierung des Unternehmens in selbstorganisierte Einheiten beendet ist.

Dieses Modell läßt sich auf nahezu jedes Unternehmen übertragen, es sei denn, daß dort bereits eine Segmentierung stattgefunden hat. In einem solchen Fall sollte der Startschuß zum Reengineering mit der Frage beginnen, ob bereits eine möglichst vollständige Integration indirekter Bereiche stattgefunden hat oder ob hier noch ein Potential vorhanden ist, das sich sinnvoll in die neuzugestaltende Organisationsform einbinden läßt, bevor der Reengineeringzyklus im engeren Sinne (Prozeßanalyse → Restrukturierung → Reorganisation/Teams bilden → KVP einführen) einsetzt.

Damit läßt sich eine Gesamtvorgehensweise für ein fundiertes Reengineering skizzieren, wie es im Ablaufschema auf der folgenden Seite zum Ausdruck kommt.

Wichtig ist es, das Veränderungspotential richtig einzuschätzen. Auch beim Reengineering ist darauf zu achten, daß die Innovationen so angelegt sind, daß das laufende Geschäft nicht behindert oder beeinträchtigt wird. Ansonsten droht statt einer Prozeßoptimierung die Prozeßparalyse. Daher ist der Rat von Champy „Allways start big!“ auch zu relativieren, wenn die Mitarbeiter mit einer Fülle an Veränderungen überfordert zu

Reengineeringzyklus im weiteren und engeren Sinne

1. Segmentierung bzw. Bildung von Wertschöpfungsbereichen nach dem Prinzip „Fabrik in der Fabrik" (Bildung von Fraktalen)
2. Prozesse optimieren bzw. neugestalten
   - Analyse
   - Restrukturierung
   - Reorganisation
3. Implementierung von Teamarbeit
4. Initiierung eines kontinuierlichen Verbesserungsprozesses (KVP)

Reengineering im engeren Sinne (Punkt 2)

Reengineering im weiteren Sinne (Punkte 1–4)

werden drohen. So kann es durchaus ratsam sein, sich im Anschluß an die Phase der Prozeßanalysen zunächst auf zwei oder drei Prozesse bzw. ein Fraktal zu konzentrieren, die aus der Sicht des Kunden entscheidend sind. Damit heißt ein radikales „Always start big!" nicht unbedingt „Alles auf einmal!", sondern kann auch als Aufforderung verstanden werden, den Veränderungsprozeß im Anschluß an eine Bestandsaufnahme in Form eines realisierbaren, mehrstufigen Designs von Innovationen festzulegen.

In jedem Unternehmen lassen sich etwa bis zu 15 Kerngeschäftsprozesse unterscheiden. Alle gleichzeitig verändern zu wollen würde bedeuten, einen sehr hohen Aufwand an Geld, Organisation und Managementressourcen einzusetzen. Dies dürfte zumeist schon aus praktischen Erwägungen kaum durchführbar sein. Aus diesem Grunde ist jedem Unternehmen, das ein Reengineering-Programm starten möchte, zu raten, zunächst eine detaillierte Analyse seiner Kerngeschäftsprozesse vorzunehmen, um im Anschluß daran diejenigen „Schlüsselprozesse“ auszuwählen, mit denen der Veränderungsprozeß eingeleitet werden soll.

Da all diese Veränderungen von Menschen getragen werden müssen, sind die Mitarbeiter so weit wie möglich bei der Designbildung zu berücksichtigen und zu beteiligen. Werden die Mitarbeiter der unteren Hierarchieebenen und das mittlere Management von den Vorbereitungen ausgeschlossen und der Restrukturierungsansatz von der Unternehmensspitze „verordnet“, haben sich spätestens bis zu dem Zeitpunkt, an dem der Startschuß für die praktische Umsetzung der geplanten Reorganisation erfolgen soll, die Widerstände im Unternehmen formiert.

Denn bereits in der Voruntersuchung zeigt sich zuweilen, welche Schwierigkeiten auftreten können, wenn Lösungsansätze im Sinne eines Business Reengineering erarbeitet werden sollen, da auch Manager und hochrangige Führungskräfte immer wieder Schwierigkeiten haben, sich von eingefahrenen Routinen, insbesondere dem Denken in Funktionen, Bereichen und Abteilungen zu lösen.

5.2.2 *Prozeßanalyse*

Daran schließt sich eine Bestandsaufnahme an, in der geprüft werden muß, inwieweit die angestrebten Vorstellungen und Zielsetzungen mit der bestehenden Organisationsform vereinbar sind. Dies ist die Prozeßanalyse im engeren Sinne. Hier geht es darum, die Kernprozesse zu identifizieren, die ein hohes Maß an Verbesserungspotential aufweisen, um einen geeigneten Ansatzpunkt für das Reengineering zu gewinnen. Im Rahmen einer solchen Prozeßanalyse stellt sich die Aufgabe, die funktionsübergreifenden Geschäftsprozesse des Unternehmens systematisch auf Schwachstellen hin zu untersuchen. Kleine und größere Störfaktoren, etwa Schnittstellenprobleme, werden gemeinsam zusammengetragen und auf ihre negative Bedeutung für das Betriebsergebnis überprüft.

Die Bewertung der betreffenden Prozesse erfolgt anhand von quantitativen und qualitativen Daten. Sämtliche Kern- und Nebenprozesse (Teilprozesse) sind im Hinblick auf den dafür nötigen Aufwand, auf die Durchlaufzeiten, Arbeitsteilung, Schnittstellen und Ablauforganisation zu analysieren, um konkrete Ansatzpunkte für Verbesserungsmaßnahmen zu identifizieren und gegebenenfalls erste Sofortmaßnahmen zur Elimination von Schwachstellen einzuleiten. Als Instrumente stehen dafür unterschiedliche Verfahren wie u.a. Workshops, Erhebungsmethoden in Form von Ablaufstudien, Interviews und Befragungen, Prozeßmodell-Skizzen, Musterfallanalysen oder Computersimulationen zur Verfügung.

Sofern es dabei sinnvoll erscheint, kann ein internes oder externes Benchmarking durchgeführt werden, um den Handlungsbedarf zu konkretisieren. Diese Phase (die 4 bis 8 Wochen dauern kann) schließt mit der ersten Skizzierung eines neuen Prozeßdesigns ab.

Mittels einer solchen Prozeßanalyse läßt sich feststellen, was, wie oft, wie lang, wohin und warum weitergegeben wird, liegenbleibt, schließlich gesucht, auf höherer Ebene entschieden oder erneut bearbeitet wird, wie viele Personen an einem Vorgang beteiligt sind, wie lange die Bearbeitung insgesamt dauert und wieviel Arbeitszeit die einzelnen Mitarbeiter insgesamt zur Bearbeitung des Gesamtprozesses aufbringen müssen, wie hoch die Kosten für das Unternehmen und der Nutzen für den Kunden sind und wie weit die Unterstützung seitens der Informationstechnologie reicht.

Damit fördert die Prozeßanalyse Stärken wie Defizite der Ablaufbearbeitung zutage und liefert so Ansatzpunkte für die Restrukturierung und Reorganisation. Die Neugestaltung der Abläufe selbst richtet sich stets nach kritischen Fragestellungen wie: Nutzen die bestehenden Ablaufstrukturen dem Kunden? Ist der potentielle Kundenkreis optimal zugeschnitten? Können Zeiten, Ergebnisse und Qualität klar verbessert werden? Lassen sich die Kosten durch veränderte Abläufe reduzieren?

Wie stark die bestehende Struktur zu ändern ist, sollte anhand pragmatischer Überlegungen entschieden werden, u.a. deshalb, da ein zu weit greifender Ansatz Gefahr läuft, das Tagesgeschäft in nicht mehr vertretbarem Maße zu beeinträchtigen und Mitarbeiter wie Führungskräfte zu überfordern. Breite, Tiefe und Geschwindigkeit des geplanten Wandels sind daher den Ausgangsbedingungen vor Ort anzupassen. Die Radikalkur des Reengineering muß realistisch bleiben, den Blick für das Machbare behalten. Aber: Sie muß auch eine Radikalkur bleiben und darf nicht zu einer zu eng angelegten, zu klein dimensionierten Operation an kleinen Sekundär- bzw. Nebenprozessen verkommen. Im Zentrum des wirklichen Business Reengineering steht die Neugestaltung mindestens eines Kernprozesses im Unternehmen: An die Stelle einer sequentiellen Produkt- und Verfahrensentwicklung tritt das Simultaneous Engineering, statt Lagerhaltung für einen anonymen Markt wird die Auftragsproduktion für externe und interne Kunden eingeführt, ein Versandkaufhaus stellt seine fließbandorientierte, sequentielle Bearbeitung von Kunden-Rücksendungen auf Gruppenarbeit um, die nach Bereichszuständigkeiten zergliederte Bearbeitung bei der Vergabe von Bank-Krediten wird in eine ganzheitliche Bearbeitungskompetenz eines einzelnen Mitarbeiters oder eines Teams zusammengefaßt.

Bei der Prozeßanalyse ist zudem darauf zu achten, daß möglichst viele Schlüsselpersonen aus allen betroffenen Bereichen und Abteilungen beteiligt werden. Zum einen verfügen sie über das notwendige Fachwissen sowie profunde Erfahrungen bezüglich der betrieblichen Schwachstellen, zum anderen lassen sich durch eine breite Beteiligung mögliche Widerstände gegenüber späteren Veränderungen frühzeitig erkennen und Gegenmaßnahmen einleiten. Um solche Risiken gering zu halten, erhalten alle Mitglieder des Reengineering-Teams den Auftrag, ihre Kollegen ständig nach zuvor festgelegten Regeln und Kriterien über den Fortgang des Projekts zu informieren.

5.2.3 Restrukturierung

In der dritten Phase, die sich der Restrukturierung der Unternehmensprozesse zuwendet, geht es um das Einbetten der vorhandenen Prozesse und Teilprozesse in ein Prozeßmodell, welches sämtliche Kernprozesse und unterstützenden Sekundärprozesse abbildet und die neuen Abläufe strukturiert. Hier erfolgt Schritt für Schritt die eigentliche Prozeßneugestaltung (bzw. Prozeßmodellierung oder Prozeßneuerfindung).

Die Restrukturierung des Unternehmens ist auf das Ziel bezogen, strikt kundenorientierte Prozesse unter Berücksichtigung der gegebenen Verhältnisse und Bedingungen vor Ort zu konzipieren.

Ausgangspunkt jeder Restrukturierung ist in der Regel eine Erfassung und Beurteilung des Ist-Zustands der bestehenden Abläufe im Unternehmen. Wichtiger jedoch als diese Bestandsaufnahme ist das Entwickeln visionärer Vorstellungen davon, wie der zukünftige Soll-Zustand aussehen könnte, wobei stets zu klären ist, welche technischen, organisatorischen und personellen Ressourcen diese Visionen verlangen. Auf der Basis solcher Ist-Soll-Vergleiche läßt sich letztlich auch abschätzen, welches Verbesserungspotential die Reorganisation der betreffenden Geschäftsprozesse erwarten läßt.

In manchen Fällen wird jedoch auf die Erhebung des Soll-Zustands verzichtet und lediglich ein idealer Soll-Zustand projiziert. Vom Vorgehen her entspricht diese Variante der von Hammer und Champy empfohlenen „green field"-Analyse, in der sich das Reengineering-Team die Aufgabe stellt, die neuzugestaltenden Geschäftsprozesse auf einem weißen Blatt so zu skizzieren, als ob keinerlei Rücksicht auf bestehende Realitäten zu nehmen wäre, also den – unter Umständen lediglich theoretisch denkbaren – vollständigen Neuanfang des Unternehmens durchzuspielen. Ein solch bewußtes und gewolltes Außerachtlassen der bestehenden Verhältnisse und die ausschließliche Ausrichtung an einem in diesem Sinne erwünschten Soll-Zustand hat einen entscheidenden Vorteil: es mißachtet nicht nur die bisherigen erfolgskritischen Punkte in einem Unternehmen, sondern deckt diese oftmals erst auf.

Je nach Umfang des Vorhabens sind für diese Phase mehrere 1- oder 2-tägige Workshops einzuplanen, in denen interne Spezialisten und externe Berater in gemeinsamer Arbeit eine Neugestaltung der betrieblichen Abläufe erarbeiten. Dabei kann es durchaus hilfreich sein, auf eine rechnergestützte Simulation des neuen Prozeßmodells zurückzugreifen, um die Möglichkeit der Einbindung einer elektronischen Ablaufsteuerung in die im Unternehmen bestehenden Informatiksysteme abzuklären. In der Phase der Restrukturierung geht es darum, ein differenziertes Prozeßdesign zu erarbeiten, das die „Architektur" des neuen Fraktals oder Geschäftsprozesses beschreibt und hierarchisch-sequentiell Kernprozesse, unterstützende Nebenprozesse und alle notwendigen Aktivitäten in zeitlicher und logischer Anordnung des Prozesses der Leistungserbringung umfaßt, etwa in Form von Flußdiagrammen (Betriebsablaufdiagrammen) und dazugehörigen Aufgaben-Matritzen, Relationendiagrammen, Schnittstellendiagrammen und ähnlichen Instrumenten. Während dieser Phase werden die bestehenden Abläufe in viele Teil- und Subprozesse zerlegt, bis eine weitere Zergliederung der Aufgaben nicht mehr sinnvoll erscheint. Im Anschluß daran kann entschieden werden, welche Elemente in den neuzugestaltenden Prozeß (bzw. Wertschöpfungsbereich, Fertigungssegment, Fraktal) integriert werden sollen, in welcher Reihenfolge sie abzuarbeiten sind und welche sinnvollerweise ausgelagert werden, so daß ein neues Modell des Prozeßflusses entsteht.

Ergebnis dieser Anstrengungen sollte eine möglichst konkrete Beschreibung des angestrebten Prozeßmodells sein, die (auf bis zu 50 Seiten) auch Auskunft gibt über die Annahmen des Reengineering-Teams, die einzusetzende Technik, organisatorische und personalwirtschaftliche Maßnahmen im Kontext der Umstellungen (Schulungs- und Trainingsbedarf der betroffenen Führungskräfte und Mitarbeiter!), die Erfolgsparameter (Kennziffern zur Beurteilung von Verbesserungsfortschritten) sowie kritische Erfolgsfaktoren (Störquellen und Engpässe bei der Umstellung).

Die Ausgrenzung eines Fraktals oder eines Geschäftsprozesses heißt, zugleich einen fest umrissenen Bereich für das Reengineering festzulegen. Dies schließt eine Grenzziehung zu anderen Fraktalen bzw. Geschäftsprozessen sowie eine minutiöse Analyse aller inter- und innerprozessualen Schnittstellen mit ein, wobei letztere durch die Restrukturierung möglichst auf ein Mindestmaß zu reduzieren sind.

Für sämtliche Schnittstellen gilt es, Output-Normen zu definieren, die in der Lage sind, den neugeordneten Prozeß der Leistungserbringung zu steuern und zu bewerten. Damit können sie zugleich auch zur Beurteilung des Erfolgs der Umstellung herangezogen werden.

Die Erfolgsparameter eines Reengineering-Projektes sollten in einem eigens zugeschnittenen Audit zusammengefaßt sein und die Bereiche Kosten, Zeit und Qualität gleichgewichtig berücksichtigen, da einseitige Erfolgsbilanzen schnell zu Fehleinschätzungen über die Effektivität des Reengineerings führen. So können etwa Verbesserungen in den Durchlaufzeiten durchaus das Niveau eines Quantensprungs erreichen, ohne daß sich dies in nennenswerter Weise in den Daten zum betrieblichen Ertrag abbildet, wenn sie nur einzelne Teilabschnitte, nicht aber den Gesamtprozeß der Leistungserbringung beschleunigen oder ihr Verbesserungspotential nicht konsequent genutzt wird.

Die Gefahr solcher Fehleinschätzungen besteht überall dort, wo Vorgänge und Abläufe ohne die Vernetzung mit dem Gesamten betrachtet und ihre Entwicklung mit einseitigen Erfolgsparametern eingeschätzt werden soll. Ziel von Restrukturierungs- und Reorganisationsmaßnahmen sollte es stets sein, möglichst Daten zu Kosten, Zeit und Qualität gleichzeitig zu verbessern.

Schließlich ist eine Definition von organisatorischen Zuständigkeiten für die restrukturierten Geschäftsprozesse vorzunehmen, d.h. es sind die Prozeßverantwortlichen festzulegen sowie ggfs. notwendige personelle Umsetzungen vorzunehmen.

5.2.4 Reorganisation

Während der Anstoß für das Reengineering top-down von der Unternehmensspitze kommen muß, die Dringlichkeit einer grundlegenden Veränderung deutlich zu kommunizieren und die Verantwortung für die geplanten Neuerungen in den Händen des Top-Managements anzusiedeln ist, sind bei allen Entscheidungen über die Modalitäten der Umsetzung vor Ort die Mitarbeiter einzubeziehen. Damit gewinnt das Ganze eine zusätzliche bottom-up-Perspektive, die vor allem deshalb wünschenswert ist, da sich die Durchsetzung von Veränderungen immer dann schwierig gestaltet, wenn die Personen, die die Veränderungen letztlich tragen und umsetzen müssen, aus dem Prozeß der Neugestaltung ausgeklammert bleiben. Ziele und Vorgaben können durchaus „von oben" kommen, doch wenn sie den Charakter von Anordnungen annehmen, erzeugen sie schnell Widerspruch und Widerstand.

Bereits parallel zur Restrukturierung, d.h. zur Entwicklung der neuen Soll-Prozesse, in jedem Fall aber unmittelbar im Anschluß daran, sind die Arbeitsgruppen zu bilden und vorzubereiten, die diese neuen Prozesse vor Ort tragen und umsetzen sollen. Sie können in die konkrete Ausgestaltung dieser Prozesse, also in die faktische Reorganisation des Unternehmens, mit einbezogen werden, wobei etwa folgende Fragen in den Entscheidungs- und Gestaltungsbereich der Teams gehören können und z.T. in der Gruppenarbeit selbst regelbar sind:

- Festlegen der Modalitäten von Gruppengesprächen (wie oft treffen sich die Arbeitsgruppen, wo treffen sie sich usw.),
- Personaleinsatz/Urlaubsplanung,
- Pausenregelung,
- Auftragssteuerung/Fertigungssteuerung (können die Gruppen in Abstimmung mit dem Vorgesetzten weitgehend selbstorganisiert erledigen),
- Abstimmung mit vor-, neben- und nachgelagerten Gruppen innerhalb eines Wertschöpfungsbereichs oder entlang einer Prozeßkette,

- Aufgabenverteilung innerhalb der Gruppe (Qualitätssicherung, Instandhaltung),
- Qualifizierung der einzelnen Gruppenmitglieder,
- Evaluation des Fortschritts (in Kooperation mit dem Vorgesetzten).

Das Zusammenwirken von Reengineering-Team in der Restrukturierung und den Arbeitsgruppen in der Reorganisation kommt in folgendem Schaubild gut zum Ausdruck, das u.a. die Verschränkung von top-down-Strategie (Restrukturierung) und bottom-up-Beteiligung (Reorganisation) zum Inhalt hat. Gleichzeitig wird hervorgehoben, wie sich das strategisch-visionäre Denken des Managements und das eher problemorientierte Denken der Werker miteinander ergänzen:

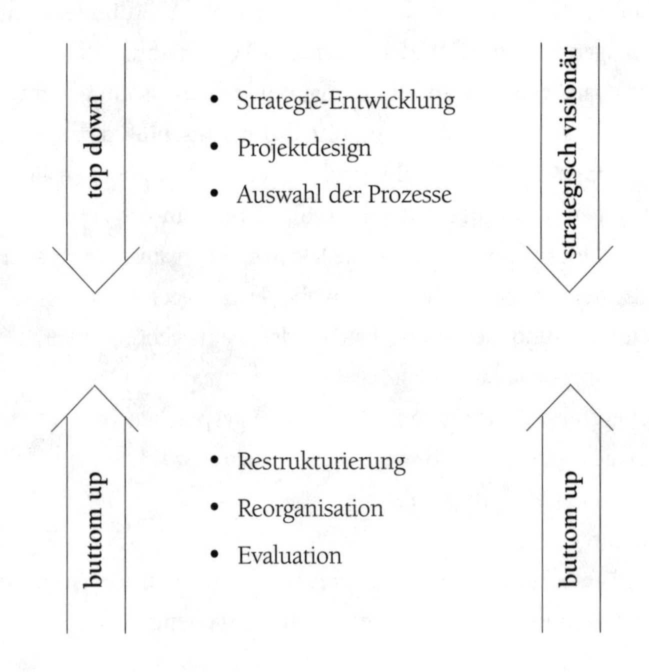

Abb.: Die Verschränkung von top-down-Strategie und bottom-up-Beteiligung im Reengineering (nach Dähler/Mannes 1994, 39)

Neue Prozesse lassen sich erfolgreich und mit dauerhafter Wirkung nur implementieren, wo sie sich nicht nur in der veränderten Organisationsstruktur spiegeln, sondern auch in den Köpfen der betroffenen Mitarbeiter fest verankert sind. Gerade deshalb ist es auch von großer Bedeutung, daß bereits in der Phase der Restrukturierung Gespräche zwischen dem Reengineering-Team und den Mitgliedern der zukünftigen Arbeitsgruppen geführt werden, etwa was die Festlegung des Arbeitsumfangs der Gruppen angeht.

Eine enge Zusammenarbeit mit der Belegschaft empfiehlt sich auch aus einem anderen Grunde. Denn einen Betrieb im Sinne des Reengineering zu reorganisieren beinhaltet auch das Umsetzen von teilweise unbequemen Personalentscheidungen. So sind im Kontext des Reengineering nicht nur Gruppenarbeitsbereiche festzulegen, den einzelnen Gruppen eine bestimmte Anzahl an Arbeitsplätzen zuzuordnen, Teams zu bilden und Qualifizierungsmaßnahmen einzuleiten, sondern auch Umgruppierungen von Mitarbeitern durchzusetzen und möglicherweise Entlassungen vorzunehmen. Dies alles muß für die Belegschaft nach transparenten Entscheidungskriterien erfolgen, und wo Umgruppierungen oder Entlassungen notwendig werden, sollten diese sozialverträglich gestaltet sein.

Konstruktive Hinweise und Anregungen der Belegschaft (etwa zum Qualifikationsbedarf im Kontext der Einführung von Gruppenarbeit) lassen sich auch bei der Gestaltung des „Projektfahrplans" berücksichtigen. Bevor die ersten Schritte auf dem Weg zur Implementierung der neugestalteten Geschäftsprozesse, Wertschöpfungsbereiche, Fraktale etc. unternommen werden, ist seitens des Reengineering-Teams in enger Abstimmung mit den zukünftigen Arbeitsgruppen sowie mit dem Betriebsrat ein Umsetzungszeitplan zu erarbeiten, der sämtliche Maßnahmen berücksichtigt, die zum Aufbau der neuen Organisation notwendig sind: Trainings und Schulungen, Workshops zum Erfahrungsaustausch, Zwischenziele (Veränderungen im Ablauf, neue räumliche Organisation, Umstellungen der Anlagen, Veränderungen in der unterstützenden EDV usw.) sowie Zeitpunkte und Kriterien zur Evaluation des Fortschritts.

Neben Schulungen und gruppendynamisch angelegten Team-Trainings sind bei der Reorganisation auch Ansätze des betrieblichen Lernens in Form des „Learning by doing“ einzubeziehen, d.h. der schrittweisen Erweiterung der Fähigkeiten der einzelnen Gruppenmitglieder im Verlauf der Gruppenarbeit selbst. Dies kann etwa durch Job-rotation und eine wechselseitige Qualifikation am Arbeitsplatz erreicht werden. Voraussetzung dafür ist allerdings, daß die Gruppen so zusammengestellt werden, daß sich Mitarbeiter mit unterschiedlichen Ausgangsqualifikationen in den Teams zusammenfinden. Sofern eine solche Selbstqualifikation oder Kombinationsmodelle aus gruppenübergreifenden Seminaren (jede Gruppe stellt ein oder zwei Mitglieder für das Seminar ab) und interner Weitergabe (an die übrigen Gruppenmitglieder) in den Arbeitsgruppen angestrebt wird (eine Vorgehensweise, die im Kontext von TQM- oder KVP-Maßnahmen immer wieder beobachtet werden kann), sollten die Vorbereitungstrainings um eine Einführung in einfache Verfahren der Bildungsbedarfsanalyse und Qualifikationsplanung ergänzt werden.

In der Regel ist die betriebliche Reorganisation so anzulegen, daß die neuen (Gruppen-)Arbeitsplätze aus den Reihen der eigenen Mitarbeiter besetzt werden. Damit diese den zukünftigen Anforderungen der Gruppenarbeit gewachsen sind und zudem über die Fähigkeit verfügen, ihren neuen Arbeitsbereich nach Maßgabe des Total-Quality-Managements oder des kontinuierlichen Verbesserungsprozesses stetig weiter zu optimieren, bedürfen sie einer entsprechenden Vorbereitung in Form mehrtägiger Trainings und Schulungen.

Wo aus Kostengründen auf breit angelegte Trainings und Schulungen der Gruppe verzichtet wird, besteht keine Möglichkeit, dem Arbeitsbeginn wichtige Schritte in Richtung Gruppenintegration vorzuschalten. Teamtrainings, die in mindestens 3-tägigen Seminaren jedes Team speziell auf seine zukünftigen Aufgaben vorbereiten, haben den Vorzug, daß sie nicht nur eine organisatorische Vorbereitung („Was ist Gruppenarbeit?", Moderation von Gruppengesprächen, Aufstellen von Aktionsplänen, Evaluation des Gruppenergebnisses, Problem- und Konfliktlösung in der Gruppe) und eine fachliche Schulung in den Arbeitsweisen und Werkzeugen des TQM sowie des KVP ermöglichen. Sofern sie auf einer soliden gruppendynamischen Basis beruhen, können sie die einzelnen Teams auch auf ihrem Entwicklungsprozeß zu einer unabhängigen und leistungsfähigen Einheit ein großes Stück voranbringen. Zur Unterstützung der weiteren Entwicklung in den Arbeitsgruppen ist es dann sinnvoll, eine prozeßbegleitende Betreuung durch einen gruppendynamisch geschulten Ansprechpartner sicherzustellen, der die einzelnen Gruppen auf Anfrage in schwierigen Situationen berät und mit ihnen gemeinsam Lösungswege für sachliche Probleme wie auch persönliche und zwischenmenschliche Konflikte erarbeitet.

5.2.5 Reflexion

Wo die Arbeitsgruppen aktiv in die Reorganisation und einen daran angeschlossenen Prozeß der kontinuierlichen Verbesserung ihres Arbeitsbereichs eingebunden werden, ist es wichtig, hier ausreichend Unterstützung zu geben durch eine prozeßbegleitende EDV, durch ein transparentes und nachvollziehbares Controlling, durch einen mitarbeiterorientierten Führungsstil, eine innovationsfreundliche Unternehmenskultur, Trainings, Gruppengespräche, eine prozeßbegleitende Betreuung der Teams sowie ein systematisches Coaching der Führungskräfte durch den externen Berater.

Ausgehend von den Bedürfnissen interner und externer Kunden werden auf allen Ebenen und in allen Arbeitsgruppen Meßgrößen zur Einschätzung der Verbesserungen definiert. Eine stetige Auswertung dieser Meßgrößen liefert Anhaltspunkte über die Entwicklung nach der Reorganisation und bietet hilfreiche Anstöße für das Bemühen um eine kontinuierliche Verbesserung des Prozesses. Die durch eine permanente

Prozeß-Diagnose oder durch Kundenbefragungen bereitgestellten Daten zu den laufenden Ergebnissen (Anzahl der Fehler, Nacharbeitszeiten, Durchlaufzeiten, Anzahl der Reklamationen interner wie externer Kunden usw.) werden regelmäßig ausgewertet und daraufhin überprüft, ob sie ein Potential für eine weitere Optimierung anzeigen.

Diese laufende Evaluation ermöglicht es nicht nur, den eingeleiteten Wandel zu dokumentieren und den Erfolg der Maßnahmen auszuweisen. Eine solche in sich transparente Rückmeldung von Erfolgsdaten wie von kritischen Ansatzpunkten für weitere Verbesserungen motiviert die Beteiligten, auf dem eingeschlagenen Weg weiterzumachen, was insbesondere dort erforderlich ist, wo mit dem Reengineering zugleich ein kontinuierlicher Verbesserungsprozeß implementiert werden soll.

Externe Berater können die hausinternen Spezialisten auch auf diesem Gebiet sinnvoll ergänzen und sind so als eine wichtige Ressource zu sehen. In der Zusammenarbeit zwischen externen Beratern und hausinternen Projektmitgliedern ist dabei sicherzustellen, daß das gesamte Projektmanagement des Reengineering so gestaltet ist, daß das Wissen und die Fähigkeiten der Externen sukzessive auf die internen Mitarbeiter übergehen und so das interne Qualifikationspotential etwa in den Bereichen des Projektmanagements, der Moderation sowie der Organisationsentwicklung über ein gezieltes Coaching systematisch ergänzt und erweitert wird.

Der Einstieg in das Reengineering öffnet damit unterschiedliche Perspektiven, die über die Reflexion des eigenen Handelns in Richtung Aufbau einer „Lernenden Organisation“ führen können. Lernende Organisationen unterscheiden sich nun von traditionellen Unternehmen allerdings nicht etwa dadurch, daß sie ein umfangreicheres und reichhaltigeres Weiterbildungsangebot unterhielten. Daher dürfen Trainings und Seminare, die im Zusammenhang des Reengineering notwendig sind, nicht als Indizien einer solchen „Lernenden Organisation“ mißverstanden werden. Lernende Organisationen sind nicht etwa solche, in denen viele Seminare, Workshops etc. stattfinden. Sie zeichnen sich vielmehr dadurch aus, daß sie über eine Lernfähigkeit verfügen, die es ohne ein bürokratisches Regelwerk zuläßt, daß Abläufe stetig optimiert werden, Qualifizierungsmaßnahmen selbstorganisiert gestaltet werden usw.

Als Elemente einer auf der laufenden Reflexion des eigenen Handelns basierenden Lernkultur lassen sich etwa folgende Punkte benennen:

- prozeßbegleitendes Coaching von Führungskräften durch einen externen Berater;
- Beratungsleistungen nicht als Problemlösung, sondern als Hilfe zur Selbsthilfe für sämtliche Arbeitsgruppen;
- permanente Evaluation der Gruppenergebnisse mittels Gruppengespräche, in denen Werkzeuge des Total-Quality-Management sowie des kontinuierlichen Verbesserungsprozesses zur laufenden Optimierung der Arbeit eingesetzt werden;
- selbstorganisierte wechselseitige Qualifizierung „on the job" innerhalb der Arbeitsgruppen;
- lernfreundliche Gestaltung der Arbeitsumgebung (Ausrüstung der Arbeitsgruppen und Teams mit Moderationsmaterialien, Einrichtung von Lernecken vor Ort für die Gruppengespräche);
- konsequente Unterstützung durch die Unternehmensleitung.

In Lernenden Organisationen dient die Evaluation der laufenden Entwicklung weniger dem innerbetrieblichen Controlling. Vielmehr bildet sie eine wichtige Quelle zur Reflexion und Ergebnis-Korrektur im Sinne einer kontinuierlichen Verbesserung. Diese vor allem über die regelmäßigen Gruppengespräche getragene stetige Prozeßoptimierung vollzieht sich nach dem Prinzip des kontinuierlichen Verbesserungsprozesses in kleinen Schritten und kann, bei fundamentalen Fortschritten etwa der unterstützenden Informationstechnologie, den Weg in ein erneutes Reengineering ebnen.

Vor diesem Hintergrund läßt sich das Business Reengineering als der Gesamtprozeß verstehen, in dem zur durchgreifenden und nachhaltigen Optimierung der Geschäftsprozesse neue Strukturen, wie Wertschöpfungsbereiche, Fraktale etc. gebildet werden, Team- und Gruppenarbeit als Standard der Arbeitsorganisation eingeführt und der kontinuierliche Verbesserungsprozeß auf den Weg gebracht wird (KVP-Management, Kaizen). Das Herzstück des Business Reengineering aber bleibt die Arbeit an den Geschäftsprozessen, d.h. deren Restrukturierung und Reorganisation.

Daß viele Projekte eines Business Reengineering scheitern, kann – zugespitzt – damit in Verbindung gebracht werden, daß sie bei aller Radikalität nicht radikal und revolutionär genug sind. Unbefriedigende Ergebnisse in 50-75% der Fälle kommen nicht von ungefähr: Arbeit an den Geschäftsprozessen läßt sich in aller Regel nicht ohne gleichzeitige Veränderung des unternehmerischen Gesamtrahmens durchführen. Daher muß das Unternehmen stets in seiner Gesamtorganisation nicht nur zur Debatte, sondern zugleich real zur Disposition stehen. Ansonsten beschränken sich Restrukturierung und Reorganisation auf die Neuordnung bestehender Funktionen, Abläufe und Geschäftsprozesse, die aber nach wie vor isoliert gesehen werden und die betriebliche Grundordnung unangetastet lassen. Erst wenn deren Vernetzung mit der bestehenden Organisationsstruktur in den Blick kommt und parallel auf deren Neuordnung abgestimmte Veränderungen in der betrieblichen Gesamtorganisation (z.B. Segmentierung, Fraktale bzw. Wertschöpfungsbereiche bilden) vorgenommen werden, kann man von einem Reengineering sprechen, das den hohen Anforderungen des Ansatzes im Sinne eines Unternehmen-Redesigns gerecht wird (vgl. Schaubilder S. 98, 166 und 168).

Die Grundvorstellung fraktaler Segmente ist daher für jeden bedeutsam, der sich zum Ziel gesetzt hat, an der Restrukturierung und Reorganisation betrieblicher Strukturen und Prozesse mitzuwirken.

Ähnliches gilt für den Grundgedanken einer virtuellen Organisation betrieblicher Leistungscenter in Büro- und Dienstleistungsbereichen. Auch hier ergeben sich verschiedene Konsequenzen und Überlegungen, etwa im Kontext von „Work-flow-Konzepten“, die vollständig neue

Formen der Aufbau- und Ablauforganisation ermöglichen, wie sie vom Business Reengineering angestrebt werden.

Vor Reengineering	*Nach Reengineering*
■ Funktion	■ Prozeß
■ Gesamtunternehmen	■ Fabrik in der Fabrik
■ Vertikal	■ Horizontal
■ Tiefe Hierarchie	■ Flache Hierarchie
■ Einzelkämpfer	■ Teams/Projektgruppen
■ Führung durch Anweisung	■ Empowerment und Delegation
■ Fremdkontrolle	■ Selbstkontrolle
■ Starre Bürokratie	■ Flexibilität
■ Systeme bestimmen die Vorgänge	■ Innovative Technologien unterstützen die Prozesse
■ Wenig Veränderungsbereitschaft	■ Kontinuierliche Verbesserung

6
Einführung von Business Reengineering: Ein Praxisfall

Kritische Stellungnahmen haben bereits mehrfach darauf aufmerksam gemacht, daß Hammer/Champy die Notwendigkeit zum radikalen Wandel zwar aufzeigen, aber nicht sagen, *wie* derartige Veränderungsprozesse gestaltet werden können. Der Hinweis darauf, daß Wertschöpfungsketten für die Bewältigung zukünftiger Anforderungen grundlegend anders organisiert sein müssen und alles Bestehende grundsätzlich in Frage zu stellen sei, reicht nicht aus, um ein Verständnis dafür zu entwickeln, wie Reengineering in der Praxis aussieht. Doch wie geht das interessierte Management nun vor, wenn das Business Reengineering auch in seinem Verantwortungsbereich greifen soll? Welche Aufgaben stellen sich Beratern und Trainern in diesem Kontext?

Am folgenden Praxisfall läßt sich der Prozeß der Restrukturierung und Reorganisation eines Unternehmens in allen Einzelheiten nachvollziehen. Er gibt Auskunft darüber,

- wie der Kontakt zustande gekommen ist,
- wie das Projekt vorbereitet worden ist,
- wie wir die Projektgruppe (bzw. das Reengineering-Team) gegründet haben,
- wie wir die Projektgruppe vorbereitet haben,
- welchen Auftrag die Projektgruppe hatte,
- in welchen Schritten sie zu welchen Ergebnissen gekommen ist,
- wie sich das Projekt im Verlauf von zwei Jahren entwickelt hat und
- welche Probleme aufgetaucht sind und wie wir sie gelöst haben.

Bei unserem Studienfall handelt es sich um die Papierfabrik Ortmann der SCA-Hygiene Austria GmbH in Österreich, im folgenden kurz Werk

Ortmann genannt. Dort wird Papier erzeugt und weiterverarbeitet. Mit 760 Mitarbeitern entspricht es einem mittelständischen Unternehmen, das zu einem Großkonzern der Branche (SCA) gehört. Zum Verständnis der Probleme und Entwicklungen im Werk Ortmann, die zur Entscheidung für eine konsequente Neugestaltung des gesamten Unternehmens geführt haben, ist ein kurzer Blick auf die aktuelle Situation der Papierindustrie erforderlich. Dies soll daher der Studie vorangestellt werden.

Typisch für die Papierindustrie ist eine sehr hohe Kapitalintensität bei einer Produktion von meist namenlosen Massenprodukten. Seit einigen Jahren und mit großer Wahrscheinlichkeit auch in Zukunft steht die Papierindustrie in einem verschärften Wettbewerb. Dieser wurde verursacht

- durch eine Währungsabwertung in den Ländern der europäischen Konkurrenten (bis zu 25% in zwei Jahren),
- durch einen verschärften Importdruck (Wegfall der Ostmärkte für skandinavische Anbieter),
- durch hohe Überkapazitäten im In- und Ausland, durch ständig steigende Rohstoffpreise, die erst zeitverzögert weitergegeben werden können,
- durch nur sehr schwach ausweitbare Absatzmengen.

Die hieraus resultierende dramatische Situation wird gekennzeichnet durch einen stagnierenden Mengenabsatz (12,8 Mio t 1990; 12,9 Mio t 1993) bei einem gleichzeitigen Umsatzrückgang um 21%. Allein für 1992/93 war ein Preisverfall um 12% festzustellen, was 1993 nach Zahlen des Vereins Deutscher Papierfabriken zu kumulierten Verlusten in Höhe von 900 Mio. DM für die Branche führte (entspricht 6% des Umsatzes). Traditionell reagiert die Papierindustrie auf Kostenprobleme mit Mengenwachstum, Steigerung des Veredelungsgrades sowie mit dem Einsatz verbesserter Technologien (Verfahren, Rezepturen) und mit der Optimierung des Rohstoffeinsatzes. Auch die Maschinenbelegung (Verschnittprogramme) ist inzwischen vollautomatisiert und optimiert.

Vorherrschend war und ist also eindeutig eine Konzentration auf technische und technologische Verbesserungen. Im Bereich der Organisation ersetzt man die unbefriedigenden Abläufe durch effizientere, man etabliert neue und raffinierte Verfahren/Systeme und implementiert ausgeklügeltere Budgetierungs- und Controllingverfahren. Immer noch wird aber nicht die Frage nach den Ursachen unbefriedigender Organisation gestellt, sondern nur nach dem noch verhandenen Potential bei Beibehaltung erstarrter Organisationsstrukturen und -schemata gesucht.

Die tayloristischen Strukturen sowie die betrieblichen Abläufe standen zu keinem Zeitpunkt wirklich ernsthaft zur Disposition; ebensowenig wurden Ansätze verfolgt, die sich auf eine systematische Nutzung der Innovationskraft der eigenen Mitarbeiter richten. Dies zeigt sich etwa bei den vielfältigen Anstrengungen, die Personalkosten zu reduzieren, wobei die Mitarbeiter lediglich im negativen Sinne als Kostenbestandteil betrachtet werden, nicht aber im positiven Sinne als konstruktive Ideenbringer, die es durch entsprechende Maßnahmen wie Total-Quality-Management, KVP, Gruppenarbeit usw. zu fördern gilt.

Die derzeitigen Organisationsstrukturen in der Papierindustrie sind durch eine Reihe spezifischer Merkmale gekennzeichnet. So existiert zumeist eine tiefgestaffelte Aufgabenorganisation mit lediglich drei Hauptbereichen in der Spitze, und zwar Produktion & Technik, Verwaltung (Finanzbuchhaltung, Betriebswirtschaft, Rohstoffeinkauf, technischer Einkauf, EDV, Recht) und Marketing & Vertrieb, aber es existieren bis zu acht Hierarchiestufen pro Hauptbereich (selbst in mittelgroßen Betrieben!).

Ebenso oft ist eine Vielzahl an zentralen Diensten anzutreffen, die von Spezialisten geführt werden und die der Geschäftsführung bzw. der Werksleitung unterstehen. Typische Beispiele hierfür sind Logistik (einschl. Planung und Steuerung), Qualitätswesen, Instandhaltung, technische Planung. Eine stark funktional orientierte Organisationsstruktur herrscht auch in den Produktionsbereichen vor, wobei hier fast durchgängig eine den technischen Anlagen entsprechend gegliederte Fabrik anzu-

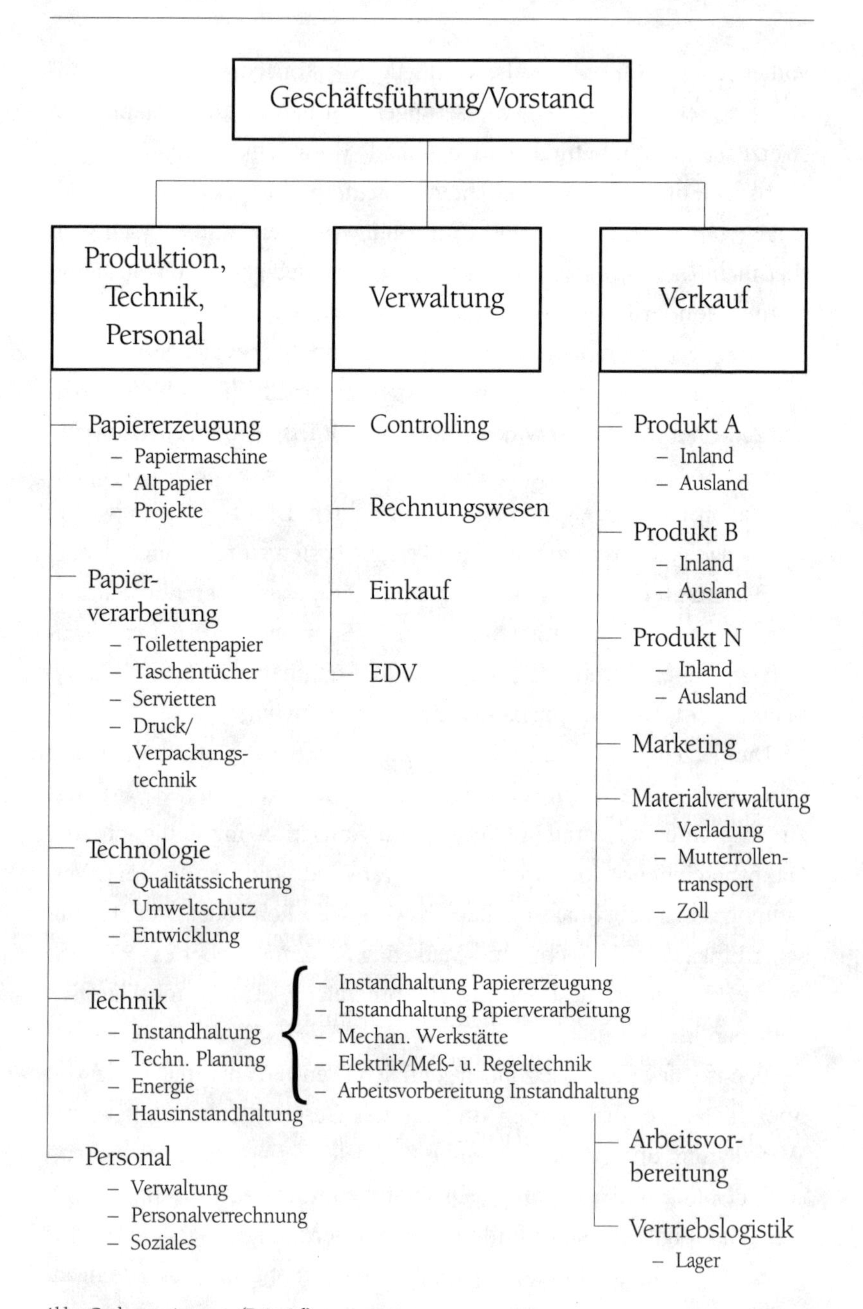

Abb.: Groborganigramm (Beispiel)

treffen ist, in der eine tayloristisch-funktionale Arbeitsorganisation im Abteilungsdenken verhaftete Maschinenspezialisten hervorbringt.

Diese starren Organisationsformen haben in den Abläufen und bei den Mitarbeitern im Laufe der Zeit zu sehr problematischen Entwicklungen geführt, die unter den gegenwärtig schwierigen wirtschaftlichen Bedingungen besonders kraß hervortreten und die grundlegende Problemlösungen etwa im Sinne prozeßorientierter Ansätze erheblich behindern. Solche Problemlagen sind:

■ Lange Instanzenwege, viele Kompetenzabgrenzungen

Wichtige oder für wichtig gehaltene Vorgänge werden in der Hierarchie jeweils nach oben verlagert, also in der Regel vom nächsthöheren Vorgesetzten entschieden. Um unter diesen Bedingungen den Betrieb überhaupt noch handhabbar zu halten, ist eine Reihe sehr komplexer Vorschriften notwendig, damit nicht alle Entscheidungen im Organisationsschema „rauf und runter" laufen müssen. Um das Tagesgeschäft zu bewältigen (z.B. die Frage zu klären, wie weit in einer bestimmten Angelegenheit die Kompetenz der zentralen Dienste reicht), werden mehr oder minder umfangreiche Organisationshandbücher benötigt.

Da sich in dieser Konstellation jedoch auch viele Spannungsfelder entwickeln, wird immer wieder der Ruf nach „durchsetzungsstarken Mitarbeitern" laut, nicht zuletzt um Bereichsegoismen zu verteidigen. Da diese Mitarbeiter aber nicht den gesamten Produktionsfluß im Auge haben und nur ihre Spezialaufgabe sehen, führt eine solche Durchsetzungsstärke zwar zu Entscheidungen, aber selten zu optimalen Lösungen.

■ Einseitige Qualifikation der Mitarbeiter

Insbesondere in der Fertigung hat das Spezialistentum ein auf Maschinentätigkeiten verengtes Denken und Problembewußtsein hervorgebracht, in dem eine Vorstellung vom Prozeßfluß der Produktion keinen Platz hat. Hierdurch wird die Austauschbarkeit des Personals stark begrenzt, während sich gleichzeitig in den eingeschränkten Handlungsspielräumen der Mitarbeiter kaum Formen des Mitdenkens herausbilden.

■ Mangelnde Motivation und fehlende Identifikation der Mitarbeiter mit dem Unternehmen

Die bisher in Unternehmensleitungen vorherrschende Sichtweise, welche die Mitarbeiter in erster Linie als Kostenfaktor und weniger als Leistungsressource behandelt, führt zu wenig motivierten Mitarbeitern sowie zu einer bestenfalls geringen Identifikation mit ihrem Unternehmen. Dies betrifft vor allem die ausführend tätigen Mitarbeiter, die erfahrungsgemäß wesentlich mehr zu geben bereit und in der Lage sind als ihnen tatsächlich abgefordert wird.

■ Ausblendung des „Faktors Mensch"

Die gegenwärtig eingeschränkte Arbeitssituation der Beschäftigten in der Papierindustrie reflektiert die bisherige Konzentration der Rationalisierung auf die Automation, die technische Systemunterstützung und die Optimierung von Planungsvorgängen. Der „Produktionsfaktor Mensch" gerät hingegen erst ins Blickfeld, wenn sich die traditionellen Methoden als unzureichend erweisen, um mit den aktuellen Problemen fertig zu werden. Überspitzt ausgedrückt könnte man auch sagen: Zunächst hat man erfolgreich am Menschen vorbei organisiert, und erst, nachdem dies offensichtlich nicht mehr ausreicht, beginnt man, den Menschen in die Überlegungen mit einzubeziehen.

■ Vordergründige Fixierung auf die Kostenstruktur

Bei vielen kapitalintensiven Großanlagen hat man nur selten daran gedacht, daß solche Anlagen auch einmal nicht mehr voll ausgelastet sein könnten, und daß damit komplizierte, teure Steuerungen unwirtschaftlich werden. Als wichtigstes Argument für die Vernachlässigung des „Faktors Mensch" in diesem Zusammenhang galt die Kostenstruktur: Die Personalkosten machen in der Papierindustrie nur ca. 8-15% der Gesamtkosten aus, weshalb das Management hier bislang kein entscheidendes Potential für durchgreifende Rationalisierungserfolge sah. Übersehen hat man in diesem Zusammenhang allerdings, daß mit eben diesen 8-15% der Kosten der gesamte Prozeß gesteuert wird, also das Vielfache an anderen Kosten beeinflußt werden kann. Vor diesem Hintergrund stellt sich die elementare, aber bislang wenig beachtete Aufgabe, das Interesse der Unternehmen an einer breiteren Nutzung des Leistungs- und Innovationspotentials mit dem Mitarbeiterinteresse nach umfangreicher Qualifikation und einem lern-, gesundheits- und persönlichkeitsfördernden Arbeitsplatz zu verbinden.

Nachdem seit einigen Jahren in anderen Industriezweigen Ansätze erprobt und realisiert werden, die auf eine umfassende Reorganisation des Unternehmens bei gleichzeitiger Einführung schlanker Organisationsstrukturen zielen, stellt sich auch für eine kapitalintensive und technikorientierte Branche wie die Papierindustrie die Frage, inwieweit Modelle wie das der „fraktalen Fabrik" auf die Praxis in ihrem Wirtschaftsbereich zu übertragen sind, d.h. inwieweit es möglich und sinnvoll ist, in Unternehmen der Papierindustrie dezentrale Einheiten in der Form von Wertschöpfungsketten zu bilden, zentrale Dienste aufzulösen und dezentral zu organisieren, Kernkompetenzen in den Vordergrund betrieblichen Handelns zu rücken und Verantwortung an die Unternehmensbasis zu delegieren.

Solche Eingriffe in bestehende Strukturen verlaufen jedoch auch außerhalb der Papierindustrie nicht immer einfach und konfliktfrei. Probleme ergeben sich insbesondere dort, wo bislang keinerlei Anstrengungen in Richtung schlanke Unternehmensstrukturen gemacht worden sind und wo zugleich das Verständnis von Kundenorientierung wenig ausgeprägt ist. Wenn eine Reorganisation gleichzeitig Stellenkürzungen und Entlassungen in einer Größenordung von 20-30 Prozent ermöglicht (die notwendig sind, um zu überleben), wird es große Schwierigkeiten geben, bei der Belegschaft und im mittleren Management ausreichend Verständnis und Akzeptanz für Reorganisationsmaßnahmen zu finden. Dies gilt um so mehr, als das Bemühen um eine schlanke Produktion und ein schlankes Management hierzulande oft lediglich als Kostensenkung zu Lasten der Beschäftigten, d.h. als Personalabbau begriffen wird.

So ist es als Vorteil anzusehen, wenn bereits Erfahrungen mit dem Total-Quality-Management, dem kontinuierlichen Verbesserungsprozeß (KVP), der schlanken Produktion (Gruppenarbeit!) oder dem Lean Management vorliegen, zumal wenn schon eine sozialverträgliche Ausdünnung der Belegschaft erfolgt ist. Auch das Total-Quality-Management, ebenso wie der KVP oder die Arbeiten in Gruppen und Teams, erziehen zum funktionsübergreifenden Denken. Unternehmen, die hier schon ein Stück des Weges in Richtung Reengineering zurückgelegt haben, sind in der Regel reifer als andere Unternehmen. Sie können die Philosophie des Reengineering leichter aufnehmen und umsetzen, denn Reengineering beinhaltet Elemente aus all diesen Ansätzen.

Wichtig ist die Auswahl der Unternehmensprozesse, bei denen man mit der Restrukturierung beginnt. Hier werden viele Fehler gemacht. So berichtet Kreuz von Unternehmen (1994, 7), die ausgerechnet in Bereichen mit dem Business Reengineering beginnen wollten, die weder für den Unternehmenserfolg noch für den Kundennutzen von entscheidender Bedeutung waren: in der Personalabrechnung bzw. in der Debitoren- und Kreditorenbuchhaltung. Beginnt man halbherzig in solchen unterstützenden Teilbereichen, die nicht den unternehmerischen Kernprozessen zuzuordnen sind, läuft man Gefahr, daß die Mitarbeiter im Reengineering-Ansatz nur ein neu verpacktes Programm zur Senkung der Kosten, und d.h. hier vor allem des Personalaufwands sehen. Es dürfte kaum erstaunen, wenn in solchen Fällen kaum eine Bereitschaft auf seiten der Betroffenen entsteht, konstruktiv bei der Restrukturierung und Reorganisation (bzw. bei der darin vermuteten Auflösung des eigenen Arbeitsplatzes) mitzuwirken.

Nicht zuletzt vor dem Hintergrund derartiger Erfahrungen wird deutlich, wie wichtig es ist, den Mitarbeitern gegenüber verständlich zu machen, daß das zentrale Ziel der betrieblichen Restrukturierung und Reorganistion in einer optimalen Marktanpassung liegt und nicht im Abbau von Kosten und Personal. Nur so läßt sich die Basis dafür schaffen, daß leistungsorientierte Mitarbeiter von der neuen Aufgabe motiviert werden und bereit sind, bestehende Abläufe radikal in Frage zu stellen, grundlegend neue Lösungen zu erarbeiten und die Kernprozesse des Unternehmens zu perfektionieren.

6.1 Die Ausgangssituation

Die Ausführungen auf den vorangegangenen Seiten sind zwar auf die Papierindustrie im allgemeinen bezogen, treffen aber natürlich auch, wenngleich in unterschiedlichem Maße und in unterschiedlicher Ausprägung, auf das Werk Ortmann zu. Entscheidend ist jedoch, daß das Werk Ortmann über ein Top-Management verfügt, das auch schon in den letzten Jahren immer wieder Projekte zur Optimierung des Gesamtwerkes durchgeführt hat und sich intensiv mit modernen Management-Ansätzen auseinandersetzt. So wurde vor dem hier skizzierten Reengineering-Projekt bereits ein Qualitätsverbesserungsprozeß (TQM) initiiert, der unter Einbeziehung aller Mitarbeiter und unter Berücksichtigung des erweiterten Qualitätsbegriffes eine nachhaltige Verbesserung der Qualität im Gesamtwerk zum Ziel hatte. Dieser Prozeß entwickelte sich nicht wie erwartet, bot aber gleichzeitig eine gute Grundlage, sich mit dem Konzept des Reengineering bzw. der Prozeßoptimierung auseinanderzusetzen und den begonnenen Prozeß in das zu entwickelnde Konzept zu integrieren.

So galt es auch hier darauf zu achten, nicht an relativ unwichtigen oder unbedeutenden Prozessen anzusetzen, sondern kardinale Prozesse in das Zentrum des Reengineerings zu stellen. Diese sind entweder die Kernprozesse der Wertschöpfung selbst, oder solche, bei denen das Unternehmen in der Vergangenheit große Probleme hatte.

Besonders eignen sich Prozesse, die als defizitär angesehen werden, stark arbeitsteilig oder mit vielen Überschneidungen und Schnittproblemen belastet sind.

Das Werk Ortmann bereitet Altpapier auf, erzeugt Papier und verfügt über eine Papierverarbeitung mit mehreren Produktionslinien für Hygienepapierprodukte (Taschentücher, Servietten und Toilettenpapier). Die Bereiche Marketing und Vertrieb sowie Administration runden das Gesamtwerk ab. Die erste Frage war also, wo der Reengineering-Ansatz beginnen sollte, wobei die Bereiche Marketing und Vertrieb sowie die Administration außen vorbleiben sollten. So war also zwischen der Papiererzeugung und der Papierverarbeitung zu entscheiden. Es gab gute Argumente sowohl für die Papiererzeugung als auch für die -verarbeitung. Die endgültige Entscheidung sollte allerdings unter Einbeziehung der betroffenen Führungskräfte gefällt werden.

Eine Prozeßanalyse im Sinne von Hammer und Champy, die sämtliche betriebliche Prozesse zunächst einmal aufnimmt und zur Disposition stellt, wurde ursprünglich nicht angestrebt, später jedoch im Rahmen der Fraktalisierung des Unternehmens vorgenommen. Sie hat sich damit keinesfalls erübrigt, auch wenn der Vorstand in seinen Vorüberlegungen pragmatisch und intuitiv an das Projekt heranging und die Vorauswahl (Papiererzeugung oder Papierverarbeitung) quasi top-down vorgenommen hat.

Eine solche Entscheidung kann durchaus Sinn machen, wenn es dem Unternehmen schlecht geht und nicht ausreichend Geld verdient wird. Besteht zudem die Vermutung, daß die Verschwendung und Unproduktivität in einem Werksbereich am größten sind, hier sinnbildlich gesprochen also am meisten Geld auf dem Boden liegt, bildet ein solcher Pragmatismus einen möglichen Zugang, der relativ schnell weitere Schritte erlaubt.

Eine solche Blitzanalyse der aktuellen Ist-Situation kann am besten vom Vorstand vorgenommen werden, wobei sich in diesem Kontext ebenfalls klären läßt, welche Motive bei ihm für ein Reengineering-Projekt vorliegen. Diese können vielfältig sein und mit einer unbefriedigenden Verzinsung des eingesetzten Kapitals, mit einem veränderten Kundenverhalten, der innerbetrieblichen Kostenstruktur, einer unzureichenden Akzeptanz der eigenen Leistungen bzw. Produkte usw. zusammenhängen.

Jeder Vorstand hat eine Vorstellung davon, wie das eigene Unternehmen im Wettbewerb steht. So können beispielsweise rückläufige Umsatzzahlen ein Indiz dafür sein, daß eine ausreichende Verzinsung des eingesetzten Kapitals nicht mehr und in Zukunft noch viel weniger zu erwarten ist. Obgleich das betreffende Unternehmen qualitativ hochwertige, gute Produkte herstellt, bietet die Produktqualität jedoch keine Garantie für eine entsprechend hohe Nachfrage, aus welchem Grund auch immer (der Kunde kauft diese Produkte z.B. nicht mehr, weil sie ihm aus irgendeinem Grund zu teuer geworden sind).

6.2 Wie der Kontakt zum Werk Ortmann zustande kam

Im Rahmen eines Symposiums zum Thema „Neue Organisationsstrukturen in der Papierindustrie“, auf dem der Autor zum Thema „Moderne Formen der Arbeitsorganisation“ referierte, kam der Kontakt zwischen dem Geschäftsführer des Werkes Ortmann, dem Autor und späteren Berater, zustande.

Für viele der dort anwesenden Werksverantwortlichen brachte das Symposium Anregungen und Anstöße, für ihre Werke Strategien zu entwickeln und diese eigenverantwortlich umzusetzen.

Auch der Geschäftsführer des Werkes Ortmann sah in den dargestellten Ansätzen Möglichkeiten, den begonnenen QVP-Prozeß erfolgreich zu Ende zu führen.

Umfassender Reengineeringansatz zur Effizienzsteigerung

1. Segmentierung/Modularisierung, Bildung von Wertschöpfungsbereichen/ Fabrik in der Fabrik/Fraktale	–	Effizienz eines Kleinunternehmens im Großunternehmen realisieren
2. Optimierung bzw. Neumodellierung von Prozessen	–	Die Organisationsstruktur wird am Produktionsplanungs- und Auftragsabwicklungsprozeß ausgerichtet
3. Teamorientierung	–	Im gebildeten Segment/Wertschöpfungsbereich werden Arbeits- und Serviceteams gebildet, die weitgehend autonom agieren: • Integration von Funktionen • Erhöhung des Handlungs- und Entscheidungsspielraumes • Dezentralisierung von Verantwortung
4. Kontinuierlicher Verbesserungsprozeß	–	Problemlösung am Ort der Problementstehung
	–	Problemerkennung – Problemlösung – Prozeßverbesserung – Abbau von Verschwendung in Beständen, Zeit, Kosten

Abb.: Umfassender Reengineeringansatz zur Effizienzsteigerung für das Werk Ortmann

Um sich für einen geeigneten Ansatz zu entscheiden, wurde der spätere Berater zu einem Vorgespräch ins Werk eingeladen, um die Möglichkeiten eines gemeinsamen Projektes zu diskutieren, insbesondere unter dem Gesichtspunkt, wie sich das bereits begonnene TQM-Projekt erfolgreich integrieren ließe. Dabei galt es, unterschiedliche Optionen zu prüfen und möglichst einen ganzheitlichen Ansatz zu entwickeln. Diese Diskussion mündete in eine Strategie, die als umfassender Reengineering-Ansatz zur Effizienzsteigerung für das Werk Ortmann angesehen wurde.

6.3 Erster Workshop mit dem Vorstand

Auf diesem ersten Workshop mit dem Vorstand wurde zur Absicherung des Standortes nach eingehender Beschäftigung mit diesen Optionen schließlich eine ganzheitliche Veränderungsstrategie ins Auge gefaßt, die eine deutliche Verringerung der internen Kosten mit sich bringen sollte und die das Pendel in Richtung Lean Management und Business Reengineering ausschlagen ließ.

Nachdem ein bereits im Vorjahr eingeleitetes Qualitäts-Verbesserungs-Programm in der bestehenden Organisation nicht umgesetzt werden konnte und eingefahrene Abläufe sich hartnäckig behauptet hatten, entschied sich das Top-Management nach dem ersten Kontakt mit dem externen Berater für eine radikalere Lösung, bei der die Organisationsstrukturen sich zwangsläufig ändern mußten.

Im Anschluß an diese Grundsatzentscheidung wurde ein Grobmodell erarbeitet, das darauf ausgelegt war, entweder in der Papiererzeugung oder in der Papierverarbeitung ein Pilotprojekt zu einer „Fabrik in der Fabrik" aus- bzw. umzubauen.

In die Diskussion des Grobkonzeptes, durch dessen Umsetzung Kostenführerschaft im Konzern angestrebt werden sollte, flossen in dieser Reihenfolge nachfolgende Grundgedanken ein: Segmentierung des Unternehmens, Optimierung der Geschäftsprozesse, Teamarbeit/Gruppenarbeit, Kontinuierlicher Verbesserungsprozeß (KVP).

Ausgehend von dem Gedanken der Segmentierung des Werkes in verschiedene „Unternehmen im Unternehmen" wurde das Werk Ortmann in einem Grobmodell zunächst in mehrere potentielle Wertschöpfungsbereiche aufgeteilt, die jeweils mit drei Hierarchieebenen auskommen: Top-Team als werkübergreifende Unternehmensleitung (dem Vorstand unterstellt), Führungsteam für das Management der einzelnen Wertschöpfungsbereiche, und schließlich die qualifizierten Arbeitsgruppen am „shop floor", die die Tätigkeiten wie Produzieren, Kontrollieren, Warten, Instandhalten, Qualität sichern etc. übernehmen. Damit konnte die vormals steile Unternehmenspyramide mit bis zu sieben Hierarchie-Stufen stark abgeflacht werden, was einem Grundgedanken des Lean Management wie dem Business Reengineering entspricht. Letzterem wurde zugleich der Gedanke entnommen, die einzelnen Wertschöpfungsbereiche nach dem Modell der Geschäftsprozeßoptimierung zu gestalten, eine Forderung, die mittlerweile auch innerhalb des Lean Management diskutiert wird (etwa Groth/Kammel 1994). Praktisch umgesetzt werden sollte diese Organisationsarchitektur mittels Team- und Gruppenarbeit, die ebenfalls strategische Elemente sowohl im Business Reengineering als auch im Lean Management bilden.

Damit das Unternehmen jedoch nicht zum Stillstand auf neuem Niveau kommt, sondern sich in Richtung eines lernenden Unternehmens (Probst/Büchel 1994) entwickeln kann, wurde die Gruppenarbeit schließlich um das Konzept der kontinuierlichen Verbesserung ergänzt, wie dies bereits an anderer Stelle skizziert ist (Stürzl 1992). So ergab sich ein umfassender Reengineering-Ansatz zur Effizienzsteigerung für das Werk Ortmann.

Zugleich wurden die Umrisse eines Projekt-Fahrplans skizziert, der die einzelnen Phasen des Vorgehens des späteren Reengineerings als grobe Richtschnur vorwegnahm. Ausgehend von dem bereits dokumentierten Willen der Unternehmensleitung, einen neuen Weg zu gehen, sollte zunächst eine kurze Reflexion der bestehenden Ist-Situation („Wo stehen wir heute?") erfolgen. Als nächster Schritt wurde die Erarbeitung

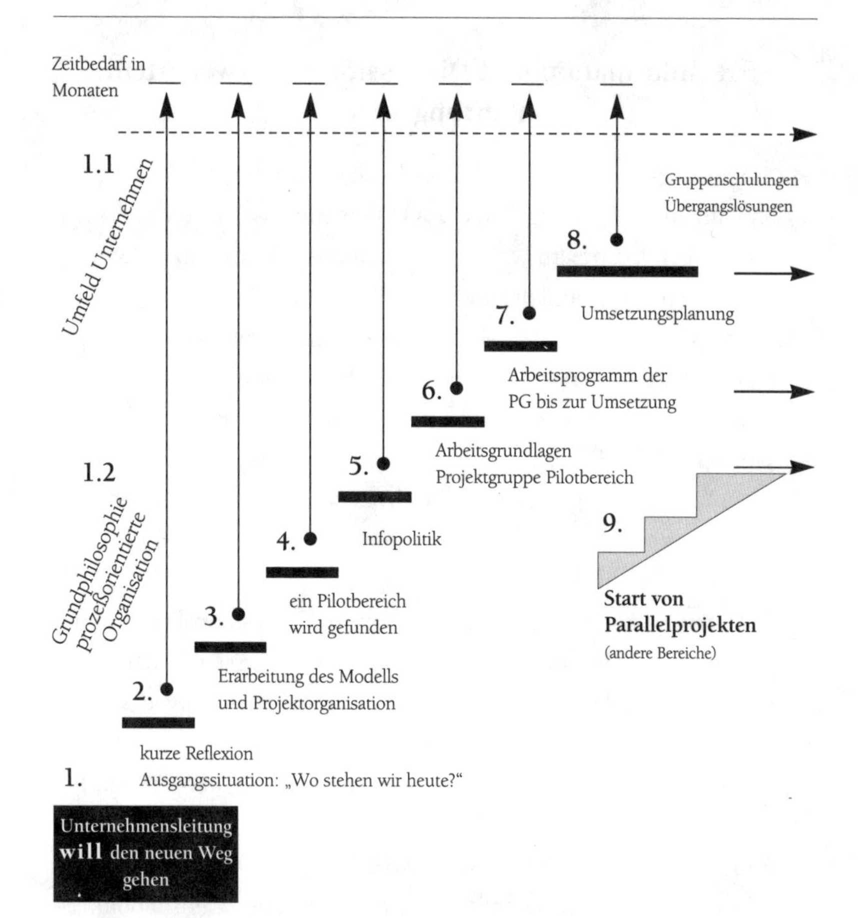

Abb.: Grobübersicht Projektphasen

eines Modells sowie der Projektorganisation vorgesehen. Danach sollte ein Pilotbereich ausgewählt und anschließend die Belegschaft umfassend über die beabsichtigten Veränderungen informiert werden, bevor die Arbeitsgrundlagen für eine Projektgruppe im Pilotbereich zu schaffen waren. Damit konnte dann die inhaltliche Arbeit der Projektgruppe beginnen, die mit der Umsetzungsplanung und der darin enthaltenen Arbeitsschritte endete. Parallel wurde der Start von Projekten in anderen Unternehmensbereichen in Betracht gezogen.

6.4 Information und Diskussion mit erweitertem Führungskreis

Mit Hilfe des vereinbarten Grobmodells der zukünftigen Werksorganisation wurden die Führungskräfte des Unternehmens über die geplanten Veränderungen informiert, wobei sich vereinzelt Skepsis und Ablehnung zeigte. Nach dem darauf folgenden Bericht über die aktuelle Liquiditäts- und Ertragssituation konnten die Bedenken ausgeräumt werden.

Nun galt es, die in einer mehrseitigen Präsentations- und Informationsunterlage zusammengefaßten und mit Hinweisen zu den Zielen und Antworten auf die Frage „Warum müssen wir etwas tun?“ versehenen Vorstellungen und Begründungen des Vorstands mit einem erweiterten Führungskreis intensiv zu diskutieren und, wo notwendig, zu konkretisieren bzw. zu modifizieren.

Diskutiert wurde erstmals auch die Frage, wo man sinnvollerweise mit einem Pilotprojekt beginnen könne, wobei sich herausstellte, daß einerseits die bestehenden Strukturen (klare Abgrenzbarkeit, fest definierte Produkte, räumliche Anordnung, leicht faßbare Schnittstellen), andererseits das Interesse von ausreichend vielen Führungskräften für den Bereich der Papiererzeugung sprachen.

Im Anschluß an diese Informationsrunde entschieden Vorstand und Betriebsrat, eine Pilotgruppe mit der Konzeption eines Wertschöpfungsbereichs zu beauftragen, die in Einklang mit dem Prinzip der Freiwilligkeit auf einer Führungskreissitzung gefunden werden sollte.

Schon hier zeigte sich, daß eine konstruktive Mitarbeit des Betriebsrates eine wichtige Voraussetzung für das Gelingen eines solchen flächendeckenden Veränderungskonzeptes ist.

Um den innerbetrieblichen Informationsstand über das begonnene Projekt zu vertiefen, wurden alle Führungskräfte des Unternehmens auf einer Informationsveranstaltung darum gebeten, in ihrem Verantwortungsbereich für eine Information aller Mitarbeiter zu sorgen, wobei nach dem Kaskadenprinzip (Bereichsleiter informieren Abteilungsleiter, Abteilungsleiter informieren Meister, Meister informieren Arbeiter) zu verfahren war.

Beschlossen wurde auch eine zusätzliche Herausgabe von Sondernummern der Werkszeitung, die vom Vorstand und dem Betriebsrat betreut werden sollten (gemeinsame Sondernummern).

Um Rückfragen betroffener oder auch interessierter Mitarbeiter ausführlich beantworten zu können, wurde schließlich auch die Möglichkeit von „Sprechstunden“ bei Mitgliedern des Projektteams, dem Vorstand sowie dem Betriebsrat angeboten.

6.5 Festlegung von Pilotbereich und Projektteam sowie Projektorganisation

Nachdem bereits die Überlegungen im erweiterten Führungskreis den Vorschlag erbrachten, das Pilotprojekt in der Papiererzeugung anzusiedeln und ein erster Vorschlag zur Zusammensetzung des Projektteams auf dem Tisch lag, und der Bereich nach weiteren Gesprächen mit dem externen Berater seine Zustimmung signalisierte, war der Pilotbereich gefunden.

Der Leiter der Papierverarbeitung (PV) war ebenfalls bereit, mit einem Pilotprojekt in seinem Verantwortungsbereich zu beginnen, überließ jedoch seinem Kollegen das Pilotprojekt, da sein Verantwortungsbereich den Beginn des Gesamtwertschöpfungsprozesses der Fabrik darstellt. Er selbst verfolgte den weiteren Entwicklungsprozeß im Pilotprojekt sehr aufmerksam und traf viele wichtige Vorkehrungen für den Prozeß in seinem Verantwortungsbereich. Daran anschließend war der zukünftige „Prozeßverantwortliche“ festzulegen, d.h. diejenige Person, die für den im Rahmen der Restrukturierung zu optimierenden Prozeß der Papiererzeugung verantwortlich sein sollte.

Gesucht war an diesem Punkt also der Mann, der in Zukunft die Geschicke der Papiererzeugung lenken sollte. Dieser wurde von seiten der Unternehmensleitung benannt und mit seiner Aufgabe vertraut gemacht.

Gesamtwertschöpfungsprozeß des Werkes Ortmann (Grobskizze) und Projektabgrenzung

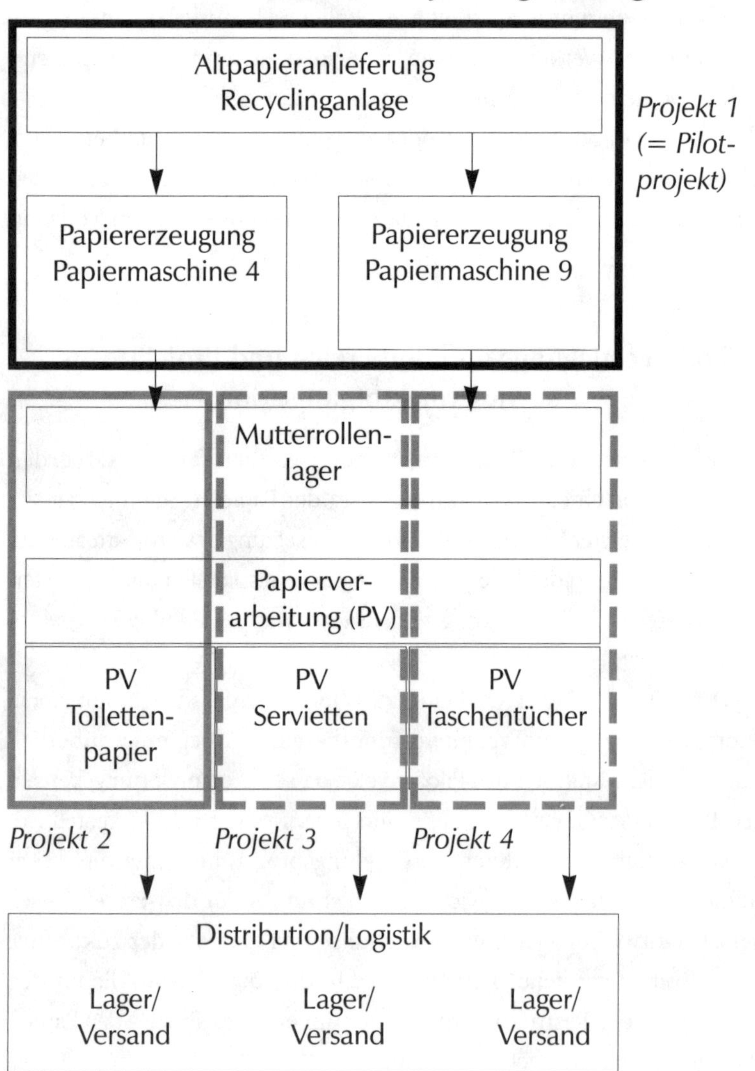

Abb.: Projektabgrenzung

So fand sich der Leiter der Papiererzeugung nach intensiven Gesprächen über die anstehende Restrukturierung und Reorganisation bereit, die Verantwortung für das Vorhaben in seinem Werksbereich zu übernehmen.

Als zukünftigem „Prozeßverantwortlichen" seines Wertschöpfungsbereiches fiel ihm die Aufgabe zu, das Reengineering-Team zu gründen und mit den Mitgliedern dieses Teams die erste selbständige „Fabrik in der Fabrik" nach dem Modell segmentierter Fraktale aufzubauen.

Eine seiner ersten Funktionen als Prozeßverantwortlicher war es daher, die Mannschaft zusammenzustellen, die sich als Projektteam an die Umstrukturierung der Papiererzeugung machen sollte. Dabei stellte sich zunächst die Frage, wer hier zu beteiligen war.

Nach den Erfahrungen der Organisationsentwicklung sollten in solchen Projektgruppen möglichst sämtliche Werksbereiche eingebunden sein, die von der späteren Umstrukturierung des Prozesses betroffen sind. Dies waren im Werk Ortmann – neben der Papiererzeugung – das Altpapiermanagement, der Einkauf, die Personalverwaltung, die Arbeitsvorbereitung, die Instandhaltung, Elektriker sowie Meß- und Regeltechniker, die Qualitätssicherung, die Materialwirtschaft sowie der Verkauf, d.h. alle, die notwendig sind, um den Prozeß der Papiererzeugung aufrechtzuerhalten und umzugestalten. All diese Bereiche wurden mit einem Sitz im Projektteam berücksichtigt.

Insgesamt bestand das Projektteam aus:

- dem internen Projektleiter, der dem Unternehmen gegenüber für die Arbeit des Teams verantwortlich war und das „entscheidende Wort" hatte;
- dem externen Berater, der auch am Lenkungsausschuß teilnahm und auf Wunsch des Teams zur Supervision an einzelnen Sitzungen der Gruppe teilnahm und dafür sorgen sollte, daß das Team gruppendynamisch richtig auf Kurs lag;

- einem externen Moderator, der die Teamsitzungen neutral zu moderieren hatte und dafür zuständig war, daß der „rote Faden" nicht aus den Augen verlorenging;
- einem internen Administrator, der Protokolle über die einzelnen Treffen zu verfassen hatte, die Sitzungen vorbereitete und für die laufende Projektorganisation zuständig war;
- sowie mehreren fachlich orientierten Teammitgliedern, die sich ebenfalls freiwillig zur Mitarbeit im Projektteam bereitfanden.

Nach ihrer Zusammenstellung nahm die Projektgruppe ihre Arbeit auf, indem sie mit dem Berater in Klausur ging, um den konkreten Auftrag zu klären, die Ziele festzulegen, das Vorgehen zu besprechen und das Programm für die gemeinsame Arbeit vorzugeben. Alle Details waren zu besprechen, etwa auch, wann und wo sich das Team treffen würde. Dabei vereinbarten die Teammitglieder, sich regelmäßig einmal pro Woche außerhalb der Fabrik zusammenzusetzen.

Anfangs gab es gegen eine solche Entscheidung Bedenken, weil einzelne Mitglieder glaubten, ohne ihre Anwesenheit im Werk würde die Papiererzeugung nicht reibungslos laufen können. Andere meinten, Meister und Werker müßten auch ohne Kontrolle und Anwesenheit ihrer Vorgesetzten ihrer Verantwortung nachkommen. Die Zweifler wurden bestätigt, denn es schlichen sich tatsächlich kleinere und auch größere Fehler ein, die durch die Anwesenheit der Führungskräfte hätten vermieden werden können. Es war auch ein Beleg dafür, daß noch einiges an Qualifikationsbedarf zu decken war, bis sich die Führungskräfte auf ihre Mitarbeiter voll verlassen konnten und diese nicht nur bereit, sondern auch fähig waren, Verantwortung für einen reibungslosen Ablauf und notwendige und richtige Vorortentscheidungen zu übernehmen.

Inzwischen sind die Gespräche bis auf eintägige Arbeitstreffen mit erträglichen Telefonstörungen ausgebaut worden.

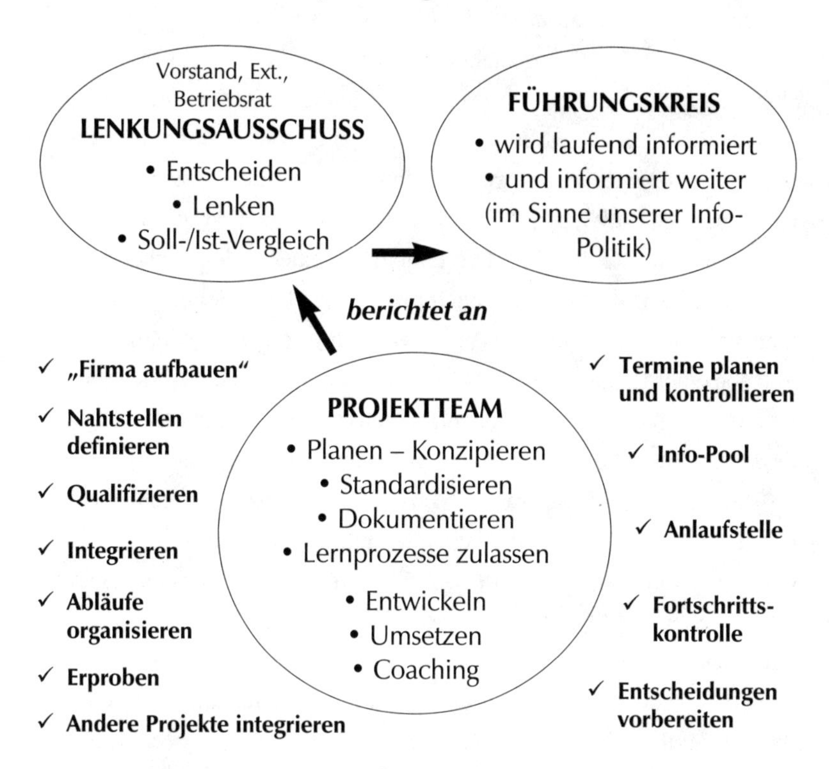

Abb.: Projektorganisation

6.6 Startworkshop des Projektteams Papiererzeugung

Die eigentliche Arbeit im Projektteam begann mit einem 3-tägigen Workshop, der vor allem dazu diente, die Erwartungen und Befürchtungen der beteiligten Mitglieder zu formulieren und zu besprechen, den Projektauftrag zu konkretisieren und die ersten Arbeitsschritte des Teams einzuleiten. Die Moderation dieses Workshops wurde vom externen Berater übernommen.

Der vom Vorstand in Absprache mit dem Betriebsrat sowie dem externen Berater vorgegebene Auftrag an das Projektteam bestand in der

Einführung eines schlanken Managements in der Papierfabrik zusammen mit einer Reorganisation des Wertschöpfungsbereichs der Papiererzeugung, und zwar auf der arbeitsorganisatorischen Basis selbstverantwortlicher Gruppenarbeit. Hiervon versprach sich das Unternehmen Kosteneinsparungen und Produktivitätsverbesserungen in Größenordnungen, die nicht zuletzt dadurch erzielt werden sollten, indem bislang verschüttete Potentiale und Synergien des Unternehmens genutzt werden.

Zugleich wollte das Top-Management mit einem erfolgreichen Projekt in der Papiererzeugung ein Signal für das übrige Unternehmen setzen. So kam der Umstellung in der Papiererzeugung in gewisser Hinsicht die Aufgabe einer Lokomotive zu, von der aus sich die Veränderungen in alle Unternehmensbereiche ausdehnen sollten, mit der Zielrichtung einer verbesserten Wertschöpfung in allen Unternehmensteilen.

Wie vom Top-Management, so wurde auch im Projektteam die Auffassung vertreten, daß mit der geplanten Einbeziehung aller Mitarbeiter in Gruppen- und Teamarbeit eine möglichst weitgehende Dezentralisierung der bestehenden Strukturen sowie ein vergrößerter Entscheidungsfreiraum des einzelnen auf allen Ebenen anzustreben sei, um unternehmenskulturelle Faktoren wie die Identifikation mit dem Unternehmen, das Betriebsklima und die Kooperationsbereitschaft positiv zu beeinflussen.

Andererseits existierten auch Befürchtungen und Zweifel, ob sich die gesteckten Ziele wirklich würden erreichen lassen. Diese bezogen sich vor allem auf die Gefahr eines Scheiterns infolge nicht oder zu spät erkannter Schwierigkeiten, auf eine Orientierungslosigkeit in der Umstellungsphase, Probleme mit neuen Schnittstellen oder gesetzliche Beschränkungen, die letztlich zu faulen Kompromissen führen würden.

Unsicherheiten wurden ebenso im Hinblick auf die eigene Zukunft geäußert, insbesondere was die persönliche Stellung in der neuen Organisation betraf. Für den weiteren Verlauf sollte es sich als richtig erweisen, bereits zu diesem frühen Zeitpunkt auch die stillen Zweifel der Mitglieder im Projektteam anzusprechen, um diese in einem gemeinsamen Gespräch auszuräumen, einem Gespräch, an dessen Ende sich der

Wille zu Veränderungen und individuellem Engagement artikulierte sowie die Bereitschaft, persönliche Interessen zurückzustellen. Diese Absichten wurden übrigens auch im Protokoll des Workshops als eine an die Mitglieder des Teams gerichtete Erwartung dokumentiert.

Die nächste Aufgabe des Workshops bestand darin, gemeinsam zu überlegen, welche Themen und Fragestellungen zunächst geklärt werden mußten, bevor eine erfolgreiche Projektarbeit eingeleitet werden konnte. So waren z.B. die Spielregeln für die weitere Arbeit des Projektteams festzulegen. Vereinbart wurde ein wöchentliches Treffen des Teams an einem festen Wochentag und Tagungsort, wobei die Teammitglieder sich bereit erklärten, abwechselnd die Moderation der Sitzungen zu übernehmen. Darüber hinaus vereinbarten das Team und der externe Berater, letzteren nach Bedarf einzubinden, wobei jedoch mindestens ein gemeinsames Treffen pro Monat festgelegt wurde. Das Projektteam einigte sich auf eine Tagungsdauer von jeweils 8.00 Uhr bis 12.30 Uhr, die bei Bedarf (bis zu einem ganzen Tag) ausgedehnt werden konnte, eine Option, von der regelmäßig Gebrauch gemacht wurde.

Die sachlich-inhaltlichen Fragen zur Projektarbeit repräsentierten ein breites Spektrum an Diskussions- und Klärungsbedarf in der Gruppe. Punkte, die von den einzelnen Projektgruppenmitgliedern aufgegriffen und im Team behandelt wurden, waren u.a.:

- Wie sehen die Kompetenzen des Projektteams aus, welche Freiräume existieren, um Veränderungen einzuleiten, welche Rahmenbedingungen (Vorstand, Betriebsrat) sind zu beachten?
- Wie hoch ist das Budget des Teams, und wer verwaltet die Gelder?
- Wie sieht der zeitliche „Fahrplan“ der Projektarbeit aus?
- Welche Prioritäten sind zu setzen, in welcher Reihenfolge sind die Arbeitsschritte anzugehen?
- Welche Aufgaben kommen auf die Mitglieder des Teams zu, und wer übernimmt welche Aufgaben (Aufstellung eines Aktionsplanes)?
- Welche Hilfsmittel und Daten (Moderationsmaterial, Unterlagen und Daten zum aktuellen Ist-Zustand in der Papiererzeugung, Refe-

renzbesuche in anderen Unternehmen, Benchmarking, erfolgreiche Praxisbeispiele, Hintergrundinformation zum Lean Management und Business Reengineering) müssen beschafft oder bereitgestellt werden?

- Wie sind die Ergebnisse des Projektteams zu dokumentieren, und wer hat Zugang zu diesen Dokumentationen?
- Wie soll die Informationspolitik des Teams gruppenintern gestaltet werden, welche Informationen sollen nach außen weitergegeben werden, wer ist für die Informationspolitik zuständig?
- Wie oft sind Vorstand und Betriebsrat über den Lenkungsausschuß über Fortschritte und Entwicklungen im Umstellungsprojekt zu informieren, wie sind die Mitarbeiter des Unternehmens in Kenntnis zu setzen (Artikel in der Werkszeitung)?

Um bereits einen ersten Einstieg in die zukünftige Arbeit des Projektteams zu finden, ließ der Berater mit Hilfe eines moderierten Gruppengesprächs einen Aktionsplan aufstellen, der eine Liste von ca. 20 Aktivitäten und Zuständigkeiten umfaßte.

Die ersten Punkte dieses Aktionsplanes wurden anschließend im Rahmen eines Trainings bearbeitet, das zugleich der Bewältigung der ersten Punkte des Aktionsplanes und einer Schulung in der Moderationstechnik sowie in teamorientierten Kooperations- und Kommunikationsformen diente, wie sie die Arbeit in einem Reengineering-Team erfordert.

Dabei ging es zunächst darum, eine Auswahl an sogenannten „harten“ und „weichen“ Parametern zu definieren, die eine Analyse der Ist-Situation sowie eine Definition von Zielgrößen (zukünftiger Soll-Zustand) ermöglichen. Als harte Daten wurden Kennziffern zur Effizienz, zu den Verbräuchen, zu den Kosten sowie zur Qualität vereinbart. Als weiche Daten wurden die Arbeitszufriedenheit und Motivation der Mitarbeiter, Ordnung und Sauberkeit im Werk, Effektivität der Gruppenarbeit/Teamarbeit sowie das Informations- und Kommunikationsverhalten in Betracht gezogen. Die folgende Übersicht zeigt eine Auswahl der Meßwerte.

„Harte Parameter“	**„Weiche Parameter“**
• Durchlaufzeiten	• Arbeitszufriedenheit
• Lfm./ Betriebsstunde	• Mitarbeitermotivation
• Bestände	• Identifikation
• Energieverbrauch	• Ordnung/Sauberkeit
• Rohstoffkosten	• Effizienz der Team- und Gruppenarbeit
• Rohstoffverluste (%)	• Informationsverhalten
• Ausschuß (%)	• Kommunikation
• Qualitätskonstanz	• Flexibilität/Qualifikation
• Anzahl Fehler	
• Anzahl Reklamationen	
• Verbesserungsvorschläge	
• Fehlzeiten	
• Springerrate	

Abb.: Strategische Parameter zur Datenerhebung (Ist-Zustand) und Zielsetzung (Soll-Zustand)

Schließlich verschaffte der Workshop den Beteiligten auch Gelegenheit, einen ersten Schritt in Richtung Analyse des Ist-Zustands zu gehen, indem der Berater den Mitgliedern des Projektteams im Rahmen einer Kleingruppenarbeit anbot, ein Verfahren der Ist-Analyse zu entwickeln, das den spezifischen Gegebenheiten des Werkes Ortmann gerecht wurde.

Am Beispiel eines von ihnen ausgewählten Bereichs, der Materialwirtschaft, wurde eine Vorgehensweise erarbeitet, die das Team später in eigenständiger Arbeit auf andere Bereiche übertragen konnte.

Aufgrund der vom Berater gewollten Situation, daß zwei alternative Konzepte im Plenum vorzulegen waren, sah sich das Team wie erwartet vor die Aufgabe gestellt, aus beiden Vorschlägen ein gemeinsames Ergebnis zusammenzutragen, was jedoch im Rahmen des Workshops selbst nicht mehr gelang.

Die dabei entstandene Konfliktsituation ließ sich gruppendynamisch nutzen für eine Reflexion darüber, nach welchen Grundsätzen die Sacharbeit und die Zusammenarbeit im Team ablaufen sollte. Die entsprechenden Leitlinien wurden in einer abschließenden Übung zusammengetragen und auf einer Pinnwand visualisiert.

Dabei einigte sich das Projektteam auf folgende Kernpunkte als zentrale Grundsätze seiner zukünftigen Sacharbeit:

- Lösung von Traditionen.
- Grundsätzlich alles in Frage stellen.
- Betrachtung aus verschiedenen Blickwinkeln.
- So dezentral wie möglich, so zentral wie notwendig.
- So wenig Schnittstellen wie möglich.
- Klare, einfache Vorgaben, Modelle und Ziele.
- Sache vor Persönlichem.
- Keine voreiligen Entscheidungen.
- Beteiligte Kollegen vor Ort miteinbeziehen.
- Nachvollziehbare Dokumentation der Entscheidungen.

Für die Kommunikation und Kooperation im Team sollten fortan als Richtlinien gelten:

- Umfassend diskutieren und gemeinsam entscheiden.
- Konsens finden, andere Meinungen akzeptieren.
- Offen, ehrlich und geduldig sein.
- Humor behalten.
- Regeln einhalten (Ausreden lassen, Pünktlichkeit).
- Es gibt keine „dummen" Fragen, nur „dumme" Antworten.
- Vereinbarungen halten.
- Bei Störungen/Verärgerung sofort Feedback geben.

Fragen und Aufgaben für den 1. Workshop des Reengineering-Teams

Aufgabe 1: Wenn wir an unser Projekt denken ...

- Welche Erwartungen haben wir an unser Projekt?
- Welche Befürchtungen haben wir an unser Projekt?
- Was erwarten wir von den beteiligten Teammitgliedern?
- Was erwarten wir vom Moderator/Berater?
- Wie lautet unser Projektauftrag?

Aufgabe 2: Welche Themen/Probleme/Fragen sollten bearbeitet werden, damit eine erfolgreiche Projektarbeit beginnen kann?

- Was ist zu tun?
- Wer übernimmt (mit wem) welche Aufgaben?
- Bis wann sind die einzelnen Positionen abzuarbeiten?

Aufgabe 3: Unsere Ziele – Vom Ist-Zustand zum Soll-Zustand

- An welchen „harten" Daten/Parametern wollen wir den Erfolg messen?
- An welchen „weichen" Daten/Parametern wollen wir den Erfolg messen?
- Wie sind die Ist-Daten?
- Welche Ziele setzen wir uns?

Aufgabe 4: In zwei Gruppen ... Stellen Sie am Beispiel des Bereiches „XYZ" (ist im Anschluß an Aufgabe 3 festzulegen)

1. den Ist-Zustand dar,
2. legen Sie den Soll-Zustand fest,
3. und listen Sie die durchzuführenden Arbeitsschritte auf,
4. synchronisieren Sie die beiden Vorschläge.

Aufgabe 5: In zwei Gruppen ... Formulieren Sie bitte die fünf wichtigsten Grundsätze für ...

- die Sacharbeit,
- die Zusammenarbeit in der Projektgruppe.

6.7 Regelmäßige Sitzungen des Reengineering-Teams und Einbezug zusätzlicher Arbeitsteams

Die ersten eigenständigen Arbeitsschritte der Projektteams bestanden, wie auf dem Workshop zusammen mit dem Berater vereinbart, darin, das im Rahmen des Workshops entwickelte Rahmenkonzept einer Ist-Analyse und Neuzuschneidung der Papiererzeugung abzuarbeiten. Die Grundproblematik des zu erarbeitenden Rahmenkonzeptes bestand dabei in der Fragestellung, welche Reichweite die organisatorische Umgestaltung der Papiererzeugung haben sollte. Da als zukünftige Form der Arbeitsorganisation die Gruppenarbeit angestrebt wurde, stellte sich dem Projektteam die praktische Frage, welche Aufgaben sich in die neuzubildenden Arbeitsgruppen sinnvoll integrieren ließen und welche zukünftig als Service-Leistungen externer Anbieter oder interner Service-Bereiche in Anspruch genommen werden konnten. Damit ging es, mit anderen Worten, zunächst um eine Eingrenzung der Aufgaben, die von einer nach dem Grundgedanken eines Fraktals reorganisierten Papiererzeugung in eigener Zuständigkeit wahrzunehmen sein sollten und welche nicht.

Bereits bei einem oberflächlichen Blick auf den Ist-Zustand wurde klar, daß die Papiererzeugung viele Schnittstellen u.a. zum Einkauf, zur Qualitätssicherung, zur Materialwirtschaft, zum Umweltschutz, zur Instandhaltung und zum Vertrieb aufwies. All diese Unternehmensbereiche erbrachten im Ist-Zustand Leistungen, die für einen reibungslosen Ablauf in der Papiererzeugung als bedeutsam einzustufen waren.

Da für den neuen Zuschnitt des Organisations-Designs mit einer ganzheitlichen Aufgabenbewältigung Schnittstellen zu externen Unternehmensbereichen sowie zur Verwaltung möglichst aufgelöst und die dort jeweils erbrachten Funktionen in die Papiererzeugung selbst integriert werden sollten, war bereits für den ersten Entwurf eines neuen Soll-Zustands zu klären, inwieweit eine solche Integration möglich und ökonomisch sinnvoll ist, d.h. zu einer Verschlankung der Wertschöpfungskette innerhalb der Papiererzeugung beitragen kann.

Für die Praxis bieten sich dafür grundsätzlich zwei Modelle der Prozeßanalyse an. Nach dem ersten Modell wird zunächst die Ist-Situation analysiert und die Frage gestellt „Geht das auch besser?“ im Sinne von „schneller“, „mit höherer Qualität“ usw. Im zweiten Modell wird die Ist-Situation vollständig vernachlässigt und eine „green field“-Vision erarbeitet. Auf einem leeren Blatt wird dabei eine recht konkrete und detaillierte Skizze der betreffenden Prozesse aufgezeichnet, wie man sie heute gestalten würde, wenn es um eine Firmenneugründung auf der grünen Wiese vor den Toren der Stadt ginge. Dabei interessiert zunächst überhaupt nicht, wie die aktuelle Ist-Situation ausschaut.

Beide Modelle haben Vor- und Nachteile. Der Vorteil des ersten ist, daß es schneller zu konkreten Ansatzpunkten für gezielte Maßnahmen führt, der Nachteil ist der, daß man oft der Ist-Situation verhaftet bleibt und diese für optimal angesehen wird („Besser kann man's nicht machen“), ein Phänomen, daß unter dem Begriff der Betriebsblindheit hinlänglich bekannt sein dürfte.

Der Nachteil des zweiten Modells besteht darin, daß die unabhängig von der Ist-Situation erarbeiteten Entwürfe zur optimalen Prozeßgestaltung nicht immer realisiert werden können. So kann man eine 100 Millionen DM teure Papiermaschine nicht an einem anderen Standort aufbauen, ohne für den Umbau der Anlage weitere Millionen DM zu investieren, oder aber man müßte zwei kleinere Maschinen kaufen, vorausgesetzt, die bestehenden Räumlichkeiten ließen die Verwirklichung des neuen Entwurfs überhaupt zu. In solchen Fällen muß man abwägen, ob es nicht eine sinnvollere Vorgehensweise gibt.

Im Falle des Werkes Ortmann wurde an diesem Punkt sehr pragmatisch gehandelt, indem einerseits von einer Bestandsaufnahme der Ist-Situation ausgegangen wurde, andererseits aber die skizzierten Idealvorstellungen immer wieder daraufhin befragt wurden, ob diese realisiert werden können oder ob es nicht auch andere Wege gäbe, die bestehenden Verhältnisse zu verbessern.

Wie ein derartiger Pragmatismus aussehen kann, mag das Beispiel der Instandhaltung zeigen. Da die räumliche Position der Papiermaschine nicht zur Disposition stand, wurde danach gefragt, in welcher Weise man den Prozeß der Instandhaltung rund um die Anlage neu organisieren kann. Während die erste Entscheidung, die Anlage dort zu belassen, wo sie bereits stand, aus einer systematischen Ist-Analyse entsprang, wurde im zweiten Zug die Instandhaltung nach der Erarbeitung einer völlig neuen Konzeption umgestaltet. Daraus ergaben sich Problemlösungen, die eine ganz andere Realität schufen, als sie noch in der Ist-Situation vorzufinden war.

Zunächst wurde jedoch die gesamte Papierfabrik mit ihrer vorherigen Untergliederung aufgenommen, und zwar mit den Bereichen Altpapier, Papiererzeugung, Papierverarbeitung und Vertrieb.

Im ersten Schritt wurde dann diese Gesamtheit segmentiert in einzelne kleine Einheiten. Im Rahmen dieses Schrittes entstanden die Altpapierverarbeitung und die Papiererzeugung zusammengenommen als Fraktal, also als ein eigenständiges Segment in der Papierfabrik.

Ziel dabei war es, das Fraktal so weit zu optimieren, daß es sich selbständig im Markt behaupten kann. Für die Mitarbeiter in der Papiererzeugung bedeutete dies, daß sie ihr Endprodukt, die Mutterrollen, auch im Wettbewerb mit anderen Papiererzeugern an andere papierverarbeitende Unternehmen verkaufen konnten. Dieses Ziel ist heute erreicht, wenngleich es auch nicht das oberste Ziel der Papiererzeugung ist. Denn während in früheren Zeiten ausschließlich für den Eigenbedarf in der Papierverarbeitung produziert wurde, war die Papiererzeugung vom Verkauf der in der Papierverarbeitung erzeugten Produkte abhängig und mußte bei Absatzschwankungen entweder die Papiermaschine abgestellt oder die Geschwindigkeit der Papiermaschine reduziert werden. Durch den Verkauf der Mutterrollen an externe Kunden kann die Maschinenkapazität voll genutzt und damit die teure Anlage maximal ausgelastet werden. Nach wie vor ist das Ziel der Papiererzeuger, ihre gesamte Produktion an die Papierverarbeitung als internen Kunden weiterzugeben, aber wenn das nicht möglich ist, können Maschinenstillstandszeiten durch den externen Verkauf vermieden werden. So gehen heute ca. 12% der Produktion an externe Kunden.

Das zweite Segment in der Prozeßkette ist, wie bereits angedeutet, die Papierverarbeitung, die jeweils in die Fabrik „Servietten“, in die Fabrik „Taschentücher“ und die Fabrik „Toilettenpapier“ aufgeteilt wurde, so daß am Ende vier Fabriken in der Fabrik entstanden sind, die durch die Werksversorgung, Verkauf und Vertrieb ergänzt werden. Am Ende der Prozeßkette, also außerhalb des Unternehmens, aber eng mit ihm verbunden, steht der Kunde, dessen Zufriedenheit oberstes Ziel ist (siehe Abbildung auf der folgenden Seite).

Nachdem die vollständige Neuorganisation der Prozeß- und Wertschöpfungskette in Fraktale beendet war, ging es im zweiten Schritt darum, die internen Prozesse im Fraktal selbst neu zu gestalten.

Ist der Prozeß oder sind die Prozesse identifiziert, mit denen begonnen werden soll, stellt sich die Aufgabe, sie zu verändern bzw. neu zu modellieren, und zwar so konsequent und nachhaltig, daß am Ende ein Quantensprung erzielt wird. Dabei ist der betreffende Prozeß zunächst systematisch zu analysieren, mit all seinen Bruchstellen und Problemen, um einen Ausgangspunkt für die Bewertung späterer Entwicklungen zu dokumentieren.

Im Werk Ortmann ging es an diesem Punkt darum, die diffizilen Prozesse innerhalb der Papiererzeugung und Altpapieraufbereitung genau aufzunehmen: Da waren zum einen die Papiermaschine (ein technologischer Prozeß), dann die Steuerung dieser Maschine (hier sind Menschen am Werk), dann die Störungsbeseitigung, und schließlich administrative

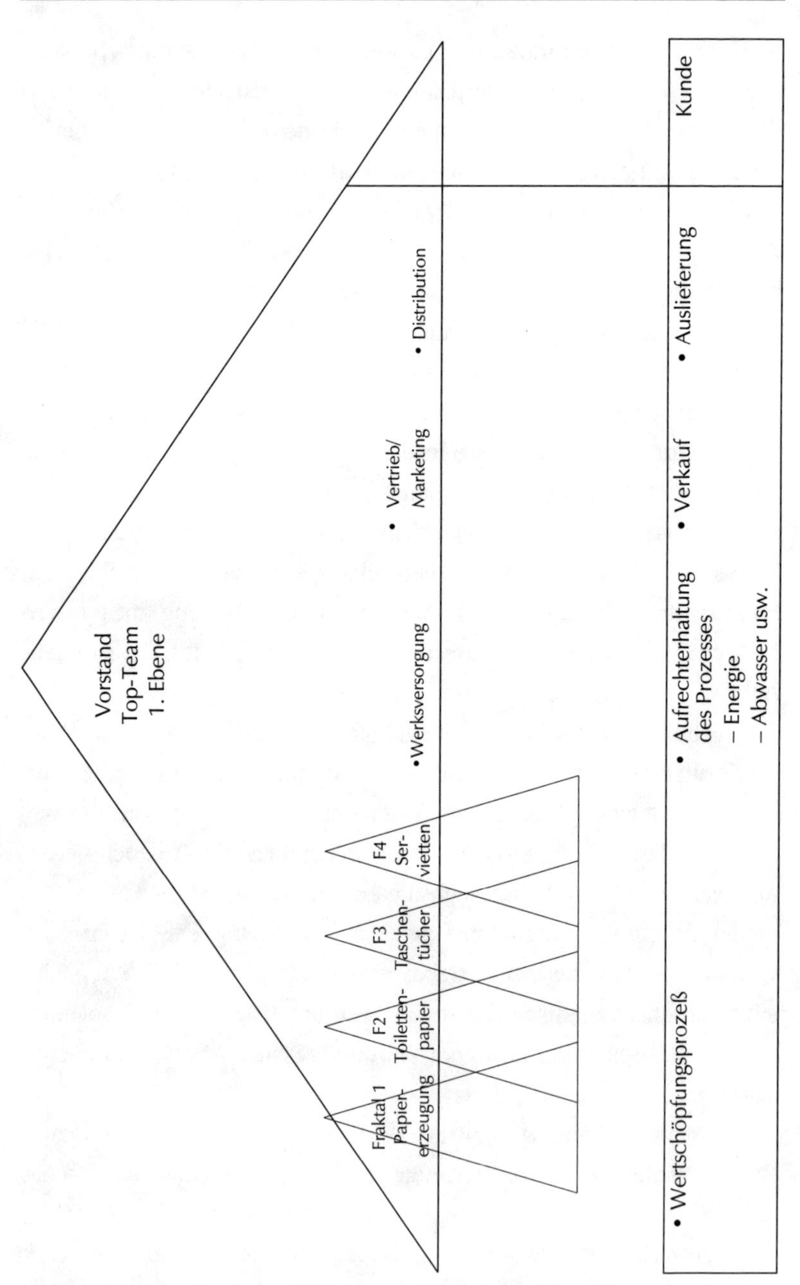

Abb.: Grobübersicht über die segmentierte Gesamtunternehmung des Werkes Ortmann

Anteile bei der Umwandlung von Altpapier in Mutterrollen, auf denen das weiterzuverarbeitende Rohmaterial aufgerollt ist. All diese Prozesse, die an der Papiererzeugung beteiligt sind, wurden mit ihren Schnittstellen und Vernetzungen bis ins kleinste untersucht und detailliert beschrieben, um folgende Fragen zu beantworten: Brauchen wir das alles, bzw. können wir das besser machen?

Die systematische Aufnahme aller Abläufe in der Papiererzeugung und die damit verbundene Prozeßanalyse diente letztlich der Vorbereitung eines Grobkonzeptes zur Restrukturierung, das nach dem Ablaufmodell auf der nächsten Seite abzuarbeiten war:

Während sich die ersten beiden Schritte (Start des Projektes, Festlegung des Projektteams als zuständiger Ebene) bereits während des Workshops erledigt hatten, ließ sich der dritte Schritt (Festlegung aller in die Restrukturierung und Reorganisation einzubeziehenden Bereiche) dort nicht abschließend klären. Um eine fundierte Entscheidung über diese Frage auf den Weg zu bringen, einigte sich das für das Projekt verantwortliche Reengineering-Team darauf, zunächst im Kontext einer Ist-Studie zu untersuchen, in welchem Umfang diese Bereiche für die Papiererzeugung relevante Leistungen bereitstellen, und unter diesem Bezugspunkt Daten zusammenzustellen zu Form, Inhalt und Organisation der betreffenden Abläufe. Ebenso sollten erste Einschätzungen erbracht werden, ob sich diese in die angestrebte Gruppenarbeit einbinden ließen.

So wurde die Aufgabe dieser Vorklärung an einzelne Mitglieder des Teams delegiert, die ihrerseits Arbeitsgruppen bildeten und zusammen mit diesen Gruppen die notwendigen Daten zusammenstellten. Folgende Arbeitsgruppen wurden gebildet:

- Qualität und Umweltschutz,
- Instandhaltung/Werkstätten/Zimmerei/Staplerwerkstatt,
- Elektrik-Werkstatt/Meß- und Regeltechnik,
- Magazin,
- Materialwirtschaft,

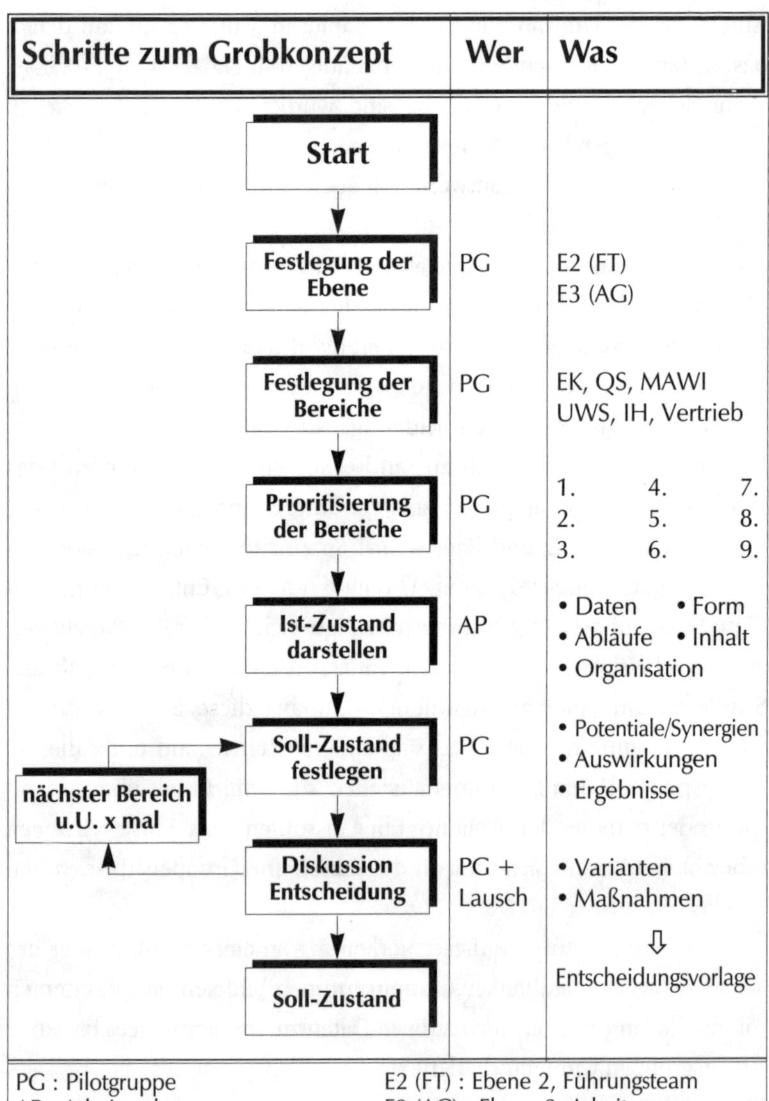

PG : Pilotgruppe
AP : Arbeitspaket
LAUSCH : Lenkungsausschuß
FT : Führungsteam
AG : Arbeitsgruppe
UWS : Umweltschutz

E2 (FT) : Ebene 2, Führungsteam
E3 (AG) : Ebene 3, Arbeitsgruppe
EK : Einkauf
QS : Qualitätssicherung
MAWI : Materialwirtschaft
IH : Instandhaltung

Abb.: Schritte zum „Grobkonzept“

- Einkauf,
- Papiererzeugung (Papiermaschinen PM4/PM9),
- Rohstoffe.

Um verschiedene Konzepte von Gruppenarbeit in der Praxis kennenzulernen, wurden zusätzlich Referenzbesuche bei Unternehmen im In- und Ausland vereinbart, die bereits Erfahrungen mit schlanken Organisationsstrukturen und Reengineering-Projekten hatten, und auf dem Aktionsplan des Teams mit persönlichen Verantwortlichkeiten versehen. Zweck dieser Besuche sollte es sein, etwas über das synergetische Potential von Gruppenarbeit und einer betrieblichen Organisation in Form von Fraktalen zu erfahren, um bei der Definition des neuen Soll-Zustands in der eigenen Papiererzeugung realistische Einschätzungen im Hinblick auf die Auswirkungen und Ergebnisse der geplanten Veränderungen vornehmen zu können.

Für die Ist-Bestandsaufnahme selbst einigte sich das Projektteam auf eine Vorgehensweise, wie sie bereits im ersten Workshop zusammen mit dem Berater entwickelt worden war.

Dabei wurde vorgesehen, zunächst sämtliche Leistungen, die für die Papiererzeugung erbracht werden, anhand einer Matrix zusammenzutragen und die dabei berücksichtigten Leistungen bzw. Tätigkeiten im Hinblick auf ihre Priorität für die geplante Reorganisation (wichtig bis unwichtig) einzustufen.

Im Anschluß daran erfolgte ein Variantenvergleich, der die Vor- und Nachteile unterschiedlicher Optionen (integrieren/nicht integrieren) gegenüberstellte, um so zu einer Empfehlung zu gelangen, die schließlich in der Projektgruppe zu diskutieren und dem Lenkungsausschuß als Entscheidungsvorlage einzureichen war. Wurde sie von diesem höheren Gremium bestätigt, war abschließend eine grobe Schätzung des Einsparungspotentials vorzunehmen und ein neuer Soll-Wert zu setzen.

Zur Durchführung der Ist-Analyse war ursprünglich ein Zeitrahmen von vier Wochen vorgesehen, doch zeichnete sich schnell ab, daß die

Vorstellung, die Projektgruppenmitglieder würden all die Aufgaben im Kontext einer Bestandsaufnahme gewissermaßen neben ihrer üblichen Tätigkeit erledigen können, unrealistisch war.

Nachdem nach sechs Wochen immer noch wichtige Fragen offen und einzelne Referenzbesuche nicht erfolgt waren, wurde daher beschlossen, besonders wichtige Aktivitäten gesondert zu dem inzwischen stark angewachsenen Aktionsplan des Projektteams auszuweisen. Auch die Ausweisung der Aufgabe nach Prioritätsstufen (1-5) hatte nicht verhindern können, daß sich bei vielen Teilvorhaben Verzögerungen einstellten und daß solche mit höchster Priorität immer wieder verschoben werden mußten.

6.8 Erste Sitzung des Lenkungsausschusses

Die Beschlüsse des Projektteams wurden stets in Form kurzer Ergebnispapiere protokolliert und mit Hinweisen zu weiteren Aktivitäten an den Lenkungsausschuß weitergeleitet, um eine kontinuierliche Information des Top-Managements und des Betriebsrates sicherzustellen.

Der Lenkungsausschuß, dem sechs Mitglieder angehörten, bestand aus dem Gesamtvorstand, dem Betriebsrat, vertreten durch zwei Personen, sowie dem externen Berater, der lediglich beratende Funktion hatte.

Diesem Gremium war die letzte Entscheidung in allen Fragen, die mit dem Reengineering-Projekt zu tun hatten, vorbehalten, so daß die Projektgruppe ihm sämtliche Ergebnisse zur endgültigen Verabschiedung vorlegen mußte. Damit war der Lenkungsausschuß in gewisser Hinsicht die vorgesetzte Stelle des Projektteams.

Die Einladung des Lenkungsausschusses, an dessen Sitzungen auch die Mitglieder des Projektteams teilnahmen, erfolgte im Allgemeinen durch das Projektteam, und zwar immer dann, wenn sich die Projektgruppe selbst nicht mehr in der Lage sah, den weiteren Weg ohne Reflexion und Freigaben einzelner Entscheidungen durch den Lenkungsausschuß fortsetzen zu können. Beispiele dafür sind:

- Startfreigabe zur Erarbeitung des „1. Unternehmens im Unternehmen“,
- Absegnung des Sollkonzeptes (z.B. zukünftiger Aufbau des Unternehmens, Aufgaben der einzelnen Arbeitsgruppen),
- Einsetzen von Teilprojektgruppen zur Absicherung und Detaillierung des vom Projektteam erarbeiteten Rahmenkonzeptes (z.B. Instandhaltung),
- Bewilligung der Personenzahl und Personalbesetzung in den einzelnen Arbeitsgruppen des Wertschöpfungsbereichs,
- Einbringen sozialpolitischer Vorschläge im Kontext des Personalmanagements,
- Abstimmung der Informationspolitik im Unternehmen,
- Freigabe des Schulungs- und Trainingsplanes (Termine, Vergütung),
- Freigabe des Starts von Parallelprojekten,
- Bewilligung von Übergangslösungen (z.B. Abstimmung mit zentraler Instandhaltung),
- Festsetzen des Stichtages der offiziellen Organisationsänderung im Pilotbereich.

In der Regel wurden die vom Projektteam eingebrachten Vorschläge nicht sofort akzeptiert. Vielmehr gab es immer wieder kritische Bemerkungen und konstruktive Anregungen von Seiten des Vorstands sowie des Betriebsrates, was Anpassungen in Einzelfragen zur Folge hatte.

Alle Entscheidungen auf der Ebene des Lenkungsausschusses wurden im Konsens zwischen dem Vorstand und dem Betriebsrat getroffen, wobei der Berater Empfehlungen in Einzelfragen gab.

Als globale Zielsetzung für den Wertschöpfungsbereich Papiererzeugung wurden vereinbart:

- Verringerung der Verschwendungskosten, die nach Ansicht der Unternehmensleitung 10% der Gesamtkosten betragen könnten.
- Erreichung des Zieloutputs von 77.000 to, der bei der Installierung der neuen Maschine festgelegt wurde.

- Möglichst Null-Fehler-Qualität der Produkte durch die stärkere Einbindung der Mitarbeiter vor Ort.

Nach ca. drei Monaten brachte das Projektteam seine Datenerhebung zum vorläufigem Abschluß und reichte die darin gefaßten Empfehlungen zur Integration und Auslagerung der an die Papiererzeugung angrenzenden Funktionen dem Lenkungsausschuß ein, der den Lösungsvorschlägen für die Bereiche Einkauf, Mutterrollen-Verkauf, Materialverwaltung, Instandhaltung und Qualitätssicherung mit lediglich geringfügigen Modifikationen auf einem ersten gemeinsamen Treffen mit der Projektgruppe zustimmte.

Damit wurde nunmehr definitiv festgelegt, das Mutterrollen-Lager nicht bei der Papiererzeugung anzusiedeln, da dies die schlechteste aller diskutierten Varianten zu sein schien. Vielmehr wurde vorgeschlagen, die Mutterrollen – Endprodukt der Papiererzeugung und Rohmaterial der weiteren Papierverarbeitung in den drei Produktlinien des Unternehmens – in die Papierverarbeitung zu integrieren.

Der Verkauf der Mutterrollen, ob an interne oder externe Kunden, sollte hingegen vollständig in den Wertschöpfungsbereich der Papiererzeugung integriert und innerhalb dieses Fraktals mit dem Einkauf zusammengefaßt werden.

Von einer Integration zunächst ausgeklammert blieben Teile der weiterhin für das Gesamtwerk zuständigen Materialwirtschaft, das allgemeine Magazin, der Verschubbetrieb sowie das Transportwesen, weil diese internen Dienstleister ihre Leistungen noch an andere Bereiche (z.B. Papierverarbeitung) abgeben und eine endgültige Lösung nur im Rahmen einer Gesamtbetrachtung gefunden werden kann bzw. diese Frage im Rahmen der Folgeprojekte gelöst werden muß.

Differenziert behandelt wurde die Instandhaltung, von der sich ein großer Teil in den neu zu bildenden Wertschöpfungsbereich Papiererzeugung integrieren ließ. So sollen

- unkomplizierte Instandhaltungstätigkeiten den Arbeitsgruppen selbst zugeordnet werden;
- für geplante Wartungs- und Reparaturarbeiten eine kleinere Instandhaltungsgruppe vor Ort innerhalb des Wertschöpfungsbereichs installiert werden;
- andere Aufgaben, bei denen keine Integration sinnvoll ist, fest an externe Partner vergeben (Outsourcing) werden.

Dabei wurde das folgende Modell zugrundegelegt:

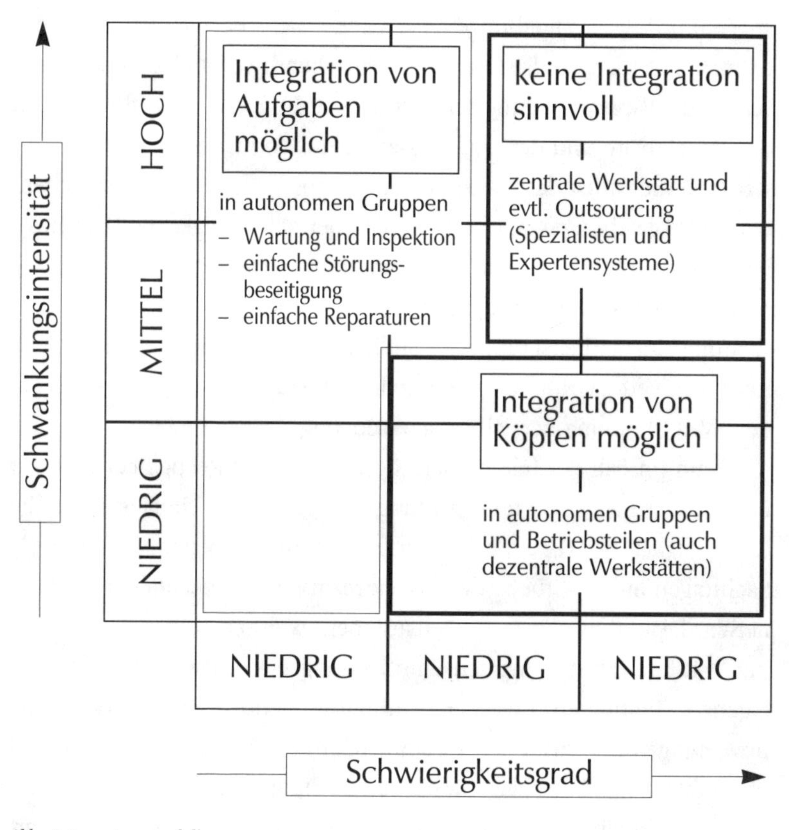

Abb.: Integrationsmodell

Beschlossen wurde auch, die Leistungen der Staplerwerkstatt auszugrenzen, wobei kleinere Reparaturen zukünftig innerhalb der Arbeitsgruppen oder durch die Instandhaltungsgruppe des Wertschöpfungsbereichs durchgeführt werden sollten. Sofern die Staplerwerkstatt des Werkes Ortmann in Anspruch zu nehmen sei, ist ein interner Stundenverrechnungssatz festgelegt, der das Konto der Papiererzeugung belastet.

Für Dreherei- und Fräsereiarbeiten schließlich sollte zukünftig jeweils eine Offerte von der Zentralwerkstatt eingeholt werden, wobei die Aufträge in den Fällen, in denen externe Anbieter diese Leistungen zu günstigeren Bedingungen erbringen, nach außen vergeben werden. Diese Abteilungen werden der Ist-Analyse zufolge ebensowenig als zentrale Stelle seitens der Papiererzeugung benötigt wie die Zimmerei. Deshalb schlugen das Projektteam und der Lenkungsausschuß vor, deren Leistungen entweder in die Arbeit des Transports zu integrieren, oder die entsprechenden Aufträge ebenso wie klassische Zimmermannstätigkeiten (Holzbearbeitung) per Outsourcing an eine Fremdfirma zu vergeben.

Ebenso gab der Lenkungsausschuß seine Zustimmung zur Einrichtung einer Arbeitsgruppe Instandhaltung, deren Aufgabe in der Prüfung und Verfeinerung des vorgestellten Instandhaltungskonzeptes für den Wertschöpfungsbereich Papiererzeugung lag.

Denn im Fall der Instandhaltung sah sich das Reengineering-Team nicht in der Lage, eine Entscheidungsvorlage für den Umfang sowie die Zuständigkeit der geplanten Arbeitsgruppe auszuarbeiten, da sich viele Sachfragen auf der Ebene des Projektteams nicht abschließend klären ließen. Diskutiert wurde zunächst, einen externen Berater einzuladen und mit ihm die anstehenden Entscheidungen abzuklären. Da man den eigenen Mitarbeitern in der Instandhaltung jedoch auch zutraute, die notwendigen Informationen zusammenzutragen und bereitzustellen, fiel die Wahl auf den Vorschlag, für die Feinplanung der zukünftigen Instandhaltungs-Aktivitäten eigens eine Arbeitsgruppe einzurichten. Zur Bearbeitung ihres Auftrags wurde mit Zustimmung des Lenkungsausschusses schließlich ein Workshop anberaumt, auf dem sich die betroffenen Mitarbeiter an der Feinplanung beteiligen konnten, so daß spätere Unzufriedenheit und Verweigerung bereits frühzeitig ausgeschlossen oder zumindest gering gehalten wurden.

Diese Gruppe kam auf der Grundlage des Integrationsmodells (siehe Seite 223) am Beispiel der Instandhaltungstätigkeiten der mechanischen Werkstätte zu den folgenden Ergebnissen.

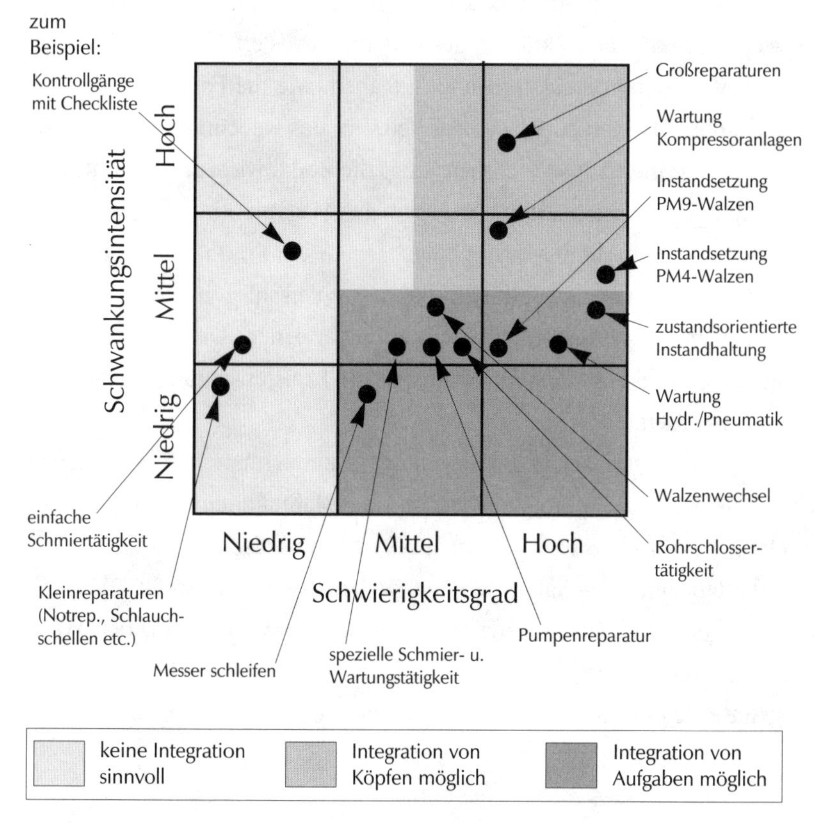

Abb.: Integration von Instandhaltungstätigkeiten

Zusammen mit den Vorschlägen für die Neugestaltung des Wertschöpfungsbereichs Papiererzeugung wurde dem Lenkungsausschuß ein neues Organisationskonzept für das Gesamtunternehmen präsentiert, das die Projektgruppe zwischenzeitlich weiterentwickelt hatte. Dieses sah die Segmentierung des Werkes in insgesamt vier Fraktale vor, ein Modell, in dem die Papiererzeugung als ein eigenständiger Bereich neben anderen eingebunden ist.

Der Entwurf beinhaltete die Option, nicht nur die Papiererzeugung, sondern auch die Papierverarbeitung in Form eigenständiger Wertschöpfungsbereiche zu reorganisieren, wobei die Aufteilung dieses Werksbereichs nach den Produktlinien des Unternehmens erfolgen sollte.

Soweit sich ehemals zentrale Aufgaben, wie die Forschung & Entwicklung, das Marketing und der Vertrieb, das werksinterne Transportwesen, die medizinische Versorgung, die Zollabwicklung, Lohnbuchhaltung, Datenverarbeitung, das allgemeine Magazin oder das Controlling nicht sinnvoll in die Wertschöpfungsbereiche der Produktion eingliedern und integrieren ließen, sollten diese, so der Vorschlag, in eigenständigen Bereichen (Werksversorgung, Verwaltung, Vertrieb, Distribution) nach ähnlichen Organisationsprinzipien wie die Papiererzeugung zusammengefaßt werden.

Später folgten weitere Sitzungen des Lenkungsausschusses, in denen u.a. der zukünftige Projektablauf und die Maßnahmenplanung besprochen, beschlossen und auf Schaubildern, Ablaufschemata und Übersichtstabellen festgehalten wurden, wobei eine immer weitere Vervollständigung und Ausdifferenzierung des Modellvorschlags für den Wertschöpfungsbereich Papiererzeugung stattfand und der Lenkungsausschuß eine beratende Funktion gegenüber dem Projektteam einnahm.

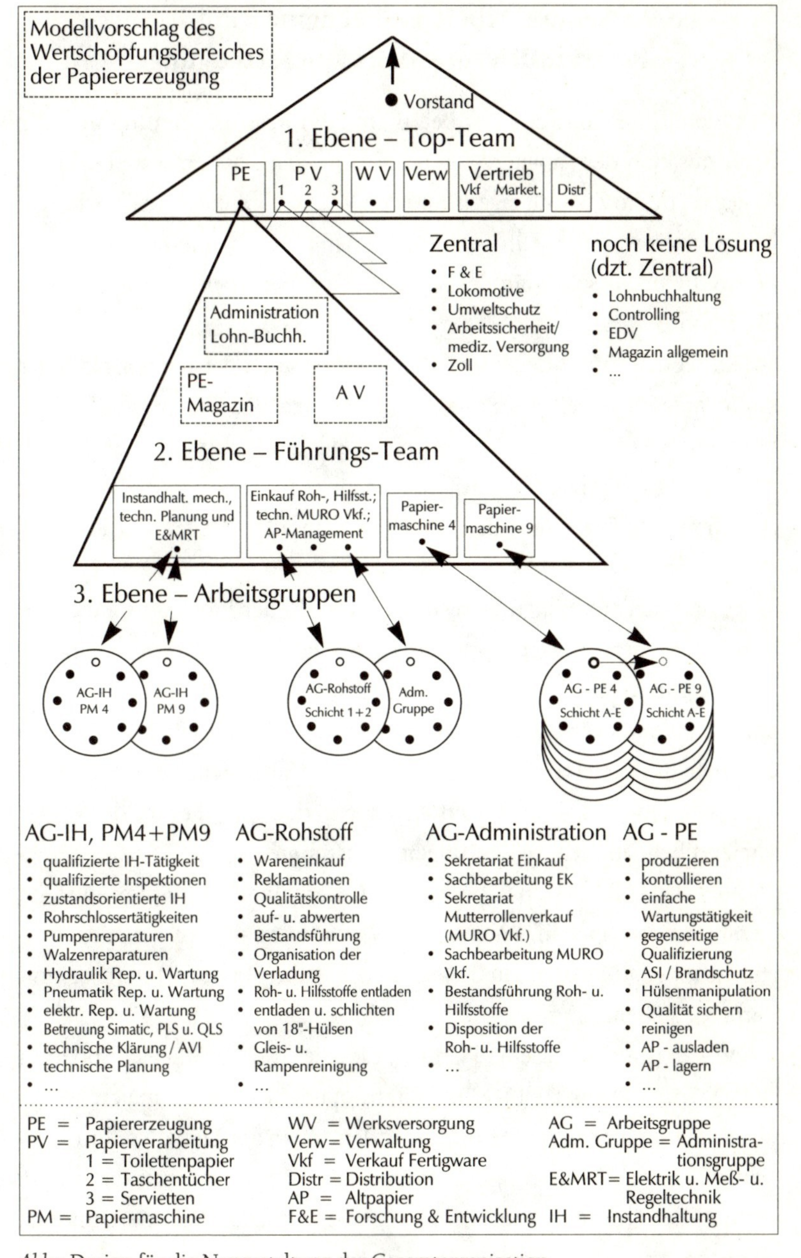

Abb.: Design für die Neugestaltung der Gesamtorganisation

6.9 Weitere Arbeit im Reengineering-Team: Restrukturierung der Papiererzeugung

Nachdem die Reichweite der beabsichtigten Restrukturierung und die Reorganisation der Papiererzeugung in Umrissen skizziert waren und die Aufgaben des in Zukunft eigenständigen Wertschöpfungsbereiches festgelegt worden waren, stellte sich im nächsten Schritt die Frage, wie die Restrukturierung selbst auf der Basis von Gruppenarbeit angegangen werden konnte.

An diesem Punkt der Entwicklung wurde auch der Betriebsrat enger in die laufende Arbeit des Projektteams einbezogen, und zwar auf einem nunmehr 14-tägigen Jour fix, der einerseits der kontinuierlichen Information des Betriebsrates, andererseits einer frühzeitigen Abstimmung zwischen dem Team und dem Betriebsrat in allen Fragen der Restrukturierung dienen sollte.

Grundsätzliche Einigung bestand innerhalb der Projektgruppe darin, daß unter einer Arbeitsgruppe, als Kernzellen der zukünftigen Organisationsform, qualifizierte und eigenverantwortliche, d.h. sich selbst steuernde Einheiten verstanden werden sollten, die unmittelbar am Ort des Geschehens operieren. In der angestrebten Idealvorstellung sollten diese Gruppen dabei selbstorganisiert Aufgaben erledigen, die mit der vorgesetzten Ebene in Zielvereinbarungen abzustimmen sind.

So galten die ersten Überlegungen dem Fragenkomplex, welche Anzahl von Gruppen im Rahmen der Neuordnung sinnvoll erschien, welche Gruppengröße anzustreben sei und wie die Gruppen intern organisiert sein sollten.

Ausgangspunkt war eine Planung, die mit etwa 10 Arbeitsgruppen in einer Stärke von bis zu 15 Mitarbeitern operierte. Für die hierarchische Ausgestaltung der Gruppenarbeit wurden unter der Leitvorstellung „So wenig Hierarchie wie möglich, so viel wie nötig“ vier grundsätzliche Formen der Gruppenarbeit im Reengineering-Team diskutiert und als mögliche Varianten zur optionalen Entscheidung gestellt:

- Gruppenarbeit ohne jegliche Hierarchie;
- Gruppenarbeit mit einem aus der Arbeitsgruppe heraus gewählten Gruppensprecher, der die Gruppe nach außen hin vertritt, allerdings ohne interne Weisungsbefugnis;
- Gruppenarbeit mit einem vormaligen Werkführer als Gruppensprecher, der in bestimmten Fällen weisungsbefugt ist;
- Gruppenarbeit mit einem vormaligen Werkführer als Gruppensprecher, der über eine volle Weisungsbefugnis verfügt und der Gruppe gegenüber als Quasi-Führungskraft fungiert.

Im Falle des Werkes Ortmann einigte sich das Team für den Bereich Papiererzeugung auf die dritte Variante, wobei zusätzlich beschlossen wurde, den Vorschlag einzureichen, die Gruppensprecher durch das Reengineering-Team, aus dessen Reihen das spätere Führungsteam des neuen Wertschöpfungsbereichs gebildet werden sollte, bestimmen zu lassen. Praktisch wurde gleichzeitig zur Wahl oder Ernennung von Gruppensprechern ein Verfahren empfohlen, das über drei Schritte laufen sollte. Zunächst war ein Anforderungsprofil für die Funktion des Gruppensprechers zu bestimmen, um im zweiten Schritt geeignete Kandidaten für die Aufgabe auszuwählen, und sie schließlich entweder durch die Gruppen wählen oder sie vom Reengineering-Team ernennen zu lassen.

Weitere Diskussionen galten dem Aufbau und der Arbeitsweise der zukünftigen Arbeitsgruppen, um so zu einem neuen Organisations-Design der Papiererzeugung (Anzahl der Gruppen, Gruppenstärke, Vernetzung der Gruppen in der zukünftigen Hierarchie des Wertschöpfungsbereichs) zu gelangen.

Zunächst mußte in diesem Kontext die Rolle der zukünftigen Gruppensprecher konkreter gefaßt werden. Dies betraf vor allem die Frage, ob und inwieweit der Gruppensprecher zur Erfüllung seiner Aufgaben von den üblichen Gruppenarbeiten freigestellt sein sollte oder nicht. Was das Anforderungsprofil an die Gruppensprecher-Aufgaben anging, so setzte sich im Reengineering-Team die Auffassung durch, daß dieses von den ehemaligen Werkführern durchaus erfüllt werden könne, wenngleich einige ihrer alten Aufgaben wegfallen würden und durch neue Tätigkeitselemente aus den Bereichen der Instandhaltung, Materialwirtschaft und Qualitätssicherung zu ergänzen waren.

Bezüglich der Zusammensetzung der Arbeitsgruppen wurde beschlossen, die Instandhalter in die Gruppen zu integrieren, sofern dort eine größtmögliche Auslastung sichergestellt ist. Ansonsten wurde für Instandhaltungsspezialisten die Eingliederung in eine zentrale und dezentrale Werkstatt empfohlen. Dieser Empfehlung lag die Überlegung zugrunde, daß möglicherweise mit negativen Auswirkungen auf die Arbeitsmotivation zu rechnen sei, wenn ehemalige Instandhaltungs-Spezialisten aus Prinzip in die Arbeitsgruppen eingegliedert werden und dort gezwungen werden, auch fachfremde Arbeiten auszuführen.

Gleichzeitig einigte man sich im Gegenzug darauf, eine zeitlich begrenzte Mitarbeit von Mitgliedern anderer „Heimatgruppen" zuzulassen, wo sich dies (Beispiel: Rohstoffahrer) nicht anders organisieren ließ.

Im Anschluß an diese Entscheidungen konnte die Zuordnung der Mitarbeiter zu den einzelnen Gruppen in Angriff genommen werden.

Den Ausgangspunkt der Gruppenbildung markierte ein „green field"-Verfahren, in dem die Mannschaftsstärke der Arbeitsgruppen zunächst an der untersten Personalgrenze ausgerichtet wurde.

Dabei wurde der Arbeitsanfall in jeder zu bildenden Gruppe zusammengetragen und innerhalb seiner einzelnen Bestandteile auf die Auslastung pro Mitarbeiter geschätzt. So ließ sich die Summe der jeweils notwendigen Gesamtbeschäftigtenzahl pro Gruppe mit einem einfachen Additionsverfahren bestimmen und die Mindestbesetzung festlegen.

Dieses Verfahren war in der Papiererzeugung deshalb relativ einfach, weil die Arbeitsgruppen um die bereits bestehenden Papiermaschinen herum angesiedelt wurden, mit Ausnahme von vier Service-Teams, die sich zum einen mit der technischen Planung und der mechanischen Instandhaltung (dezentrale Instandhaltergruppe des Wertschöpfungsbereichs), zum anderen mit der Rohstoffversorgung (Qualitätskontrolle,

Reklamationen, Bestandsführung) sowie mit administrativen Aufgaben (Einkauf, Mutterrollen-Verkauf, Disposition, Sachbearbeitung etc.) befassen sollten (siehe Abbildung Seite 227).

In diese Phase fielen auch die letzten noch offenen Entscheidungen zur Reichweite und Tiefe des Reengineerings in der Papiererzeugung, etwa die Empfehlung, die Bereiche Forschung & Entwicklung sowie Technologie nicht in den Wertschöpfungsbereich zu integrieren, da diese zum einen viele Aktivitäten und Tätigkeiten für die Konzernspitze und das Top-Team zu erledigen haben (Beteiligung an strategischer Planung, prozeß- und maschinenbezogene Entwicklung, Beratung und Unterstützung der Werksleitung), zum anderen auch viele Leistungen für die zukünftigen Fraktale Papierverarbeitung 1-3 erbringen (Schwerpunktmessungen im Rahmen der Qualitätssicherung, Versuche, Proben etc.).

Daß solche Entscheidungen nicht immer einfach sind und eines differenzierten Abwägens der positiven und negativen Aspekte bedürfen, zeigte sich am Beispiel der Arbeitsvorbereitung (AV). Hier standen nach eingehender Diskussion bis zuletzt drei Möglichkeiten zur Debatte, und

Art der Tätigkeit	**Mann-Tage Soll**
1. Abstimmung Instandhaltung	...
2. Abstimmung Produktion	...
3. Materialwirtschaft	...
4. Einkauf	...
5. Qualitätssicherung	...
6. Export/Verkauf	...
7. Lohn-/Gehaltskonten	...
Gesamtbedarf	...

Abb.: Matrix zur Festlegung der Gruppenstärke des Administrationsteams im Wertschöpfungsbereich Papiererzeugung des Unternehmens

zwar a) die Eingliederung der AV in die Administrationsgruppe, b) die Eingliederung der AV in das Führungsteam des Wertschöpfungsbereichs Papiererzeugung und c) die Bildung einer zentralen Arbeitsvorbereitung.

Die Diskussion dieser drei Lösungen im Reengineering-Team ergab folgendes Bild:

Integration der Arbeitsvorbereitung (AV) in ...

Administrationsgruppe	Führungsteam (FT)	Zentrale AV
+ weniger Schnittstellen + Coaching der Arbeitsgruppe Administration möglich + gute Einbindung in das Tagesgeschäft + Vertretung leicht möglich	+ Vorteile bei strategischen Entscheidungen + nur Schnittstellen nach außen + Bereichsverantwortung + keine Interessenkonflikte + hohe Flexibilität	+ strategische Zusammenhänge im Gesamtunternehmen sind transparent + Schnittstellen zwischen den Wertschöpfungsbereichen der Papiererzeugung und Papierverarbeitung werden aufgelöst + problemlose Urlaubsvertretung
– neue Schnittstelle zum FT – Schnittstellen zu den anderen Wertschöpfungsbereichen der Papierverarbeitung – mögliche Interessenkonflikte innerhalb der Administrationsgruppe	– Vertretung schwierig – Coaching der Arbeitsgruppe – Administration schwieriger (zwei Chefs)	– keine Integration – Schnittstellen zu allen Führungsteams – Entfernung vom Tagesgeschäft

Abb.: Vor- und Nachteile bei der Integration der Arbeitsvorbereitung in unterschiedlichen Organisationsvarianten

Nach sorgfältiger Abwägung der drei hier skizzierten Möglichkeiten wurde der Beschluß gefaßt, die Arbeitsvorbereitung in die Administrationsgruppe zu integrieren und dem Administrationsteam die Aufgabe zu übertragen, die notwendigen Maßnahmen der Arbeitsvorbereitung in den übrigen Arbeitsgruppen des Wertschöpfungsbereichs Papiererzeugung zu treffen.

Nachdem zunächst die Frage geklärt war, welche Leistungen und Aufgaben in den neu zu bildenden Bereich in welchem Umfang zu integrieren waren und wie die Arbeitsorganisation zukünftig aussehen sollte, ging es in der Restrukturierung schließlich noch um die Zusammensetzung der künftigen Arbeitsgruppen. Dabei waren zunächst pragmatische Grundfragen zu klären:

a) Wie sollte die neue Aufbau- und Ablauforganisation in der Papiererzeugung aussehen?
b) Wie viele Gruppen waren dafür notwendig?
c) Wie groß sollte die Gruppenstärke in den jeweiligen Arbeitsgruppen sein?
d) Wie würden die Gruppen vom Informationsfluß her an das Führungsteam des Wertschöpfungsbereiches anzuschließen sein?

Die diesbezüglichen Überlegungen im Reengineering-Team begannen mit der Erarbeitung von Kriterien zur Auswahl der Gruppenmitglieder, um eine optimale Besetzung der jeweiligen Gruppen sicherzustellen. Es schien zunächst sinnvoll zu sein, einmal die Altersstruktur der bestehenden Belegschaft aufzunehmen. So ließ sich leicht feststellen, wer in den nächsten Monaten/Jahren ohnehin in Pension ging und so für eine dauerhafte Beteiligung an der neuen Gruppenstruktur nicht mehr in Frage kam, und es konnten zudem Perspektiven einer sozialverträglichen Verringerung des Personalsockels erarbeitet werden.

zu a) Die neue Aufbau- und Ablauforganisation in der Papiererzeugung wurde nach dem bereits freigegebenen Organisationsmodell strukturiert, ohne daß dieses einer weiteren Klärung bedurfte, da die diesbezüglichen Fragen bereits in Einvernehmen mit dem Lenkungsausschuß erörtert waren.

zu b) Sodann wurde die Anzahl der notwendigen Arbeitsgruppen festgelegt, wobei jeweils eine Arbeitsgruppe pro Papiermaschine gebildet wurde. Da für eine ganzwöchige Maschinenlaufzeit fünf Schichten notwendig waren, benötigte allein die Produktion mit den beiden Papiermaschinen 10 Arbeitsgruppen. Zur Unterstützung der Produktion wurde für beide Anlagen jeweils eine Instandhaltungsgruppe in der Normalschicht vorgesehen, eine Administrationsgruppe für das gesamte Fraktal in der Normalschicht sowie zwei weitere Arbeitsgruppen für das Rohstoffmanagement, Be- und Entladung, Bestandsführung, Qualitätssicherung und Bearbeitung von Reklamationen, die ebenfalls im Schichtdienst (tägliche Besetzung der Frühschicht und Spätschicht) tätig sind.

zu c) Die Gruppenstärke ist in den verschiedenen Arbeitsgruppen unterschiedlich. So verfügen die Arbeitsgruppen an den beiden Papiermaschinen über sieben bzw. acht Mitarbeiter pro Schicht, die Instandhaltungsgruppen über acht bzw. neun Mitarbeiter, die Arbeitsgruppe Rohstoff über sechs Mitarbeiter und die Administrationsgruppe über vier Mitarbeiter.

zu d) Um die Kommunikation zwischen der Führungsebene (Führungsteam) und den Arbeitsgruppen reibungslos zu gestalten, wurden klare Zuständigkeiten im vierköpfigen Führungsteam des Fraktals geschaffen. So ist je eine Führungskraft des Wertschöpfungsbereichs für jeweils eine Papiermaschine zuständig, eine für die beiden Instandhaltungsgruppen, eine für die Administrationsgruppe und für die „Rohstoffgruppe“ (mit gleichzeitigen Kontakten zur Administrationsgruppe). Jede Gruppe verfügt auf der Gegenseite über einen Gruppensprecher, der der Führungskraft als Ansprechpartner dient, so daß klare Kommunikationswege innerhalb des Fraktals beschrieben sind. Das Führungsteam selbst wird durch den Prozeßverantwortlichen (d.h. durch den „Chef" des Reengineering-Teams und späteren Führungsteams im Wertschöpfungsbereich Papiererzeugung) im Top-Team, der obersten Hierarchie-Ebene des Gesamtunternehmens, vertreten.

6.10 Zweite Sitzung des Lenkungsausschusses

Zwischenzeitlich hatte eine zweite Sitzung des Lenkungsausschusses stattgefunden, um den „roten Faden" des Pilotprojektes, d.h. den Zeitplan bis hin zur Schulung näher zu konkretisieren (siehe Abb. S. 236) und noch offene Fragen mit dem Projektteam zu besprechen, wobei es vor allem um die Abgrenzung des Wertschöpfungsbereichs Papiererzeugung gegenüber Nahtstellenbereichen ging (siehe Besprechungspunkte für die zweite Sitzung des Lenkungsausschusses, S. 237).

Dabei zeigte es sich, daß es sehr wichtig ist, den Vorstand und den Betriebsrat bereits im Vorfeld der Sitzungen gut zu informieren, um ihn angesichts der vielen Detailprobleme eines Reengineerings nicht zu überfordern. So sollten kontinuierlich Gedanken und Meinungen auch außerhalb dieses formellen Rahmens ausgetauscht werden, ebenso wie Vorentscheidungen und Abstimmungen in wesentlichen Fragen bereits vor den offiziellen Sitzungsterminen getroffen werden können. Dies kann auf zwei verschiedenen Wegen geordnet erreicht werden: zum einen über eine Einladung der Lenkungsausschußmitglieder zur Mitarbeit bei Projektgruppensitzungen, zum anderen über gemeinsame „Kamingespräche", auf denen in ungezwungener Atmosphäre über Sach-, Kommunikations-, Beziehungs- und Sozialfragen gesprochen wird.

Auch können auf diese Weise Vorstand und Betriebsrat auf den mittlerweile im Projektteam erreichten Entwicklungsstand gebracht werden, und zum anderen können der Vorstand und der Betriebsrat, neben einem Feedback, auch Inputs liefern, die für das Projektteam unter Umständen eine wertvolle Orientierungshilfe sind.

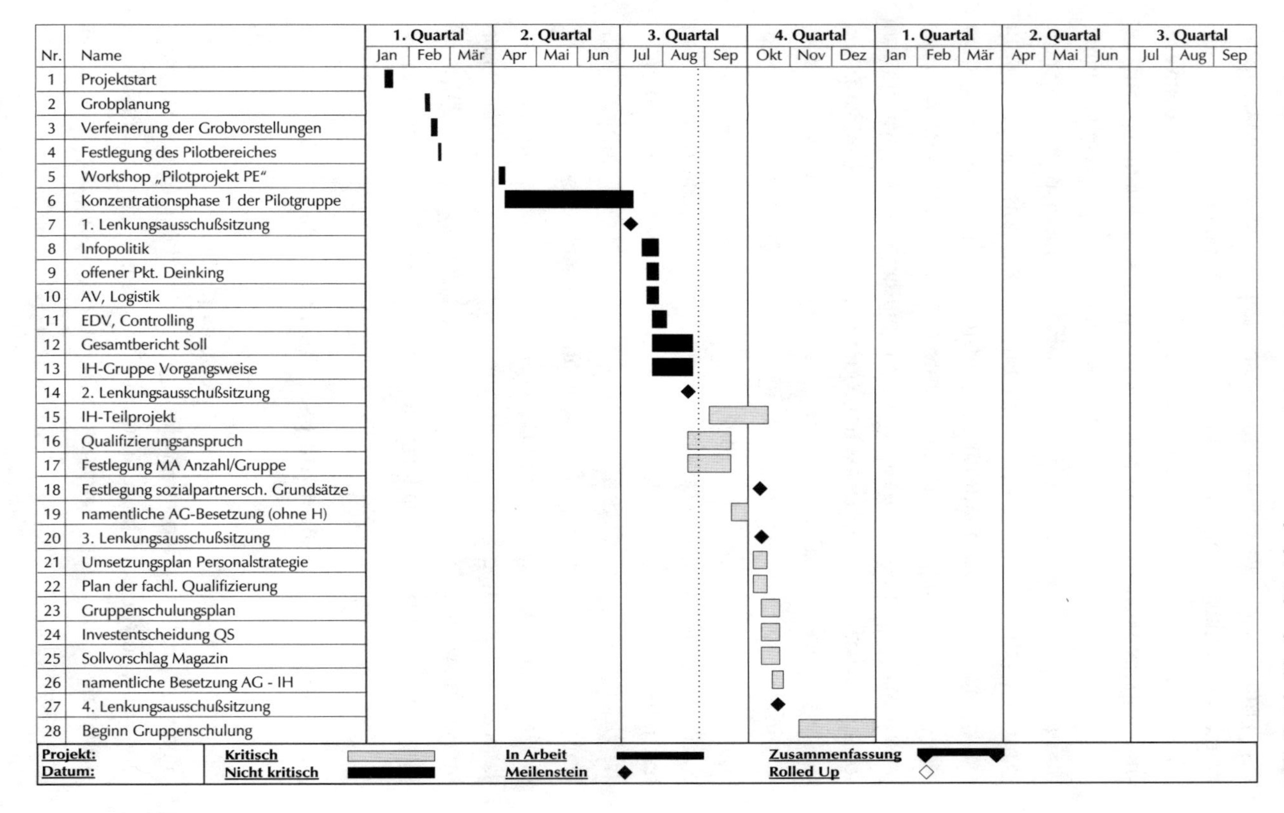

Abb.: Projektablauf und Projektplanung

Inhalt für die zweite Sitzung des Lenkungsausschusses

1. Agenda
2. Abgrenzung WSB
3. Zusammenfassung der Ergebnisse
4. Lösungsvorschlag Teilbereich Instandhaltung
5. Lösungsvorschlag Einkauf, Materialwirtschaft
6. Lösungsvorschlag Qualitätssicherung
7. Lösungsvorschlag Arbeitsvorbereitung
8. Lösungsvorschlag EDV, Lohnbuchhaltung, Controlling
9. Lösungsvorschlag Forschung & Entwicklung
10. Lösungsvorschlag Altpapieraufbereitung
11. Infopolitik
12. Projektablauf

Abb.: Besprechungspunkte für die zweite Sitzung des Lenkungsausschusses

6.11 Dritte Sitzung des Lenkungsausschusses

Bevor mit der Schulungsphase die praktische Umsetzung des nunmehr vollständig erarbeiteten Konzeptes des Wertschöpfungsbereichs Papiererzeugung angegangen werden konnte, wurden auch die diesbezüglichen Aktivitäten (Planung der notwendigen Schulungen und Trainings) bis hin zum Start der Gruppenarbeit (terminliche Festlegung) vom Lenkungsausschuß auf dessen 3. Sitzung abgesegnet.

Gleichzeitig genehmigte der Lenkungsausschuß auf dieser Sitzung sozialpartnerschaftliche Grundsätze, die den Weg für die gesamte Werksumstellung frei machten. Folgende Grundsätze sollten dabei Gültigkeit haben:

1. Die Tätigkeit in einer Wertschöpfungs-Arbeitsgruppe begründet zunächst keine Lohnänderung.
2. Keiner gewinnt, keiner verliert.

3. Ein neues, qualifikationsbezogenes Leistungslohnsystem wird in der nächsten Zeit zu erarbeiten sein.
4. Das Fell des Bären kann erst verteilt werden, nachdem er erlegt ist.

Desweiteren wurden mit diesen Grundsätzen Regelungen geschaffen, die den Einbezug des Betriebsrates dokumentieren. So sollten Beginn und Ende der Arbeitszeit sowie die Einteilung der Schichten im Einvernehmen mit dem Betriebsrat erfolgen. Zudem wurde die vorübergehende Versetzung von Arbeitskräften aus den Gruppen bis zu einem Zeitraum von maximal 13 Wochen so geregelt, daß ein Anspruch auf Fortzahlung des höheren Arbeitslohnes des angestammten Arbeitsplatzes für eine Dauer von 4 Wochen erhalten bleiben sollte, sofern der Lohn auf dem neuen Arbeitsplatz geringer ist. Bei einer dauerhaften Versetzung über diesen Zeitraum hinaus ist der Betriebsrat zu informieren, bei einer damit verbundenen Verschlechterung des Lohnes oder der Arbeitsbedingungen muß der Betriebsrat zustimmen.

6.12 Start von Parallelprojekten anderer Wertschöpfungsbereiche

Da die Umsetzung des neuen organisatorischen Zuschnitts im Wertschöpfungsbereich Papiererzeugung als Pilotbereich sehr viele „Baustellen" in anderen Bereichen hinterließ, etwa in der Materialwirtschaft sowie in der Instandhaltung, schien es ratsam, noch vor der kompletten Reorganisation des Pilotbereichs in allen potentiellen Wertschöpfungsbereichen mit Nahtstellen zum Pilotbereich ebenfalls mit der Konzeption „ihres Unternehmens" zu beginnen. Dies waren im Unternehmen zunächst der Bereich der Werksversorgung sowie die Papierverarbeitung.

Doch war es nicht allein der Baustellencharakter etwa der zunächst noch verbleibenden Zentraldienste (z.B. Instandhaltung), der für ein zügiges Vorgehen sprach. Bei Nahtstellenbereichen sollte stets umgehend damit begonnen werden, die Strukturen im Sinne eines Wertschöpfungsbereichs umzubauen, um die Lösungsansätze des Pilotbereichs von dieser Seite her auf Plausibilität und auf eine flächendeckende Verallgemeinerungsfähigkeit hin zu überprüfen.

Eine weitere Überlegung, die für ein rasches Vorgehen sprach, zielte auf eine Ausweitung des neuen Denkens auf das gesamte Unternehmen. Da die Gruppe derjenigen, die bereits in Prozeß- und Gruppenstrukturen zu denken begonnen hatten, noch relativ klein war, sollte sie möglichst zügig erweitert werden, um den Gegenkräften dieser Philosophie in anderen Unternehmensbereichen (die lieber am Status Quo festgehalten hätten), den Wind aus den Segeln zu nehmen.

Um möglichst wenig Zeit zu verlieren und den Aufwand gering zu halten, wurden die in der Papiererzeugung erprobten Methoden der Lösungsfindung, die hier konzipierten Verfahrensschritte und Arbeitspakete sowie die bereits erstellten Unterlagen, Matrizen, Ablaufschemata und sonstigen Präsentationsmaterialien an die nun startenden Bereiche weitergegeben.

So konnte vieles von dem, was im Pilotprojekt in teilweise mühsamer Kleinarbeit gemeinsam mit dem externen Berater erarbeitet worden war, weiterhin genutzt werden, was die Arbeit der neuen Projektgruppen (und damit auch der zukünftigen Führungsteams in den jeweiligen Wertschöpfungsbereichen) erheblich erleichterte.

Sofern ein Mitglied der neuen Projektgruppen bereits in der Pilotphase Projekterfahrung gesammelt hatte, ließ er sich in den neuen Projekten als interner Moderator einsetzen, so daß der externe Berater sich in einem solchen Fall fast ausschließlich auf die Prozeßbegleitung, vorbereitende Trainings und die Auswertung des Gesamtprojekts konzentrieren konnte.

6.13 Schulungsphase: Workshops und Trainings im Kontext der Reorganisation des Wertschöpfungsbereichs Papiererzeugung

Bevor die Arbeitsgruppen im Wertschöpfungsbereich Papiererzeugung ihre neue Tätigkeit aufnahmen, wurde mit einem Workshop des Top-

Teams eine umfangreiche Trainingsphase eingeleitet, die letztlich alle Beteiligten bis hinunter zum Produktionsarbeiter umfaßte.

In diesem Workshop galt es zunächst, die Arbeit des Top-Teams näher zu fassen und konkrete Zielfestlegungen für den zukünftigen Wertschöpfungsbereich vorzunehmen. So wurden eingangs des Top-Team-Workshops die Aufgaben, die Ziele und die Art der Zusammenarbeit des Gremiums im Kontext der gesamten Unternehmensstrategie thematisiert, um den Stellenwert und die Funktionen des Top-Teams bei der Umsetzung der bislang entwickelten Pläne und Vorstellungen zu verdeutlichen.

In einem weiteren Schritt wurde die teaminterne Kommunikation, der eigene Umgang mit Konflikten sowie das Führungsverständnis des Top-Teams angesprochen, um ein der zukünftigen Unternehmensstruktur angemessenes Führungsleitbild und entsprechende Führungsgrundsätze zu erarbeiten.

1. Top-Team-Workshop ...

- Unsere Aufgaben
- Unsere Zusammenarbeit
- Unsere Ziele
- Strategie für das Unternehmen
- Unsere Kommunikation
- Umgang mit Konflikten
- Unser Führungsverständnis
- Unser Führungsleitbild/Führungsgrundsätze
- Themen und Probleme, die auf unserer Ebene besprochen und gelöst werden
- Unsere Meetingmodalitäten
- Unsere Meetingstruktur und -kultur insgesamt

Abb.: Inhalte des Top-Team-Workshops

Schließlich wurden die Meetingmodalitäten vereinbart; ebenso wurde geklärt, welche Themen und Probleme auf der Ebene des Gremiums zu besprechen bzw. zu lösen sind.

Im Anschluß an diesen Workshop des Top-Teams, der auch der Festlegung von Zielvorgaben für den neustrukturierten Wertschöpfungsbereich diente, wurde mit dem Führungsteam ein Training vereinbart, in dem sich die Teammitglieder zum einen mit den ihnen vorgegebenen Zielen und zum anderen mit Fragen der zukünftigen Zusammenarbeit im Fraktal auseinanderzusetzen hatten. Integriert in dieses Teamtraining waren Lernschritte, die darauf zielten, den Führungsstil und das Führungsverhalten der Teammitglieder ihren Aufgaben entsprechend (Coach der Arbeitsgruppen) auszubilden. So wurde ein Baukastensystem zum Thema „Führen“ entwickelt, das es für die Teammitglieder sukzessive abzuarbeiten galt. Darüber hinaus lernten alle Mitglieder des Führungs-

2. Führungsteam-Workshop ...

- Wie wir führen, damit unser Leitbild die Führungsgrundsätze lebt
- Die Meetingkultur im Fraktal bzw. Wertschöpfungsbereich
- Unsere Ziele
- Unsere Zusammenarbeit im Team
- Welche Qualifizierung brauchen wir noch?
  - Moderationstraining
  - Regelmäßige Reflexion des Führungsverhaltens
  - Bausteine zum Führen
    - Gespräche mit den Arbeitsgruppen/Gruppensprechern
    - Förderung des Problemlösungsverhaltens unserer Gruppen
    - Vermeidung von Rückdelegation

Abb.: Inhalte des Führungsteam-Workshops

teams im Rahmen einer Trainingseinheit die Technik der Moderation von Arbeitsgruppen, einschließlich der Möglichkeiten einer visualisierenden Begleitung von Gruppenprozessen mit Hilfe der Metaplan-Methode.

Den eigentlichen Kern der Trainingsphase bildeten jedoch 3-tägige Team-Workshops für alle Arbeitsgruppen der Papiererzeugung, um deren Mitglieder auf die neue Form der Arbeitsorganisation vorzubereiten. Zwar hatte man alle Mitarbeiter im Verlauf des Projektes regelmäßig über das Vorhaben und seine Fortschritte informiert, dennoch wurden für sämtliche Arbeitsgruppen/je Schicht Schulungen durchgeführt, wobei Vorstand, Wertschöpfungsbereichsleiter und Betriebsrat zeitweise an den Workshops teilnahmen, um bestimmte Punkte mit den Mitarbeitern zu diskutieren. Ziel der Team-Workshops war es, sicherzustellen, daß jeder Mitarbeiter die Fragen „Warum machen wir das Projekt?“, „Wie wollen wir dabei vorgehen?“ und „Was bedeutet dies für uns konkret“ zu beantworten in der Lage sein sollte.

Gegenstand dieser Schulungen waren einerseits allgemeine Themen wie „Gruppenarbeit – was ist und wie funktioniert das?“, „Problemlösung in Gruppen“, „Kommunikation und Konfliktlösung“ sowie „der Beitrag der Gruppenarbeit zum kontinuierlichen Verbesserungsprozeß (KVP)“, andererseits jedoch ebenso Aspekte, die auf die jeweiligen Funktionen und Aufgaben der einzelnen Gruppen zugeschnitten waren. Dabei war das Training insgesamt so gestaltet, daß entsprechend der jeweiligen Vorgaben und Gruppenziele einzelne Elemente der zukünftigen Zusammenarbeit – etwa KVP-Tools – bereits in der Schulungsphase zum praktischen Einsatz kamen und erste Schritte in Richtung der zukünftigen Arbeit der Gruppe ermöglichten.

So mußte sich etwa das Instandhaltungs-Team mit einem völlig veränderten Zuschnitt seines Aufgabenbereichs beschäftigen, Rollen und Aufgaben im Team verteilen (Zuständigkeit für die Qualitätssicherung festlegen, Qualifizierungsplan aufstellen etc.). Denn der Funktionsbereich „Instandhaltung“, dessen Aufgabe es ist, zukünftig die technischen Einrichtungen im Wertschöpfungsbereich zu unterhalten, setzt sich zusammen aus der technischen Klärung, der technischen Planung, der elektrischen Reparatur und Wartung sowie aus mechanischen Reparatur- und Wartungstätigkeiten. Zur Bewältigung der komplexen Aufgabe dieser Gruppe sind in ihr sowohl Elektriker als auch Mechaniker vertreten, zwei Berufsgruppen, die vormals unabhängig voneinander ein völlig eigenständiges Dasein im Betrieb geführt haben, nunmehr aber kooperativ zusammenarbeiten.

Die Checklisten für die Instandhaltung und Wartung wurden von der Projektgruppe nach Absprache bzw. Rücksprache mit dem Instandhaltungsteam erarbeitet, wobei ihm allerdings im großen und ganzen vorgegeben wurde, welche Aufgaben die Gruppe insgesamt zu lösen hat. Für Fragen der Feinabstimmung wurden Mitglieder der zukünftigen Instandhaltungsgruppe regelmäßig zu den Sitzungen des Reengineering-Teams eingeladen und darauf befragt, ob die Aufgaben in der vom Reengineering-Team geplanten Weise auch tatsächlich zu realisieren waren, ob die einzelnen Wartungspläne optimal waren etc.

Unabhängig von dem Bestreben, die spezifischen Anforderungen und Gegebenheiten jeder einzelnen Arbeitsgruppe so konkret wie möglich im Rahmen des Workshops einzubeziehen, existierte ein grober inhaltlich-methodischer Leitfaden dieser Schulungen, der für alle Arbeitsgruppen verbindlich war. In Verfolgung dessen knüpfte man bewußt bei dem unterschiedlichen Kenntnisstand der Mitarbeiter an und es wurde jeweils zu Beginn der Workshops thematisiert, warum dringender Handlungsbedarf bestand, die Papiererzeugung auf die neuen Organisationsstrukturen einschließlich der Gruppenarbeit umzustellen. Wichtig war es in diesem Kontext auch, daß alle Beteiligten erfuhren, welche Vorteile sich das Unternehmen vom Reengineering versprach und welche Erwartungen sie selbst an die zukünftige Form der Arbeitsorganisation richten konnten. Um eine vorurteilsfreie Auseinandersetzung mit der Thematik zu ermöglichen, war es zudem notwendig, eingangs alle offenen Fragen in den Gruppen zu klären, die das Procedere der Umstrukturierung ihres Arbeitsbereichs, die Gruppenarbeit selbst, die Funktionen

3. Team-Workshops für die Arbeitsgruppen der Papiererzeugung ...

- Was wir bisher gehört und erfahren haben
- Unsere Fragen zum Projekt
- Warum besteht Handlungsbedarf?
- Die Situation des Unternehmens und des Bereichs Papiererzeugung
- Was sind derzeit unsere Schwächen?
- Mit welcher Strategie werden wir erfolgreich?
- Was können wir tun, damit wir die Anforderungen erfüllen?
- Wie kann Gruppenarbeit dabei helfen?
- Was bedeutet „Arbeiten in Gruppen" für uns?
- Wie sieht unser „Modell" aus?
- Was sind die Aufgaben der Instandhaltungs-, Rohstoff- und Administrationsgruppe?
- Was sind unsere Aufgaben?
- Was müssen wir an Arbeiten übernehmen? (z.B. Qualitätssicherung, einfache Inspektions- und Wartungsarbeiten)
- Welche Aufgaben haben die Gruppensprecher?
- Wo, wann und wie führen wir Gruppengespräche durch?
- Was sind unsere Gruppenziele?
- Welche Themen/Probleme müssen wir angehen, um unsere Ziele nachhaltig zu erreichen? (Problemspeicher und Aktionsplan für Gruppengespräche erarbeiten)
- Wer muß wie, wann, in welcher Hinsicht weiterqualifiziert werden? (Erstellung einer Qualifikationsmatrix für die Gruppenmitglieder)
- Wie wird die Betreuung der Gruppengespräche geregelt?
- Wie visualisieren wir unseren Erfolg?
- Wer bereitet die Zielparameter auf und wer ist für die Infotafel verantwortlich?

- Termin für die Vorbereitung der Gruppensprecher
- Aufgaben und Anforderungen an die Gruppensprecher
- Kommunikation in der Gruppe
- Umgang mit Konflikten
- Wie wollen wir bei der Lösung und Umsetzung von Problemen vorgehen?

Abb.: Inhalte der Team-Workshops

der unterschiedlichen Gruppen, ihrer Gruppensprecher und schließlich des Führungsteams betrafen.

Bereits in den Team-Workshops zeigte sich, daß die neue Form der Arbeitsorganisation höhere Anforderungen an die fachliche Qualifikation der Gruppenmitglieder stellen würde. Am Beispiel der Arbeitsgruppen der Papiererzeugung (AG-PE) läßt sich exemplarisch zeigen, wie die Anreicherung der Tätigkeit hier aussieht. So verzeichnet die Tätigkeitsbeschreibung der Arbeitsgruppen u.a. Aktivitäten wie Kontrollieren, einfache Wartungstätigkeiten, gegenseitige Qualifizierung, Arbeitssicherheit und Brandschutz, Qualitätssicherung sowie Altpapier ausladen und lagern – alles Tätigkeiten, die bis dato nicht von den Arbeitern in der Papiererzeugung zu erledigen waren. Dies verdeutlicht den Qualifizierungsbedarf, der mit der Umstellung auf Gruppenarbeit an dieser Stelle des neugebildeten Fraktals Papiererzeugung im Werk Ortmann entstand.

Ein vergleichbarer Qualifizierungsbedarf ergab sich auch in den übrigen Arbeitsgruppen, die es in dieser Form nicht einmal ansatzweise vorher gegeben hatte, etwa wie im Fall der Administrationsgruppe oder der Rohstoffgruppe.

Aus diesem Grund wurde in den Team-Workshops systematisch der Schulungs- und Qualifizierungsbedarf der Gruppenmitglieder ermittelt und in eine Planung entsprechender Fortbildungsmaßnahmen überführt.

Abschließend wurden die Gruppensprecher in einem gesonderten 3-tägigen Training auf ihre zukünftigen Aufgaben vorbereitet. Dabei standen neben einer Reflexion der Rolle des Gruppensprechers sein Handwerkszeug sowie das Verhalten als Moderator von Gruppenprozessen im Vordergrund.

Vorbereitungstraining für Gruppensprecher ...

- Einsatzspektrum der Moderation
- Drei Ebenen der Gesprächsführung
- Methodische Schritte der Moderation
- Phasen der Moderation
- Elemente der Moderation
- Skala der Einbeziehung
- Die Rolle des Moderators
- Die Moderationsvorbereitung
- Das Protokoll
- Die Moderationsregeln
- Die drei Kategorien von Problemen
- Die Problemlösung
- Die Z-Methode
- Die Ein-Punkt-Abfrage
- Die Mehr-Punkt-Abfrage
- Die Zuruf-Frage
- Die Karten-Frage
- Der Problem-Themen-Speicher
- Die Problembearbeitung
- Der Aktionsplan
- Die Problemlösungsstrategie
- Welche Anforderungen ergeben sich für den Gruppensprecher im Rahmen der Gruppengespräche über die „reine Moderationstechnik“ hinaus?

- Wie fördert der Gruppensprecher Kommunikation und Motivation in der Gruppe?
- Wie geht der Gruppensprecher mit Konflikten in der Gruppe um?
- Wie fordert der Gruppensprecher sachliche Problemlösung und einen kontinuierlichen Verbesserungsprozeß?

Abb.: Inhalte des Gruppensprecher-Trainings

Neben den regelmäßig in allen Schichten stattfindenden Gruppengesprächen treffen sich die Gruppensprecher regelmäßig gemeinsam in einer Problemlösungsgruppe, um gruppenübergreifende Themen und Probleme zu besprechen und zu gewährleisten, daß die Umsetzung in allen Schichten nach den vereinbarten Standards erfolgt. An den Sitzungen der Gruppensprecher können natürlich auch Mitglieder des Führungsteams teilnehmen (siehe Abbildung auf der folgenden Seite).

Gruppengespräche finden natürlich auch auf Führungsteamebene regelmäßig statt.

6.14 Probleme und Störungen

Reengineering-Vorhaben wie das im Werk Ortmann verlaufen nie ohne Probleme und Störungen ab. Dies ergibt sich zum einen daraus, daß nicht alle Mitarbeiter ohne weiteres mit derart großen Veränderungen umgehen können, zum anderen aber auch daraus, daß nicht alles sofort umsetzbar ist, was am Planungstisch des Top-Teams und der Projektgruppe erdacht wird. Jedes Reengineering-Projekt ist zugleich ein Lernakt des gesamten Unternehmens, der Zeit braucht und zur Problemlösung mitunter zusätzliche Maßnahmen notwendig macht, die anfangs nicht vorgesehen waren. Ein Versuch, diese Lernerfahrungen durch einen bis in

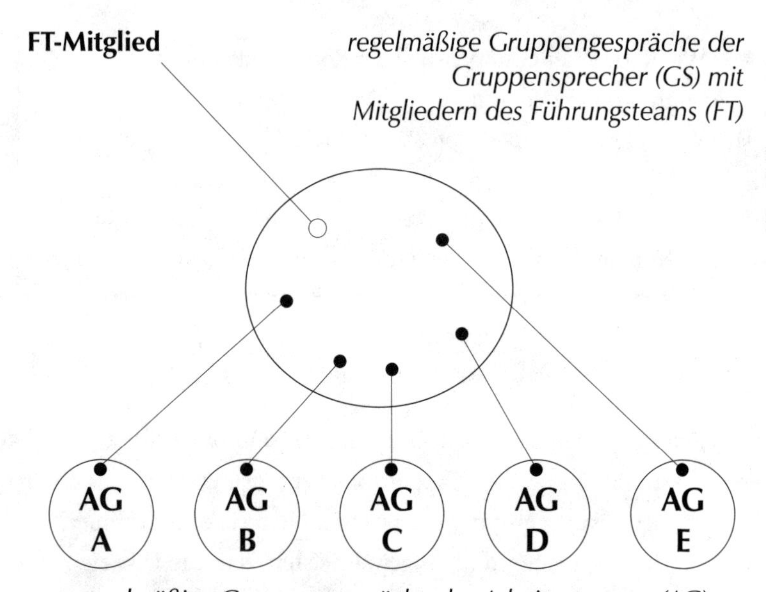

Abb.: Gruppengespräche in der Papiererzeugung

jede Einzelheit vorstrukturierten Zeit- und Aktionsplan abzukürzen, ist wenig sinnvoll. Ein zu detailliertes Vorausdenken der Unternehmensleitung oder der beteiligten Planungsteams birgt nicht zu unterschätzende Risiken und ist daher nicht zu empfehlen. Denn je präziser die Pläne und damit die Vorgaben formuliert sind, um so geringer fällt die Akzeptanz dieser Zielsetzungen aus. Ein grobes Vorausdenken auf der Führungsebene, verbunden mit der Bildung von mehreren Teilprojektgruppen (in denen die Mitarbeiter ihre Vorstellungen einbringen können), schafft Beteiligung an Stelle von Betroffenheit und verringert damit innerbetriebliche Widerstandspotentiale. Zudem gewinnen Konzepte, die auf eine eigenverantwortliche Gestaltung der Arbeit im Sinne von Selbstorganisation hinauslaufen, damit den Grad an Glaubwürdigkeit und Ehrlichkeit, der für die Realisierung des Reengineering-Vorhabens im Unternehmen notwendig war.

Solche Zwischenschritte, etwa das Einsetzen unterstützender Problemlösungsteams wie im Fall der Restrukturierung und Reorganisation der Instandhaltung, oder persönliche Gespräche wie bei der Konzipierung der Rohstoff- und Administrationsgruppe, kosten manchmal viel Zeit, sind aber notwendig, um Überzeugungsarbeit zu leisten und die betroffenen Mitarbeiter so weit wie möglich einzubeziehen.

Risikoscheu bei der Planung bzw. Konzeption des Wandels, verbunden mit einem übertriebenen Hang zur Perfektion, schaffen nicht nur Akzeptanzprobleme, sondern behindern zugleich gruppendynamische Prozesse, die für die nachhaltige Veränderung des Unternehmens notwendig sind. Wo das Management sich nur zögernd von den Denkweisen des klassischen Kontrollwesens zu lösen vermag und Zweifel an der Selbstorganisationsfähigkeit von kleinen Teams hegt, muß erst Vertrauen in gruppendynamische Abläufe geschaffen werden, etwa durch die Bildung erster Gruppen mit vergleichsweise eng umrissenen Aufgaben oder die Aufarbeitung der eigenen Erfahrungen im jeweiligen Planungs- bzw. Führungsteam.

Neben einem unzureichenden Vertrauen in die Leistungsfähigkeit selbstorganisierter Gruppen sind es gelegentlich auch persönliche Animositäten, die die Arbeit einer Projekt- oder Arbeitsgruppe erschweren oder gar massiv behindern. Ob diese Vorbehalte nun aus fachlichen oder privaten Konflikten herrühren, ist weniger wichtig. Wo immer solche Probleme auftreten, behindern sie aktuell den Gruppenprozeß (und verhindern damit optimale synergetische Leistungen). Allerdings bieten sie auch eine konkrete Anschauungsgrundlage im Rahmen einer Übung zur Konfliktbewältigung und damit zugleich wertvolle Ansatzpunkte für einen gezielten Lernprozeß auf seiten der betroffenen Teammitglieder sowie beim Team insgesamt. Dabei können Verfahren, wie der Abgleich von Selbstbild und Fremdbild, Feedback geben, der Einsatz kommunikativer Grundfähigkeiten („Ich"-Botschaften statt „Du"-Botschaften, aktives Zuhören) erprobt und die Methode einer niederlagenlosen Konfliktbewältigung am konkreten Beispiel erlebt werden.

„Altlasten" können jedoch auch aus negativen Erfahrungen mit früheren Projekten der Organisationsentwicklung (etwa TQM-Projekten) stammen. Diese sind im Team bzw. in den Arbeitsgruppen spätestens im Kontext der Vorbereitungsworkshops zu thematisieren und zu „entsorgen", damit sie die Projekt- und Gruppenentwicklung nicht behindern. Später ans Tageslicht kommende „Altlasten" lassen sich in den laufenden Gruppengesprächen aufarbeiten. An bestimmten neuralgischen Punkten, an denen regelrechte „Frustzentren" auszumachen sind, kann auch eine intensivere Vergangenheitsbewältigung in Form gesonderter Mini-Workshops und Gruppensitzungen erforderlich sein.

Verunsicherungen auf seiten der Belegschaft ist durch eine aktive Informationspolitik zu begegnen. Eine frühzeitige Einbeziehung der Führungskräfte, eine regelmäßige Information der Belegschaft über die Werkszeitung oder gesonderte Info-Blätter, unterstützt durch die Überzeugungsarbeit des Top-Managements, schaffen Transparenz über das beabsichtigte Vorhaben und entziehen so einer innerbetrieblichen Gerüchteküche den Boden, auf dem ansonsten Zweifel und Mißtrauen entstehen können.

Ähnliches gilt für eine etwaige Skepsis und Distanz des Betriebsrates gegenüber den angestrebten Veränderungen. Auch hier sind eine kontinuierliche Information, sowie darüber hinaus der Einbezug des Betriebsrates in die laufende Projektarbeit zu empfehlen. Dabei sollte die globale Zielsetzung des Projektes im Vordergrund stehen und dem Betriebsrat Gelegenheit gegeben werden, mittels Gentlemen Agreement (keine Kündigungen im Umstellungsbereich, sozialverträglicher Personalabbau) oder einer Betriebsvereinbarung die sozialen Belange der Belegschaft zu sichern und Rahmenbedingungen der Projektarbeit zu vereinbaren, die ihm einen Überblick über die weitere Entwicklung ermöglichen („Transparenz" herstellen).

Probleme ergeben sich nicht selten auch bei der tariflichen Eingruppierung von Gruppenarbeit. So zeigt die Praxis immer wieder, daß eine lohnneutrale Einführung höherqualifizierter Gruppenarbeit (trotz der sonstigen positiven Aspekte für die Arbeiter) kaum durchsetzbar ist. Aussprüche wie „Wer sich qualifiziert, ist blöd“ offenbaren eine Grundhaltung, die die Frage der Qualifikation und die damit verbundene individuelle Entwicklung allein auf den Aspekt des Lohns verkürzt. Wo eine solche Einstellung innerhalb der Belegschaft vorherrscht, werden ohne flankierende Vereinbarungen schnell Verweigerungspotentiale gegenüber der neuen Arbeitsorganisation sichtbar, die es ratsam erscheinen lassen, das Entlohnungssystem entsprechend anzupassen.

Ein weiterer kritischer Punkt besteht darin, daß der externe Berater eventuell über einen unzureichenden Vertrauensvorschuß verfügt. Im Grunde genommen ist dies sogar eine eher erwartbare Ausgangskonstellation, die den externen Berater vor die Aufgabe stellt, zunächst um Vertrauen für seine Arbeit zu werben, und zwar bei allen Beteiligten, von der Unternehmensspitze bis hinunter zu den Angestellten und Arbeitern.

Vielfach hat die anfängliche Skepsis etwas damit zu tun, daß externe Berater als Rationalisierungsexperten gesehen werden, die sich vermeintlich mittels einer kalten, technokratischen Vorgehensweise an eine Veränderung der Prozeßabläufe machen. Bis der Berater im Zusammenhang von Reengineering-Projekten tatsächlich als moderierender Veränderer des gesamten organisationskulturellen Umfeldes wahrgenommen wird, in dessen Arbeit vielmehr eine beratende Projektbegleitung und das Training der Beteiligten im Mittelpunkt stehen, braucht es eine Reihe positiver Erfahrungen. Dabei ist zu bedenken, daß diese anfängliche Distanz gegenüber dem Berater auch etwas damit zu tun haben kann, daß Zweifel im Hinblick auf die eigene Fähigkeit zur Selbstorganisationsfähigkeit und Kompetenz bestehen.

Eine Zusammenarbeit mit einem externen Berater, der sich als Prozeßbegleiter versteht, ist also in gewisser Weise ein Abenteuer, nicht zuletzt auch deshalb, weil kein Berater in der Lage ist vorherzusehen, was im Verlauf eines solchen Projektes alles ans Tageslicht kommen kann, welche

Kompetenzen vor Ort vorhanden sind, wie gut die veränderte Arbeitsorganisation greift usw.

Wichtig aber ist in jedem Fall, daß der Vorstand aufgrund des Kontraktgespräches weiß, worauf er sich einläßt und daß er die Arbeit des Beraters rückhaltlos unterstützt. Doch was die Akzeptanz und das Vertrauen der Projektgruppe sowie der Belegschaft angeht, so müssen diese im Verlauf des Projekt-Prozesses Schritt für Schritt erworben werden. Dazu gibt es genügend Anlässe.

Wie bereits angedeutet, treten im Kontext von Reengineering-Projekten immer wieder konfliktreiche Situationen auf, die vom Berater entschärft werden müssen. Hier hat er die Chance, sich als unabhängiger, kompetenter Prozeßmoderator zu profilieren und das notwendige Vertrauenspotential zu erwerben, das er für seine Arbeit benötigt. Drei Beispiele mögen diesen Teil seiner Aktivitäten dokumentieren.

Zu Beginn des Projektes hatte selbst der Vorstandsvorsitzende Bedenken, was die Überlegung betraf, ein werksinternes Reengineering-Team mit der Aufgabe zu betrauen, die Restrukturierung und Reorganisation des Wertschöpfungsbereichs Papiererzeugung selbst in die Hand zu nehmen. Seine Befürchtung war die, daß daraufhin zunächst einmal weiteres Personal zur Erledigung der damit verbundenen Aufgaben angefordert würde.

Rückblickend kann man feststellen, daß solche Forderungen nicht gestellt wurden und das Team den Nachweis erbracht hat, eigenständig und selbstorganisiert Prozesse kostengünstiger, schneller, qualitativ hochwertiger zu gestalten, ohne auch nur einen weiteren Mitarbeiter anzufordern. Dies ist das Verdienst des Vorstandsvorsitzenden, der unermüdlich den Prozeß begleitete und immer wieder mit den Mitgliedern des Reengineering-Teams die Sachlage diskutierte. Nicht zuletzt auch deshalb, weil es ihm gelungen ist, den Betriebsrat sehr konstruktiv in den Prozeß mit einzubinden.

Problem	Problemlösung
■ Mangelnde Bereitschaft, Verantwortung zu übernehmen	■ Vertrauen aufbauen, ■ Vertrauen in die eigenen Fähigkeiten fördern ■ Unterstützung und Qualifikation
■ Risikoscheue Planung/ Hang zu Perfektion	■ Vertrauen in die Selbstorganisierungskräfte aufbauen ■ Prinzip „aus Fehlern lernen" praktizieren
■ „Altlasten" (persönliche Animositäten)	■ Lernprozeß in Richtung Konfliktlösung einleiten
■ „Altlasten" (aus früheren Projekten)	■ Aufarbeitung im Team/in den Arbeitsgruppen
■ Verunsicherung der Belegschaft	■ aktive Informationspolitik ■ persönliche Gespräche
■ Mißtrauen auf seiten des Betriebsrats	■ Einbindung in laufende Arbeit ■ Information
■ Keine Bereitschaft zur Qualifizierung	■ Entlohnungssystem anpassen
■ Mangelndes Vertrauen in externen Berater	■ positive Erfahrungen schaffen

Abb.: Typische Probleme und Problemlösungen beim Reengineering

Kurze Zeit später wurde auf allen Ebenen immer wieder die Frage gestellt: „Haben wir denn in der Vergangenheit alles falsch gemacht?" So wird in der Tat mit der Neugestaltung des Unternehmens oder einzelner Unternehmensbereiche vieles von dem wieder rückgängig gemacht, was in der Vergangenheit durch die Unternehmensleitung oder Führungskräfte eingeführt und ausdifferenziert wurde. Auch solche Fragen sind Projektalltag und erfordern intensive Gespräche über veränderte Rahmenbedingungen des Unternehmens, um nicht Selbstzweifel entstehen zu lassen.

An solch sensiblen Punkten hat der Berater die Chance, sich als Prozeßgestalter zu bewähren und aus einer gemeinsamen Analyse der vermeintlichen Fehler der Vergangenheit Lernchancen freizulegen. Mittels einer Reflexion veränderter Rahmenbedingungen sowie einer Beschäftigung mit innovativen Management-Konzepten konnte bewußt gemacht werden, warum Entscheidungen immer das Risiko bergen, sich irgendwann als nicht mehr angemessen zu erweisen. Daß ein Eingestehen solcher „Fehler" notwendig ist, um gebotene Korrekturen einzuleiten und auf den richtigen Weg zu gelangen, daß Experimente fehlschlagen können, auch wenn sie gut geplant sind, daß es kein organisationales Lernen ohne defizitäre Anlässe gibt, ließ sich an diesem Punkt gut nachvollziehen. Auf diese Weise konnte zugleich eine potentiell demotivierende Situation in eine zusätzliche Motivationsquelle transformiert werden. So enstand die Bereitschaft, sich verstärkt mit dem Reengineering-Gedanken auseinanderzusetzen. Dies geschah etwa durch persönliche Gespräche mit dem Berater oder dadurch, daß einzelne Mitglieder der Geschäfts- und Werksleitung gezielt die Ihnen zur Verfügung gestellte Literatur zu Reengineering-Fragen aufgearbeitet haben.

Dieses Coaching trug letztlich auch dazu bei, das Führungsverständnis und -verhalten zu verbessern, z.B. wo es um die Bereitschaft ging, Entscheidungskompetenzen zu delegieren und Vertrauen in das Leistungsvermögen der Mitarbeiter zu entwickeln, auf überflüssige Kontrollinstrumente zu verzichten usw.

Gleichzeitig konnten damit erste Schritte in Richtung auf eine verbesserte Kommunikations- und Führungskultur eingeleitet werden.

In einem späteren Gespräch mit dem Berater erwähnte der Vorstandsvorsitzende des Unternehmens, daß die Arbeit im Reengineering-Team auch Auswirkungen auf die Art und Weise mit sich gebracht habe, wie heute innerhalb des Unternehmens miteinander umgegangen wird. Einzelne Führungskräfte sind nach seinen Eindrücken regelrecht „aufgetaut" und beteiligen sich heute in einem Ausmaß an Diskussionen und Entscheidungen, wie dies in früheren Zeiten nicht der Fall war.

Eine völlig anders geartete schwierige Konstellation trat auf, als sich bei der Zusammensetzung einer Arbeitsgruppe zwei Mitarbeiter weigerten, sich in die Gruppe zu integrieren. Da der prozeßverantwortliche Leiter des Reengineering-Teams mit solchen Fällen noch keine Erfahrung hatte, wandte er sich an den begleitenden Prozeßberater, um nicht in eine Situation zu kommen, den betreffenden Mitarbeiter zwangsweise zu integrieren. Einerseits wollte er jedes Widerstands- und Verärgerungspotential so gering wie möglich halten, andererseits mußte jedoch auch der Prozeß der Gruppenbildung zum Abschluß gebracht werden.

In dieser Situation übernahm der Berater die Aufgabe, mit sämtlichen Mitarbeitern, die für diese Gruppe vorgesehen waren, einen Mini-Workshop durchzuführen. In diesem Workshop sollten alle Probleme besprochen und ausgeräumt werden, die sich im Vorfeld aufgetan hatten. Allen Teammitgliedern bot sich die Gelegenheit, ihre Zweifel, ihre Unsicherheiten, aber auch ihren Argwohn zu artikulieren.

Im Vorfeld des Workshops hatte sich eine der skeptischen Personen telefonisch an den Berater gewandt und mitgeteilt, daß die Gründe für die Weigerung weniger in Ressentiments gegen die neue Form der Arbeitsorganisation oder gar gegen die Gruppe selbst zu suchen sind, sondern mit einer der vorgesehenen Führungskräfte in Zusammenhang stehen. So mußten im Workshop nicht nur aktuelle Probleme gelöst werden, sondern auch vergessene und verdrängte Konflikte aktualisiert und ausgetragen werden, die teilweise schon lange zurücklagen, d.h. es mußten Altlasten der Unternehmenskultur entsorgt werden. Ebenso waren Vorurteile gegenüber der Führungskraft auszuräumen, und Transparenz über die Gründe für die Gruppenbildung galt es herzustellen.

Dieses war nicht zuletzt deshalb notwendig, da der Vorstand sich vor die betreffende Führungskraft stellte, der ein ausgewiesener Fachmann auf seinem Gebiet ist. Ihm auch die soziale Kompetenz einer exzellenten Führungskraft zu vermitteln und zugleich die Altlasten zu beseitigen, war an diesem Punkt die explizite Aufgabe des Beraters.

In der Bearbeitung des oben genannten Falles wurde darüber hinaus deutlich, daß die ablehnende Haltung keineswegs allein etwas mit dem zukünftigen Vorgesetzten zu tun hatte, sondern daß zugleich Ängste auf seiten der Mitarbeiter existierten, sie könnten mit der neuen Tätigkeit überfordert sein. Auch hier mußte Überzeugungsarbeit geleistet werden, die jedem deutlich macht, warum das Projekt wichtig ist, und daß im Rahmen des Reengineering jeder Unterstützung erhält, wenn er neue Aufgaben übernehmen muß, weil nur so ein langfristiges Überleben der Organisation sichergestellt werden kann.

6.15 Erste Ergebnisse und Ausblick

Mittlerweile ist im Werk Ortmann die Modellierung der zukünftigen Unternehmens- und Werksorganisation abgeschlossen. Der Stand der Umsetzung ist in den einzelnen Bereichen jedoch unterschiedlich, da sie zu verschiedenen Zeitpunkten mit der Umsetzung begonnen haben. Die Ergebnisse sind deshalb differenziert zu betrachten.

Innerhalb der **Papiererzeugung** ist das Führungsteam etabliert, die Instandhaltungsgruppen sowie die Administrations- und Rohstoffgruppe personell festgelegt und in Trainings auf ihre neue Tätigkeit vorbereitet. Ebenso sind alle Schichten der Papiererzeugung in Arbeitsgruppen zusammengefaßt. Im Anschluß an die Schulungsphase haben sie ihre Gruppenarbeit aufgenommen. Dieser Übergang ließ sich nicht reibungslos gestalten, da vereinzelt Versetzungen vorgenommen werden mußten, die zu persönlichen Nachteilen geführt haben (Abbau von Privilegien). Hier konnten jedoch Umsetzungsvereinbarungen mit dem Betriebsrat getroffen werden, die eine konsequente Verwirklichung der angestrebten Reorganisation unterstützten.

Um die neue Ordnung zu stabilisieren, werden regelmäßig Gruppengespräche zur Lösung aktueller Fragen sowie zur kontinuierlichen Verbesserung der Gruppenleistungen durchgeführt. Dabei hat sich gezeigt, daß das Interesse der Gruppenmitglieder (Maschinenführer, erster Gehilfe, zweiter Gehilfe, Staplerfahrer, Elektriker, Schlosser) je nach Thema sehr unterschiedlich ist. So sind beispielsweise bei „Maschinenthemen" die nicht unmittelbar davon Betroffenen weniger interessiert und umgekehrt, bei Fragen der Logistik die anderen Mitglieder der Gruppe nicht so aktiv beteiligt. Hier muß noch ein weiterer gemeinsamer Lernprozeß stattfinden, so daß alle Mitglieder der Arbeitsgruppe sich für alle Themen ihres Arbeitsbereiches interessieren und beteiligen, wenngleich dies durch die unterschiedliche Qualifikation der Mitarbeiter vielleicht nicht in dem Maße erreichbar ist, wie man sich das wünscht. Derzeit wird versucht, Gruppengespräche so zu gestalten, daß nur diejenigen an den Gesprächen teilnehmen, die auch von der Thematik unmittelbar betroffen sind (gruppenübergreifend, aus allen fünf Schichten). Hier gilt es die weitere Entwicklung abzuwarten, um dann zu entscheiden, wie die Gruppengespräche dann endgültig organisiert werden.

Eine wichtige Unterstützung der Arbeitsgruppen in der Papiererzeugung liefern zusätzliche schichtübergreifende Problemlösungsgruppen nach dem Vorbild des KVP (Kontinuierlicher Verbesserungsprozeß). Dabei treffen sich jeweils die Gruppensprecher der Arbeitsgruppen, um schichtübergreifende Probleme zu besprechen und Lösungen zu erarbeiten. Dieser Prozeß läuft noch zäh und es dauert lange, bis eine Entscheidung bzw. eine gemeinsam erarbeitete Lösung in allen Schichten konsequent umgesetzt wird. Die Zielvisualisierung ist an einer Papiermaschine vorgenommen und stößt dort auf das Interesse der Mitarbeiter, die Daten werden regelmäßig aktualisiert, so daß die Entwicklung des

Prozesses auch anhand konkreter Zahlen verfolgt werden kann. An der anderen Maschine wird dies derzeit durchgeführt, wobei auf die bisher gemachten Erfahrungen aufgebaut werden kann.

Die Übernahme von Instandhaltungstätigkeiten durch die Mitglieder der Arbeitsgruppe beginnt zwar schleppend, aber erste Tätigkeiten, die früher durch das Instandhaltungspersonal durchgeführt wurden, sind nun durch die Mitglieder der Arbeitsgruppe übernommen worden. Auch dieser Prozeß bedarf einer weiteren aktiven Begleitung, Qualifizierung und Unterstützung.

Wenn der Wertschöpfungsbereich Papiererzeugung mit seinen eigenen Instandhaltungsressourcen vor Ort nicht mehr auskommt, kauft er sich Instandhaltungstätigkeiten bei der verbliebenen Zentralwerkstatt (Werksversorgung) ein.

Die verbliebene Instandhaltungsgruppe in der Zentralwerkstatt füllt jedoch die Zeiten, in denen sie nicht von den Wertschöpfungsbereichen Papiererzeugung bzw. Papierverarbeitung nachgefragt wird, nicht immer produktiv aus. So bedurfte es eines weiteren Workshops, um die Instandhalter weiter zu animieren, ein Konzept zu entwickeln, wie sie z.B. durch Angebote auf dem freien Markt ihre „Lücken" produktiv füllen können. Zentrale Frage dabei war auch, inwiefern sie fremdvergebene Instandhaltungstätigkeiten wieder ins Werk zurückholen können. Auch dieser Prozeß bedarf noch weiterer Anstrengungen, bis die Modellvorstellungen durch die Mitarbeiter in der Praxis realisiert sind.

Positiv entwickelt sich der Austausch der Instandhalter zwischen den beiden Papiermaschinen. Die Befürchtung, daß sich nun die beiden Instandhaltungsgruppen ausschließlich auf „ihre" Maschine konzentrieren würden, realisierte sich nicht. Beide Instandhaltungsgruppen stehen, obwohl sie jeweils für unterschiedliche Maschinen zuständig sind, in regem Austausch und vertreten sich gegenseitig.

Auch das Zusammenwachsen der Elektriker und der Meß- und Regeltechniker macht Fortschritte. Es finden Schulungen statt, bei denen die Elektriker durch die Meß- und Regeltechniker geschult werden, so daß sie kleinere Meß- und Regeltechnikaufgaben übernehmen können und umgekehrt.

Zur Übernahme der Qualitätskontrolle durch die Arbeitsgruppe müssen noch entsprechende Geräte angeschafft und Qualifikationsmaßnahmen durchgeführt werden. Die ehemaligen Werkführer, die jetzt als Gruppensprecher fungieren, tun sich mit der Ausführung ihrer neuen Rolle teilweise schwer. Nicht allen gelingt es, Rückdelegationen durch die Gruppe zurückzuweisen, um so mehr Verantwortung auf die Gruppenmitglieder zu übertragen. Dieser Lernprozeß muß weiter unterstützt werden. Hin und wieder entsteht auch Widerstand gegen Gruppengespräche, die in der Freizeit durchgeführt werden sollen. Auch die Entlohnungsfrage taucht immer wieder auf, so daß die Erarbeitung eines neuen Entlohnungssystems, abgestimmt auf die neue Form der Arbeitsorganisation, eine hohe Priorität erhalten hat.

Insgesamt ist jedoch eine Kommunikationsplattform etabliert worden, die einen breiten unternehmensinternen Austausch im Bereich der Papiererzeugung ermöglicht, wobei das Top-Team des Unternehmens, das Führungsteam des Wertschöpfungsbereichs Papiererzeugung, die schichtübergreifenden Problemlösungsgruppen sowie die einzelnen Arbeitsgruppen in engem Kontakt stehen.

Heute weist der Wertschöpfungsbereich Papiererzeugung im Werk Ortmann ein Organigramm auf, das für die Papierindustrie durchaus als revolutionär bezeichnet werden kann.

Das Altpapiermanagement, die Roh-, Hilfs- und Betriebsstoffe gehen als Inputgrößen in das Fraktal ein, wobei der Einkauf im Fraktal selbst angesiedelt ist. Innerhalb des Wertschöpfungsbereiches findet ein Transformationsprozeß statt, dessen Produkte die Mutterrollen sind, die vom ebenfalls eingegliederten Verkauf an die werkseigene Papierverarbeitung sowie an externe Kunden verkauft werden. So sorgt das Fraktal selbst in eigener Regie zugleich für den Einkauf wie für den Vertrieb seiner Produkte. Mit Ausnahme einzelner zentraler Dienste sind sämtliche Vorgänge, die für die Erzeugung sowie den Vertrieb der hier produzierten

Erzeugnisse bedeutsam sind, in den Wertschöpfungsbereich eingegliedert, ohne eine nach Funktionsbereichen und Hierarchieebenen gestaffelte komplexe Struktur zu bilden.

Übergangsprobleme von der alten zur neuen Führungsstruktur gab es nicht, da das Reengineering-Team von Beginn an auch als das spätere Führungsteam des Fraktals Papiererzeugung (zweite Führungsebene) vorgesehen war, das dann nach den gleichen Kriterien arbeiten sollte wie die Arbeitsgruppen (dritte Hierarchieebene). Führungsbesprechungen dieses Teams finden regelmäßig statt. Über dem Führungsteam wurde die erste Führungsebene, das Top-Team eingerichtet, in der der Leiter des Wertschöpfungsbereichs Papiererzeugung zusammen mit anderen Wertschöpfungskettenleitern und dem Vorstand alle strategischen Entscheidungen trifft. Auch hier finden regelmäßig Besprechungen statt, weitere Verbesserungen sind noch durchzuführen bzw. alte Informations- und Entscheidungsstrukturen aufzuheben und so wie im Modell geplant durchzuführen.

Die **Papierverarbeitung** hat ihren Umstrukturierungs- und Reorganisationsprozeß zwar später begonnen, konnte aber von der Pionierarbeit der Papiererzeuger lernen und schon im Stadium der Modellbildung vieles vermeiden, was im Prozeß bei der Papiererzeugung viel Zeit gekostet hat. Dies war jedoch nicht der alleinige Grund für den reibungslosen Reorganisationsprozeß in der Papierverarbeitung (PV), denn die PV hatte durch bereits in der Vergangenheit durchgeführte Organisationsverbesserungen die besseren Voraussetzungen für den Umstrukturierungsprozeß:

- Die mechanische Instandhaltung war bereits der PV zugeordnet.
- Die im Vorfeld durchgeführte Organisationsänderung ermöglichte eine Personalreduktion und in weiterer Folge eine Lohnerhöhung für die Mitarbeiter.
- Die Organisationsänderung führte zur Auflassung einer Hierarchieebene (Schichtführer).

- Der Betriebsrat war voll inhaltlich mit der Organisationsänderung einverstanden und engagierte sich für deren Umsetzung in gleichem Maße wie die Bereichsleitung.
- Die Mitarbeiter entschieden sich in einer geheimen Abstimmung für die neue Organisation.
- Eine Betriebsvereinbarung regelte die Rahmenbedingungen, dadurch gab es beim eigentlichen Reorganisationsprozeß kaum Probleme.

Die PV konnte von der Pionierarbeit der PE insbesondere auch dadurch profitieren, daß ein Mitglied der Pilotgruppe „Papiererzeugung" in die PV wechselte und die gesammelten Erfahrungen beim Umstrukturierungsprozeß in der PV einbrachte.

So ist derzeit der Prozeß der Modellbildung abgeschlossen, im Bereich „Toilettenpapier" und im Bereich „Taschentücher" ist die Umsetzungsphase erreicht. Inzwischen ist die Arbeitsvorbereitung im Wertschöpfungsbereich Toilettenpapier integriert, sind die Instandhalter zugeordnet, und die Übernahme von Instandhaltungstätigkeiten durch Mitarbeiter der Gruppen bzw. der Gruppensprecher ist in vollem Gange. Bezüglich der elektrischen Instandhaltung laufen Qualifizierungsmaßnahmen, die Qualitätskontrolle ist durch die Gruppenmitglieder übernommen worden, das Mutterrollenlager ist in die Verantwortung des Wertschöpfungsbereiches „Toilettenpapier" übergegangen.

Es wurde ein Besprechungsraum eingerichtet, in dem regelmäßig Gruppengespräche der einzelnen Arbeitsgruppen, aber auch schichtübergreifende Gruppengespräche der Gruppensprecher der einzelnen Gruppen stattfinden. Info-Tafeln wurden im Bereich der einzelnen Arbeitsgruppen angebracht, so daß die Mitarbeiter die Entwicklung ihrer Zielparameter vor Ort verfolgen können. Nach Aussagen des Wertschöpfungsbereichsleiters ist insgesamt eine hohe Bereitschaft, an den gesammelten Problemen zu arbeiten, erkennbar. Jedoch werden auch an die Führung bezüglich der Unterstützung der Mitarbeiter erhöhte Anforderungen gestellt. Die Einsicht der Mitarbeiter zielorientierter zu arbeiten ist deutlich gestiegen. Sowohl die Stimmung im Bereich als auch die

Kommunikation untereinander hat sich deutlich verbessert. Die insgesamt größere Leistungsbereitschaft hat sich auch in einer kontinuierlichen Leistungssteigerung niedergeschlagen, was sicher auch auf die konsequente Unterstützung durch das Führungsteam zurückzuführen ist. Die Führung hilft den Mitarbeitern, erfolgreich zu sein. Inzwischen hat sich der Wertschöpfungsbereich Toilettenpapier zur Benchmark entwickelt.

Trotz der erfreulichen Erfolge in relativ kurzer Zeit gibt es auch hier noch Ansatzpunkte für weitere Verbesserungen des Gesamtprozesses. So ist ein weiteres Training für die Gruppensprecher vorgesehen, so daß sie ihre Rolle als Moderatoren noch besser ausfüllen können, sie die Kommunikation innerhalb ihrer Gruppen weiter verbessern und intensivieren können und weiter dazu beitragen, daß möglichst alle Mitarbeiter in der Gruppe die Qualität ihrer Erzeugnisse noch weiter verbessern, Verschwendungskosten weiter reduzieren, ungeplante Stillstände vermeiden, um die Produktivität insgesamt zu verbessern. Dazu bedarf es einer weiterführenden konsequenten Umsetzung der in den Gruppengesprächen aufgestellten Aktionspläne und vor allem einer Führung, die diesen Prozeß nicht zuletzt auch durch ständige Weiterqualifizierung der Mitarbeiter unterstützt.

Nach Abschluß der Reorganisation des Gesamtwerkes wird jedes Fraktal lediglich aus einem Führungsteam und aus mehreren operativen Teams bestehen. Es kommt also mit zwei Hierarchieebenen aus. Der Leiter jedes Fraktals ist als Prozeßverantwortlicher der Wertschöpfungskette im Top-Team eingebunden, so daß im konkreten Fall die Leiter der „Toilettenpapierfabrik", „Taschentuchfabrik" und „Serviettenfabrik" vertreten sind und zusammen mit dem Leiter der Papiererzeugung und mit den Mitgliedern des Vorstandes die Gesamtwertschöpfungskette abgebildet ist. Für die Neuorganisation der Bereiche Vertrieb und Marketing werden derzeit weitergehende Überlegungen angestellt und in der nahen Zukunft – eingebunden in die strategische Neuausrichtung des Gesamtkonzerns – praktisch umgesetzt.

In der räumlichen Anordnung des Maschinen- und Anlagenparks wurden keine bedeutenden Änderungen vorgenommen. Jedoch sind die Mitarbeiter aus den Büro- und Verwaltungsbereichen, soweit sie sich den Fraktalen zuordnen ließen, in unmittelbarer Nähe der Produktion, d.h. innerhalb des Areals der einzelnen Werkssegmente angesiedelt. Lediglich die zentralen Funktionsbereiche, die weiterhin für das gesamte Werk zuständig sind, verbleiben als Dienstleister für das gesamte Unternehmen im ehemaligen Bürotrakt.

Gruppenarbeit, wie sie im Werk Ortmann eingeführt worden ist, fördert und unterstützt das zielorientierte unternehmerische Denken und Handeln aller Mitarbeiter und bewirkt gleichzeitig eine höhere Arbeitszufriedenheit durch die aktive Mitgestaltung der eigenen Arbeitssituation, verbunden mit der Schaffung von Handlungs- und Entscheidungsfreiräumen bis zu den Arbeitsgruppen. Erfolgserlebnisse sowie Höherqualifizierung, zusammen mit einem kooperativen Führungsstil, tragen zu einer insgesamt verbesserten Unternehmenskultur bei, in der die individuellen Stärken der Mitarbeiter im gemeinsamen Zusammenwirken Berücksichtigung finden.

Diese Vision soll nach Ansicht der Werksleitung in den nächsten Jahren Realität werden. Selbstorganisation, Selbstbestimmung und Selbstkontrolle sollen die Chancen zur Selbstverwirklichung der Mitarbeiter vergrößern und eine Entwicklung des einzelnen in Richtung einer Persönlichkeitsentfaltung ermöglichen, die auch im außerberuflichen Bereich ihre Spuren hinterläßt. So konnte durchaus eine zunehmende Bereitschaft verzeichnet werden, Verantwortung zu übernehmen und in Konfliktfällen eine für alle Parteien tragbare Problemlösung zu finden. Hierdurch setzt Gruppenarbeit Signale, die unabhängig von der Arbeitswelt zu mehr Toleranz, Mut, Einfühlsamkeit und Initiative im Umgang mit anderen Menschen führen. So ist das Gesamtunternehmen auf einem guten Weg, die Prozesse und ihre Ergebnisse nachhaltig zu verbessern, was nicht zuletzt der Sicherung des Produktionsstandortes sowie einer Steigerung der Investitionsbereitschaft durch die Konzernführung dient.

Die Auflösung verfestigter, starrer Organisationsstrukturen bringt eine höhere Flexibilität mit sich, das schnelleres Reagieren auf den Marktbedarf möglich macht. Verringerte ungeplante Stillstandszeiten und ein Abbau von Verschwendungskosten sollen zur Steigerung der Produktivität beitragen. Die ersten Ergebnisse machen Mut, daß sich die neue Form der Unternehmens- und Arbeitsorganisation bewähren wird.

Der Erfolg dieses Reengineering-Modells erklärt sich aus der hier eingegangenen Verbindung einer visionären Top-down-Strategie mit einer ebenso konsequenten Bottom-up-Strategie, in der die Kompetenzen und Fähigkeiten aller Mitarbeiter des Unternehmens synergetisch zusammengefaßt sind. Die von der Unternehmensleitung angestrebte Segmentierung bzw. Modularisierung des Unternehmens in Form der Bildung von Wertschöpfungsbereichen evoziert stärkere Kosten- und Ergebnisverantwortung, bewirkt eine strikte – interne wie externe – Kundenorientierung, schafft bessere Überschaubarkeit und Steuerbarkeit des Unternehmens, betreibt Hierarchieabbau und steigert die Flexibilität bei gleichzeitiger Reduzierung der Komplexität.

Die strikte Ausrichtung der Unternehmensorganisation an den zentralen Geschäftsprozessen bewirkt den gezielten Abbau von problematischen Schnittstellen und erschließt eine durchgängige Information und Kommunikation von oben nach unten und umgekehrt.

Andererseits ermöglicht Gruppenarbeit eine hohe Identifikation der Mitarbeiter mit ihrer Arbeit und eine Dezentralisierung der Verantwortung. Die Integration von Funktionen sowie die damit verbundene Reduzierung der Arbeitsteilung zusammen mit einem höheren Handlungs- und Entscheidungsspielraum für die Mitarbeiter soll nicht nur die Arbeitszufriedenheit und Arbeitsmotivation steigern, sondern zugleich auch die Bereitschaft, sich im Rahmen eines kontinuierlichen Verbesserungsprozesses zu beteiligen.

Literatur

Adams, H.W.: Motivation und Organisation – noch immer vernachlässigt. In: *Blick durch die Wirtschaft*, Nr. 225 vom 22.11.1994.

Andrews, D.C., Stalickt, S.K.: Business Reengineering: The Survival Guide. Prentice Hall, New York 1994.

Antoni, C.H.: Gruppenarbeit in Unternehmen: Konzepte, Erfahrungen, Perspektiven. Beltz, Weinheim 1994.

Arnold, R., Lehmann, B.: Qualität in der Weiterbildung. In: Jahrbuch Weiterbildung. Verlagsgruppe Handelsblatt, Düsseldorf 1994, 34-38.

Baitsch, Chr.: Was bewegt Organisationen? Selbstorganisation aus psychologischer Perspektive. Campus, Frankfurt/Main 1993.

Berth, R.: Neue Horizonte mit Reengineering. In: *Blick durch die Wirtschaft*, Nr. 147 vom 2.8.1994, 7.

–, Aufbruch zur Überlegenheit. Econ, Düsseldorf 1994.

Binner, H.: General Management-Strategie. Berlin 1993.

Black, M.: Provinzfürsten im Betrieb schaden dem Unternehmenserfolg. In: *Blick durch die Wirtschaft*, Nr. 225 vom 22.11.1993.

Bösenberg, D., Metzen, H.: Lean Management. Vorsprung durch schlanke Konzepte. Verlag Moderne Industrie, Landsberg/Lech 1992.

Bonariust, S.: Alles neu oder was? In: *Management & Seminar*, Nr. 9/94, 16-18.

Braunsburger, C.: Coaching von Führungskräften. In: Jahrbuch Weiterbildung. Verlagsgruppe Handelsblatt, Düsseldorf 1995, 118-121.

Breisig, T.: It's Team Time. Köln 1990.

Brenner, W., Keller, G.: Business Reengineering mit Standardsoftware. Campus, Frankfurt/Main 1995.

Bullinger, H.-J.: Customer-Focus und Business Reengineering: Neue Trends für eine zukunftsorientierte Unternehmensführung. In: Neue Impulse für eine erfolgreiche Unternehmensführung, 13. IAO-Arbeitstagung, 15-54.

Burkhardt, R.: Aufschwung. In: *TopBusiness*, Nr. 6/94, 35-40.

Bußmann, J., Buchta, D.: Wirksame Unterstützung für die Geschäftsprozesse. In: *Blick durch die Wirtschaft*, Nr. 75 vom 18.4.1995.

Burger, F.C.: Verlust der Mitte in den Unternehmen. In: *Blick durch die Wirtschaft*, Nr. 249 vom 27.12.1994.

Champy, J.: Die neue Rolle der Technologie für den Betrieb verstehen. In: *Blick durch die Wirtschaft*, Nr. 41 vom 28.2.1994.

–, *Hammer, M.*: Business Reengineering: Die Radikalkur für das Unternehmen. Campus, Frankfurt/Main 1994.

Champy, J.: Reengineering im Management. Die Radikalkur für die Unternehmensführung. Campus, Frankfurt/Main 1995.

Currid, Ch. & Company: Reengineering Toolkit: 15 Tools and Technologies For Reengineering Your Organization. Prima Publishing, 1994.

Crosby, P.B.: Qualität ist machbar. McGraw Hill, Hamburg 1986.

Dangel, J.W.: Business Process Reengineering: radikale Umgestaltung von Geschäftsprozessen. In: *io Management Zeitschrift*, 63 (1994) Nr. 5, 31-33.

Davidow, W.H.: Die Traummaschine. In: *Manager Magazin*, Nr. 1/1994, 138-139.

–, *Malone, M.S.*: Das virtuelle Unternehmen: Der Kunde als Co-Produzent. Campus, Frankfurt/Main 1993.

Dahler, St., Mannes, E.: Process Reengineering in der Praxis. In: *io Management Zeitschrift*, 63 (1994) Nr. 5, 37-46.

Dammer, Chr.: Königsweg Radikalkur? In: *Management & Seminar*, Nr. 6/35, 22-24.

Deutsch, Chr.: Auf dem Sprung. In: *Wirtschaftswoche*, Nr. 16 vom 13.4.1995, 72-77.

Dichtl, E.: Ein neuer Rahmen für das Marketing. In: *Blick durch die Wirtschaft*, Nr. 27 vom 7.2.1995.

Dierkes, M.: Eine Schwachstelle des Standorts Deutschland ist die Unternehmenskultur. In: *Blick durch die Wirtschaft*, Nr. 113 vom 15.6.1994.

Dixon, J., Robb, A.P., Heineke, J., Mulligan, P. & Kim, J.S.: Reengineering II: Mit Ausdauer ist es machbar. In: *Harvard Business Manager*, Nr. 2/95, 105-114.

Doppler, K., Lauterburg, Chr.: Change Management: Den Unternehmensweg gestalten. Campus, Frankfurt/Main 1994.

Dorries, Werner: Kaizen für Manager. In: *Bücher Perspektiven*, Nr. 1/1994, 5-7.

Droege, W.P.J.: Trügerische Selbstzufriedenheit. In: *Blick durch die Wirtschaft*, Nr. 94 vom 16.5.1995, 7.

–, Kundenorientierung – oft nur eine leere Worthülse? In: *Blick durch die Wirtschaft*, Nr. 162 vom 23.8.1994.

–, Re-Engineering in der Bauwirtschaft – Fundamentale Neuausrichtung durch Umbau der Organisation. In: *BW*, Nr. 9/94, 35-40.

Eckrich, K.: Wohin steuert die Führungskräfte-Weiterbildung? In: Jahrbuch Weiterbildung. Verlagsgruppe Handelsblatt, Düsseldorf 1995, 111-113.

Eiff, W.v.: Lernen durch Vergleich mit den Besten. In: Jahrbuch Weiterbildung. Verlagsgruppe Handelsblatt, Düsseldorf 1995, 153-157.

Eversmann, M.: Groß und trotzdem klein. In: *Gablers Magazin* 8/1994, 45-47.

Faix, W.G., Buchwald, Chr. & Wetzler, R.: Der Weg zum Schlanken Unternehmen. Verlag Moderne Industrie, Landsberg/Lech 1994.

Fatzert, G.: Organisationsentwicklung für die Zukunft: Ein Handbuch. Ed. Humanistische Psychologie, Köln 1993.

Fieten, R.: Die Qualität der Zulieferer ist zugleich auch Unternehmensqualität. In: *Blick durch die Wirtschaft*, Nr . 23 vom 2.2.1994.

Fischer, G., Rieker, J., Risch, S.: Ein trauriges Kapitel. In: *Manager Magazin*, Nr. 6/94, 171-188.

Fischer, M., Wolf, J.: Wege zur nachhaltigen Leistungssteigerung im Unternehmen. In: *Blick durch die Wirtschaft*, Nr. 177 vom 13.9.1994.

Frowein, C., Rüdrich, G.: Mehr Schlagkraft im Einkauf. In: *Blick durch die Wirtschaft*, Nr. 172 vom 6.9.1994.

Fuchs, J.: Unternehmen sind Organismen. In: *Gablers Magazin*, Nr. 8/92, 12-15.

–, Nach dem Abbau jetzt der Umbau. In: *Das Schweizer Industrie Magazin*, Heft 35 vom 3.9.1993.

Gaitanides, M., Scholz, E., Vrohlings, A. & Raster, M.: Prozeßmanagement: Konzepte, Umsetzungen und Erfahrungen des Reengineering. Hanser, München 1994.

Gaukel, F., Bardelli, G.: Einführung der Prozeßorientierung in einem mittelständischen Unternehmen. In: *io Management Zeitschrift 63*, Nr. 5/94, 34-36.

Gauweiler, R.: „Gedankenrevolution" in Unternehmen – Wenn aus Mitarbeitern „Selbständige" werden. In: *Die Rheinpfalz*, Nr. 78 vom 1.4.1995.

Gerberich, C., Röster, J.: Die Grenzen der Sparkomissare. In: *Blick durch die Wirtschaft*, Nr. 8 vom 11.1.1995.

Gloger, A.: Mehr Hierarchie im Unternehmen stört oft den Informationsfluß. In: *Blick durch die Wirtschaft*, Nr. 172 vom 7.9.1993.

Gottschall, D.: Sand im Betriebe. In: *Manager Magazin*, Nr. 12/94, 234-246.

Grap, R., Mühlbradt, Th.: Gruppenarbeit – und dann? In: *Blick durch die Wirtschaft*, Nr. 221 vom 15.11.1994.

Greif, S., Finger, A., Jerusel, St.: Praxis des selbstorganisierten Lernens: Einführung und Leittexte. Bund-Verlag, Köln 1993.

Grimm, U.: Evolutorische Unternehmensführung: Der neue Horizont für Unternehmer. In: *Gablers Magazin*, Nr. 10/94, 16-21.

Groth, U., Kammel, A.: Lean Management: Konzept – Kritische Analyse – Praktische Lösungsansätze. Gabler, Wiesbaden 1994.

Grund, K., Jahnig, F.: Modell zur Analyse und Simulation von Geschäftsprozessen. In: *Management & Computer*, 2. Jahrg., 1994, 49-56.

Gutberlet, Th., Sempf, U.: Die Radikalkur gelingt nur dem, der die Regeln einhält. In: *Blick durch die Wirtschaft*, Nr. 52 vom 14.3.1995.

Hafemann, M.: Radikale Umkehr in Unternehmen. In: *Blick durch die Wirtschaft*, Nr. 19 vom 27.1.1994.

Hall, G., Rosenthal, J., Wade, J.: Reengineering: Es braucht kein Flop zu werden. In: *Harvard Business Manager*, Nr. 4/94, 82-93.

Hamel, G., Prahalad, C.K.: Wettlauf um die Zukunft: Wie Sie mit bahnbrechenden Strategien die Kontrolle über Ihre Branche gewinnen und die Märkte von morgen schaffen. Überreuter, Wien 1995.

Hammer, M.: Reengineering I: Der Sprung in eine andere Dimension. In: *Harvard Business Manager*, Nr. 2/95, 95-103.

Harrington, H.J.: Business Process Improvement: The Breakthrough Strategy for Total Quality, Productivity and Competiveness. McGraw-Hill, 1991.

Hauck, H.: Der Weg zum Hochleistungsunternehmen. In: *Blick durch die Wirtschaft*, Nr. 32 vom 14.2.1995.

Heitger, B., Boos, F.: Organisation als Erfolgsfaktor: Praxis der Organisation – Organisation der Praxis. Service Fachverlag, Wien 1994.

Hinterhuber, H.H.: Paradigmenwechsel: Vom Denken in Funktionen zum Denken in Prozessen. In: *Journal für Betriebswirtschaft*, Nr. 2/1994, 58-75.

–, *Wunderle, G.*: Abschied von Geschäften ohne einen Mehrwert. In: *Blick durch die Wirtschaft*, Nr. 12 vom 17.1.1995.

Hodeige, Chr.H., Hodeige, A.: Mitarbeiterpotentiale nutzen. In: Jahrbuch Weiterbildung. Verlagsgruppe Handelsblatt, Düsseldorf 1995, 68-70.

Hoffmann, E., Uthmann, K.-A.v.: Die Grenzen traditioneller Kostensenkungen. In: *Blick durch die Wirtschaft*, Nr. 66 vom 6.4.1994, 7.

Hofmann, K.: Betriebe suchen Alternativen zum Qualitätsmanagement. In: *Blick durch die Wirtschaft*, Nr. 104 vom 1.6.1994, 1.

Homburg, Chr.: Auf der Suche nach Kostenreserven in der Kundenstruktur. In: *Blick durch die Wirtschaft*, Nr. 167 vom 30.8.1994.

Horvath, P.: Kunden und Prozesse im Fokus: Controlling und Reengineering. Schäffer-Pöschel, Stuttgart 1994.

–, Zurück zur Basis – was Reengineering den Controller lehrt. Universität Stuttgart, Lehrstuhl Controlling, 1-7.

Imai, M.: Kaizen. Landsberg/Lech 1992.

Jakubsik, G.-D., Skubch, N.: Spürbar verbesserte Wirtschaftlichkeit. In: *Blick durch die Wirtschaft*, Nr. 250 vom 28.12.1994.

Johanssson, H.J., McHugh, P., Pendlebury , A.J. & Wheeler, W.: Business Process Reengineering: Breakpoint Strategies for Market Dominance. Wiley, 1993.

Kamiske, G.F., Brauer, J.-P.: Qualitätsmangement von A bis Z. Erläuterungen moderner Begriffe des Qualitätsmanagements. Hanser Verlag, München 1993.

Karcher, H.B.: Das Management von Büroprozessen. In: *Office Management*, Nr. 4 /94, 66-70.

Karner, H.F.: Willkommen in der neuen Welt der Arbeit. In: *Trend Spezial*, Nr. 3/94, 32-37.

Kieser, A.: Von mercantilischen Konzepten und fraktalen Fabriken. In: *Blick durch die Wirtschaft*, Nr. 57 vom 21.3.1995.

Klein, St.: Virtuelle Organisation. In: *wist* 6/94, 309-311.

Kleusberg, E.: Gesundschrumpfen allein ist noch keine Alternative. In: *Blick durch die Wirtschaft*, Nr. 94 vom 17.5.1994.

Klotz, U.: Von der Hierarchie zum vernetzten Denken. In: *Blick durch die Wirtschaft*, Nr. 153 vom 10.8.1994, 7.

–, Neukonstruktion statt Schlankheitskur. In: *Blick durch die Wirtschaft*, Nr. 152 vom 9.8.1994, 7.

–, Wer sich ändert, gewinnt. In: *Blick durch die Wirtschaft*, Nr. 17 vom 24.1.1995.

Kolberg, G.: Business Reengineering – Überlebensstrategie oder alter Wein in neuen Schläuchen? In: *Unternehmer Magazin*, Nr. 5/94, 8-10.

Kreuz, W.: Wege zur umfassenden Veränderung im Unternehmen. In: *Blick durch die Wirtschaft*, Nr. 147 vom 2.8.1994, 7.

Krogh, H., Walberer, J.: Leicht von der Rolle. In: *Manager Magazin*, Nr. 9/94, 140-145.

Kuhl, St.: Vom Mythos der flachen Organisation. In: *Blick durch die Wirtschaft*, Nr. 62 vom 28.3.1995.

Lamparter, D.H.: Die Umkehr der Manager. In: *Die Zeit*, Nr. 15 vom 8.4.1994.

Laszlo, E.: Evolutionäres Management. Eine Fallstudie aus Osteuropa: Navigieren in Turbulenzen. In: *Gablers Magazin*, Nr. 10/94, 30-32.

Lentz, B.: Lippenbekenntnisse. In: *Capital*, Nr. 9/94, 16.

Leonhardt, C.-P.: Prinzipien der Evolutionären Unternehmensführung: Den evolutionären Lernprozeß gestalten. In: *Gablers Magazin*, Nr. 10/94, 27-29.

Liappas, I., Sempf, U.: Viele Produkte werden am Markt vorbei entwickelt. In: *Blick durch die Wirtschaft*, Nr. 57 vom 21.3.1995.

–, Die Organisation muß am Markt ausgerichtet sein. In: *Blick durch die Wirtschaft*, Nr. 61 vom 27.3.1995.

Little, A.D.: Management der Lernprozesse im Unternehmen. Gabler, Wiesbaden 1995.

Lowenthal, J.N.: Reengineering the Organization: A Step-by-Step Approach to Corporate Revitalization. ASYC Quality Press Milwaukee, Wisconsin 1994.

Lukas, A.: Abschied von der Reparaturkultur: Warum Veränderungen scheitern. In: *Gablers Magazin*, Nr. 1/95, 46-48.

Malik, F.: Soziale Evolution im Unternehmen: Den Blick öffnen. In: *Gablers Magazin*, Nr. 10/94, 22-26.

Maier-Mannhart, H.: Lean Management: Unternehmen im Umbruch. Verlag Moderne Industrie, Landsberg/Lech 1994.

Mattes, F.: Ohne Konzept und ohne Engagement der Führung. In: *Blick durch die Wirtschaft*, Nr. 202 vom 19.10.1994, 7.

McKinsey & Company: Wachstum durch Verzicht: schneller Wandel zur Weltklasse: Vorbild Elektronikindustrie. Schäffer-Pöschel, Stuttgart 1994.

Meitner, H., Roos, A.: Büroleitstand – ein Weg zur Prozeßbeherrschung im Bürobereich. In: *Office Management*, Nr. 5/94, 30-33 .

Metzen, H.: Leidensweg, In: *Manager Magazin*, Nr. 11/94, 270-285.

–, Der Weg zum Lean Office. In: *Zfo*, Nr. 2/94, 86-92.

–, Weber H.: Die besten Berater sitzen im Haus. In: *Personal Potential,* Nr. 6/94, 34-37.

Metzger, R., Grundler, H.-Chr.: Zurück auf Spitzenniveau: Ein integratives Modell zur Unternehmensführung. Campus, Frankfurt/Main 1994.

Morris, D., Brandon, J.: Re-engineering Your Business. McGrawHill, 1994.

–, Revolution im Unternehmen: Reengineering für die Zukunft. Verlag Moderne Industrie, Landsberg/Lech 1994.

Möller, G.: Qualifizierungsziel Qualitätsmanagement. In: Jahrbuch Weiterbildung. Verlagsgruppe Handelsblatt, Düsseldorf 1995, 45-47.

Mikosch, F.: Schneller, billiger und flexibler fertigen. In: *Blick durch die Wirtschaft*, Nr. 104 vom 1.6.1994, 7.

Mühlner, J., Nieder, P.: Blockade in den Köpfen. In: *Blick durch die Wirtschaft,* Nr. 22 vom 31.1.1995.

Müller, H.: Von Kaizen bis Re-Engineering. In: *Blick durch die Wirtschaft*, Nr. 12 vom 17.1.1995.

Müller, R., Rupper, P.: Process Reengineering: Prozesse optimieren und auf den Kunden ausrichten. Orell Füssli, Zürich 1994.

Müller, U.R.: Schlanke Führungsorganisationen: Die neuen Aufgaben des mittleren Managements. WRS Verlag Wirtschaft, Recht und Steuern, Planegg 1995.

Nadler, D.A., Gerstein, M.S., Shaw, R.B.: Organisations-Architektur: Optimale Strukturen für Unternehmen im Wandel. Campus, Frankfurt/Main 1994.

Nippa, A., Picot, A.: Prozeßmanagement und Reengineering: Die Praxis im deutschsprachigen Raum. Campus, Frankfurt/Main 1995.

Otte, R.: Strategien für die Produktion. In: *Blick durch die Wirtschaft*, Nr. 12 vom 17.1.1995.

O.V.: Amerikanische Kritik am Konzept des Total Quality Management. In: *Blick durch die Wirtschaft*, Nr. 15 vom 20.1.1995.

O.V.: Auch die Informatik sollte an Prozessen ausgerichtet sein. In: *Blick durch die Wirtschaft*, Nr. 142 vom 20.6.1994.

O.V.: Auch die Veredelung kann ein Teil der Logistik werden. In: *Blick durch die Wirtschaft*, Nr. 220, vom 14.11.1994.

O.V.: Beim Reengineering steht der Kunde im Mittelpunkt. In: *Blick durch die Wirtschaft*, Nr. 156 vom 16.8.1993.

O.V.: Bereit sein zu radikalem Wandel. In: *Handelsblatt* vom 1.11.1994.

O.V.: Business Reengineering – Durchstarten mit neuen Geschäftsprozessen. In: *Absatzwirtschaft Sonderheft*, Nr. 10/94.

O.V.: Deutsche Betriebe noch immer viel zu risikoscheu. In. *Blick durch die Wirtschaft*, Nr. 11 vom 16.1.1995.

O.V.: Das eigene Unternehmen als vernetztes System verstehen lernen. In: *Blick durch die Wirtschaft*, Nr. 9 vom 13.1.1994.

O.V.: Die Aufteilung des Unternehmens ist kein Ersatz für Führung. In: *Blick durch die Wirtschaft*, Nr. 92 vom 13.5.1994.

O.V.: Die Struktur folgt nicht mehr der Strategie. In: *Blick durch die Wirtschaft,* Nr. 227 vom 24.11.1994.

O.V.: Die Umstrukturierung der Betriebe ist in Japan Alltagsgeschäft. In: *Blick durch die Wirtschaft*, Nr. 93 vom 16.5.1994.

O.V.: Drei Länder an einem Strang. In: *TopBusiness*, Juli 1994, 58-61.

O.V.: Entscheidungen im Unternehmen sollten nachvollziehbar sein. In: *Blick durch die Wirtschaft*, Nr. 97 vom 20.5.1994.

O.V.: Eine zeitgemäße Organisation als Wettbewerbsfaktor. In: *Blick durch die Wirtschaft*, Nr. 26 vom 6.2.1995.

O.V.: Gezielt die Nase vorn. In: *Management & Seminar*, Nr. 4/1994, 22-23.

O.V.: Gruppenarbeit kein Thema. In: *Welt der Wirtschaft*, Nr. 11 vom 25.8.1994.

O.V.: Ich habe meine Firma auf den Kopf gestellt. In: *Impulse*, Nr. 6/1994, 94-98.

O.V.: In den Unternehmen wird immer noch auf Papier kommuniziert. In: *Blick durch die Wirtschaft*, Nr. 32 vom 14.2.1995.

O.V.: In Japan hat nun das mittlere Management eine Gewerkschaft. In: *Blick durch die Wirtschaft*, Nr. 94 vom 17.5.1994.

O.V.: Jeder fünfte fliegt. In: *Manager Magazin*, 4/1994, 126-138.

O.V.: Jeder Umbau ändert auch die Aufgaben der Mitarbeiter. In: *Blick durch die Wirtschaft*, Nr. 157 vom 16.8.1994.

O.V.: Kein Gramm zuviel. In: *Manager Magazin*, Nr. 8/1993, 109-112.

O.V.: Kleine Manager. In: *Wirtschaftsvoche*, Nr. 36 vom 3.9.1993, 94-96.

O.V.: Kultur-Revolution. In: *Manager Magazin*, Nr. 6/1995, 147-160.

O.V.: Kurzer Prozeß. In: *Manager Magazin*, 12/1993 , 177-202.

O.V.: Land des Hechelns. In: *Manager Magazin*, Nr. 6/1994, 93-99.

O.V.: Lernen im Betrieb sollte Teil des Alltags werden. In: *Blick durch die Wirtschaft*, Nr. 181 vom 19.9.1994.

O.V.: Maßstab Mensch – Monitor EIZO. In: *Manager Magazin*, 12/1993, 203-215.

O.V.: Mettler-Toledo: Beispiel für Re-Engineering. In: *Blick durch die Wirtschaft*, Nr. 66 vom 6.4.1994.

O.V.: Methodenpuzzle. In: *Manager Magazin*, Nr. 2/1994, 120-127.

O.V.: Mit neuen Strukturen Quantensprünge der Organisation erzielen. In: *Blick durch die Wirtschaft*, Nr. 195 vom 8.10.1993.

O.V.: Personalabbau bleibt auch im Aufschwung auf der Tagesordnung. In: *Blick durch die Wirtschaft*, Nr. 251 vom 29. 12.1994.

O.V.: Prozesse und Fähigkeiten im Unternehmen. 2. Jahrbuch. Menagerie, Heidelberg 1993, 119-135.

O.V.: Prozesse im Betrieb sind wichtiger als die Strukturen. In: *Blick durch die Wirtschaft*, Nr. 63 vom 30.3.1994.

O.V.: Prozeßorientierte Organisation auch für Finanzdienstleister. In: *Blick durch die Wirtschaft*, Nr. 110 vom 11.6.1993.

O.V.: Prozeßorientiertes Denken. In: *Gablers Magazin*, Nr. 5/94, 40-41.

O.V.: Re-Engineering funktioniert nur von oben nach unten. In: *Blick durch die Wirtschaft*, Nr. 66 vom 6.4.1994.

O.V.: Reengineering – Fit aus der Krise. In: *TopBusiness*, 3/1994, 66-67.

O.V.: Reengineering – ein Konzept auf dem Prüfstand. In: *Gablers Magazin*, Nr. 9/94, 13.

O.V.: Reengineering und Qualitätsmanagement Hand in Hand. In: *Blick durch die Wirtschaft*, Nr. 231 vom 30.11.1994.

O.V.: Systemintegration wird zum Schlüssel für den Markterfolg. In: *Blick durch die Wirtschaft*, Nr. 206 vom 25.10.1994.

O.V.: Sparen allein ist noch kein Weg aus der Krise. In: *Blick durch die Wirtschaft*, Nr. 226 vom 23.11.1994.

O.V.: Unter Beschuß. In: *Manager Magazin*, Nr. 8/1994, 112-130.

O.V.: Vergessene Potentiale. In: *TopBusiness,* Nr. 6/1994, 37-40.

O.V.: Veränderung ja, aber bitte so leise wie nur möglich. In: *Blick durch die Wirtschaft,* Nr. 111 vom 13.6.1994.

O.V.: Wie eine Zitrone. In: *Wirtschaftswoche*, Nr. 51 vom 17.12.1993, 52-53.

O.V.: Wie Ihr Unternehmen wettbewerbsfähig bleibt. In: *Gablers Magazin*, Nr. 8/92, 21-29.

O.V.: Wie Unternehmen leben lernen. In: *Gablers Magazin*, 6-7/93, 16-19.

O.V.: Wir brauchen eine Revolution, die neue Unternehmen schafft. In: *Blick durch die Wirtschaft*, Nr. 78 vom 22.4.1994.

O.V.: Wir können auch anders. In: *Manager Magazin*, Nr. 3/1994, 133-155.

Page, P.: Neue Impulse durch ein Management des stetigen Wandels. In: *Blick durch die Wirtschaft*, Nr. 101 vom 27.5.1994.

–, Datenverarbeitung ist nicht nur Prozeßoptimierung. In: *Blick durch die Wirtschaft*, Nr. 207 vom 26.10.1994.

–, Das Reengineering bestimmt auch die Datenverarbeitung. In: *Blick durch die Wirtschaft*, Nr. 2 vom 3.1.1995.

Parge, W., Suhmr, A.: Beherrschung von Prozeßketten in der Produktentwicklung. In: *Management & Computer*, 2. Jahrg. 1994, 512.

Pfeiffer, W., Weiß, E.: Lean Management: Grundlagen der Führung und Organisation industrieller Unternehmen. Erich Schmidt Verlag, Berlin 1992.

Pfohl, H.-Chr.: Produzenten, Zulieferer, Handel und Dienstleister müssen kooperieren. In: *Blick durch die Wirtschaft*, Nr. 81 vom 27.4.1994.

Picot, A., Böhme, M.: Zum Stand der prozeßorientierten Unternehmensgestaltung in Deutschland. In: *Nippa, M., Picot, A.*: Prozeßmanagement und Reengineering. Campus, Frankfurt/Main 1995, 227-247.

Pielok, Th.: Was kosten die Leistungen Ihrer Geschäftsprozesse? In: *Der Betriebswirt*, Nr. 1/94, 14-19.

Pieper, A., Süthoff, M.: Nutzen und Kosten dezentraler Organisation: Vom Mitarbeiten zum Mitdenken. Deutscher Instituts-Verlag, Köln 1995.

Plate, J.: Schneller, schlanker, besser – Warum Sie GPO und Kaizen brauchen. In: *Kompetenz, Diepold Management Journal*, Nr. 20, 21-30.

–, *Sempf, U.*: Informationstechnik muß den Prozessen angepaßt werden. In: *Blick durch die Wirtschaft*, Nr. 59 vom 23.3.1995.

–, *Sempf, U.* : Mit Prozeßcontrolling die einzelnen Schritte korrekt abstimmen. In: *Blick durch die Wirtschaft*, Nr. 63 vom 29.3.1995.

Polt, D.: Weltweite Präsenz, bessere Abläufe und Allianzen. In: *Blick durch die Wirtschaft*, Nr. 238 vom 9.12.1994.

Probst, G., Buchel, B.: Organisationales Denken: Wettbewerbsvorteil der Zukunft. Gabler, Wiesbaden 1994.

Prudent, R.: Management – Wunderland. In: *Forbes*, Nr. 9/94, 53-58.

Reichardt, A.: Weichen für die Weiterentwicklung des Unternehmens. In: *Blick durch die Wirtschaft*, Nr. 68 vom 5.4.1995.

Reimer, U.: Teamentwicklung in der Produktion. In: Jahrbuch Weiterbildung. Verlagsgruppe Handelsblatt, Düsseldorf 1995, 75-78.

Reiss, M.: In Prozessen denken. In: *Gablers Magazin*, Nr. 6-7/93, 49-54.

–, Reengineering: radikale Revolution oder realistische Reform? Universität Stuttgart, Lehrstuhl für Organisation, 9-26.

–, Lean Management – Neustrukturierung statt Personalabbau. In: Jahrbuch Weiterbildung. Verlagsgruppe Handelsblatt, Düsseldorf 1994, 64-67.

–, *Zeyer, U.*: Transitionsstrategien im Management des Wandels. In: *Organisationsentwicklung*, Nr. 4/94, 36-44.

Reuter, E.: Der radikale Umdenkungsprozeß wird diskutiert. In: *Blick durch die Wirtschaft*, Nr. 143 vom 27.7.1994.

Risch, S.: Der Faktor Mensch. In: *Manager Magazin*, Nr. 6/95, 170-172.

Roth, S., Kohl, H. (Hrsg.): Perspektive Gruppenarbeit. Köln 1988.

Runge, J.-H.: Schlank durch Total Quality Management. Strategien für den Standort Deutschland. Campus, Frankfurt/Main 1994.

Scheer, A.-W.: Weg aus der Krise über die Neuordnung der Geschäftsprozesse. In: *Blick durch die Wirtschaft*, Nr. 140 vom 23.7.1993.

–, Dienstleistungen werden schon bald „industrialisiert“. In: *Blick durch die Wirtschaft*, Nr. 27 vom 7.2.1995.

–, Der Einsatz von Workflow-Systemen noch am Beginn. In: *Blick durch die Wirtschaft,* Nr. 17 vom 24.1.1995.

Schildknecht, R.: Total Quality Management. Konzeption und State of The Art. Campus, Frankfurt/Main 1992.

Schmalenbach-Gesellschaft – Deutsche Gesellschaft für Betriebswirtschaft e.V.: Reengineering: Konzepte und Umsetzung innovativer Strategien und Strukturen. Schäffer-Pöschel, Stuttgart 1995.

Schmitz, Chr.: Das Geschäft „neu erfinden“? In: *Heitger, B., Boos, F.*: Organisation als Erfolgsfaktor. Wien 1994, 51-65.

Schneider, W.E.: The Reengineering Alternative: A Plan for Making Your Current Culture Work. Irwin, 1994.

Schneider, W.: Training von an- und ungelernten Arbeitern. In: Jahrbuch Weiterbildung. Verlagsgruppe Handelsblatt, Düsseldorf 1995, 132-136.

Scholz, R.: Geschäftsprozeßoptimierung: Crossfunktionale Rationalisierung oder strukturelle Reorganisation. Verlag Josef Eul, Bergisch Gladbach/Köln 1993.

Schrempp, J.E.: Lean Management – Ein Paradigmenwechsel. In: *Blick durch die Wirtschaft*, Nr. 219 vom 11.11.1992.

Schröder, G.: Damit Information rechtzeitig verfügbar ist. In: *Blick durch die Wirtschaft*, Nr. 3 vom 6.1.1993, 7.

Schultheiß, W.: Lean-Management: Strukturwandel im Industriebetrieb durch Umsetzung des Management-Ansatzes. Expert-Verlag, Renningen-Malmsheim 1995.

Schwuchow, K.: Prozeßorientiertes Bildungsmanagement. In: *GdWZ* 4, 236-241.

–, Personalmanagement und Reengineering. In: Jahrbuch Weiterbildung. Verlagsgruppe Handelsblatt, Düsseldorf 1995, 24-27.

–, Zukunft Reengineering: den Wandel gestalten. In: *Management & Seminar*, Nr. 11/94, 6-7.

Scott-Morgan, P., Little, A.D.: Die heimlichen Spielregeln: Die Macht der ungeschriebenen Gesetze im Unternehmen. Campus, Frankfurt/Main 1994.

Sebestyén, O.G.: Management-„Geheimnis“ Kaizen: Der japanische Weg zur Innovation. Überreuter, Wien 1994.

Servatius, H.-C.: Reengineering-Programme umsetzen: Von erstarrten Strukturen zu fließenden Prozessen. Schäffer-Pöschel, Stuttgart 1994.

Sempf, U.: Radikaler Wandel verlangt das Engagement aller. In: *Blick durch die Wirtschaft*, Nr. 50 vom 10.3.1995.

Simon, H.: Mit Willensstärke gegen die Diktatur der Bewahrer. In: *Blick durch die Wirtschaft*, Nr. 57 vom 21.3.1995.

Sokolovsky, Z.: Prozeßorientierung in Banken: Informationswege stark verkürzen. In: Dresdner Bank AG, Frankfurt/Main, 185-205.

Sommerlatte, T., Wedekind, E.: Leistungsprozesse und Organisationskultur. In: *Little, A.D.*: Management der Hochleistungsorganisation. Wiesbaden 1991.

Sprenger, R.K.: Das Prinzip Selbstverantwortung: Wege zur Motivation. Campus, Frankfurt/Main 1995.

Staehle, W.H.: Management: eine verhaltenswissenschaftliche Perspektive. Verlag Franz Vahlen, München 1994.

Staudt, E., Rehbein, M.: Innovation durch Qualifikation. Frankfurt/Main 1988.

Strittmatter, F.J.: Die Fallen beim Reengineering. In: *Impulse*, Nr. 6/95, 114-117.

Strötgen, J.: Der schwierige Weg zur dezentralen Organisation. In: *Blick durch die Wirtschaft*, Nr. 198 vom 13.10.1992, 7.

Stürzl, W.: Lean Management: Konsequenzen für die Weiterbildung. Forum für Betriebliche Weiterbildung, Nr. 4/1994.

–, Mit dem Spitzenteam zur Spitzenperson. In: *Management & Seminar*, Nr. 1/94, 39-41.

–, Schnell erledigt – Fertigungsgruppen führen auch Instandhaltungsarbeiten aus. In: *Maschinenmarkt*/Würzburg 1994, 44-47.

–, Die schlanke Produktion in der Praxis. In: *Bücher Perspektiven*, Nr. 2/92, 10-12.

–, Lean Production – von anderen lernen! In: IRD-Jahresbroschüre, Darmstadt 1993, 23-31.

–, Lean Production in der Praxis – Spitzenleistungen durch Gruppenarbeit. Junfermann, Paderborn 1992.

–, *Müller, H.-J.*: Dialogische Bildungsbedarfsanalyse – eine zentrale Aufgabe des Weiterbildners. In: *Geißler, H. (Hrsg.)*: Aufbruch zu neuen Qualitäten betrieblicher Bildung. Band 3 der Reihe Betriebliche Bildung – Erfahrungen und Visionen. Frankfurt/Main 1992 .

–, *Müller, H.-J.*: Handlungs- und Erfahrungsorientiertes Lernen. Ein methodisches Konzept zur integrierten Förderung von Fach- und Schlüsselqualifikationen. In: *Dybowski, G., Herzer, H. (Hrsg.)*: Methoden betrieblicher Weiterbildung – Ansätze einer Integration fachlicher und fachübergreifender Bildung. RWK-Schriften, Köln 1989.

Suzaki, K.: Die ungenutzten Potentiale: Neues Management im Produktionsbetrieb. Hanser, München 1994.

Tacke, G.: Die Geschäftsführung darf die Nähe zum Markt nicht verlieren. Wie durch Re-Engineering die Abläufe verbessert werden. In: *Blick durch die Wirtschaft*, Nr. 247 vom 22.12.1993.

Tikart, J.: Qualität durch Mitarbeiterorientierung. In: Jahrbuch Weiterbildung. Verlagsgruppe Handelsblatt, Düsseldorf 1995, 40-44.

Töpfer, A, Mehdorn, H.: Total Quality Management. Anforderungen und Umsetzung im Unternehmen. Luchterhand, Berlin 1993.

Trebesch, K.: Unternehmensentwicklung. In: *Organisationsentwicklung*, 13. Jahrg., 2/1994, 4-27.

Uhrig, M.: Technik als Selbstzweck? In: *Blick durch die Wirtschaft*, Nr. 58 vom 22.3.1995.

Voegele, A., Saur, J. & Goette, Th.: Vom Kostendrücker zum Kostengestalter. In: *Blick durch die Wirtschaft*, Nr. 47 vom 7.3.1995.

Volk, H.: Dynamische Märkte verlangen auch kreative Mitarbeiter. In: *Blick durch die Wirtschaft*, Nr. 43 vom 2.3.1994.

–, Magenschmerzen nach der Hungerkur. In: *Blick durch die Wirtschaft*, Nr. 67 vom 4.4.1995.

Warnecke, H.J.: Aufbruch zum fraktalen Unternehmen: Praxisbeispiele für neues Denken und Handeln. Springer, Berlin 1995.

–, Die Fraktale Fabrik. Berlin 1993.

–, Flexibilität und Dynamik mit selbständigen Einheiten. In: *Blick durch die Wirtschaft*, Nr. 80 vom 27.4.1993, 7.

–, Gesetzmäßigkeiten der Produktion. In: *Wildemann, B. (Hrsg.)*: Fabrikplanung. *Blick durch die Wirtschaft*, 1989, 101-117.

–, *Becker, B.-D.*: Strategien für die Produktion: Standortsicherung im 21. Jahrhundert – Ein Überblick. Dr. Josef Raabe Verlag, Stuttgart/Berlin/Bonn/Heidelberg 1994.

Werner, H.: Qualität durch Prozeßorientierung. In: Jahrbuch Weiterbildung. Verlagsgruppe Handelsblatt, Düsseldorf 1995, 48-50.

Wiechmann, A.: Lean Production und Kaizen. In: Jahrbuch Weiterbildung. Verlagsgruppe Handelsblatt, Düsseldorf 1994, 136-139.

Wildemann, H.: Fabrik in der Fabrik durch Fertigungssegmentierung. In: *Blick durch die Wirtschaft*, 1989, 15-77.

–, Fertigungsstrategien – Reorganisationskonzepte für eine schlanke Produktion und Zulieferung. München 1993, 246-349.

–, Fabrikplanung: Neue Wege – aufgezeigt von Experten aus Wissenschaft und Praxis. In: *Blick durch die Wirtschaft*, 1989.

–, Die modulare Fabrik: Kundennahe Produktion und Fertigungssegmentierung. gfmt, München 1988.

–, Komplexität verringern statt beherrschen. In: *Blick durch die Wirtschaft*, Nr. 28 vom 8.2.1995.

–, Menschen lösen Probleme. In: *Blick durch die Wirtschaft*, Nr. 7 vom 10.1.1995.

Willke, H.: Systemtheorie II. Interventionstheorie. Fischer, Stuttgart/Jena 1994.

Womack, J.P., Jones, D.T. & Roos, D.: Die zweite Revolution in der Autoindustrie: Konsequenzen aus der weltweiten Studie des Massachusetts Institute of Technology. Campus, Frankfurt/Main 1991.

Zink, K.J.: Qualitätsmanagement als Herausforderung. In: *Wildemann, H. (Hrsg.)*: Fabrikplanung. In: *Blick durch die Wirtschaft*, 1989, 279-293.

Zink, K.J.: Qualität als Managementaufgabe. Total Quality Management. Verlag Moderne Industrie, Landsberg/Lech 1989.

Über die Themen

- **Business Reengineering**
- **Lean management – Lean production**
- **Einführung von Gruppenarbeit**
- **Kontinuierlicher Verbesserungsprozeß (KVP/Kaizen)**
- **Total Quality Management**

– informieren wir Sie...
– beraten wir Sie bei der Erstellung von unternehmensspezifischen Konzepten...
– begleiten wir Sie bei der Umsetzung...
– und evaluieren mit Ihnen Ihren Erfolg.

Zu diesen Themen führen wir firmenintern und als offene Seminare durch:

– Meistertrainings zur Weiterentwicklung auf ihre veränderte Rolle
– Beraterausbildung zur Unterstützung und Begleitung von Arbeitsteams
– Problemlösungs- und Entscheidungstechniken
– Trainings und Coaching für Führungskräfte
– Projektmanagement / Prozeßmanagement
– Teamentwicklung

Sie erreichen uns unter folgender Adresse:

Dr. Wolfgang Stürzl & Partner
Keltenstr. 21/PF 11 18
D-67373 Dudenhofen
Tel.: (0 62 32) 8 34 59
Fax: (0 62 32) 8 23 90